世界银行中国经济改革促进与能力加强项目（TCC6）成果

民 生 保 障 书 系

王杰秀 总主编 付长良 副总主编

中国农村贫困老年人照护体系研究

主 编 安 超
副主编 胡宏伟
成 员（按姓氏拼音排序）
丁建定 丁 朋 刘振杰 乔晓春 任振兴
谢 琼 肖晓琳 于长永 张 静

中国出版集团
研究出版社

图书在版编目 (CIP) 数据

中国农村贫困老年人照护体系研究 / 民政部政策研究中心编著 . -- 北京 : 研究出版社 , 2021.10
ISBN 978-7-5199-1057-0

Ⅰ . ①中… Ⅱ . ①民… Ⅲ . ①农村 – 老年人 – 护理 – 社会服务 – 研究 – 中国 Ⅳ . ① D669.6

中国版本图书馆 CIP 数据核字 (2021) 第 204250 号

出 品 人：赵卜慧
责任编辑：张立明

中国农村贫困老年人照护体系研究

ZHONGGUO NONGCUN PINKUN LAONIANREN ZHAOHU TIXI YANJIU

作　　者　民政部政策研究中心
出版发行　研究出版社
地　　址　北京市朝阳区安定门外安华里 504 号 A 座（100011）
电　　话　010-64217619　　64217612（发行中心）
网　　址　www.yanjiuchubanshe.com
经　　销　新华书店
印　　刷　北京中科印刷有限公司
版　　次　2022 年 1 月第 1 版　　2022 年 1 月第 1 次印刷
开　　本　710 毫米 ×1000 毫米　1/16
印　　张　17.25
字　　数　290 千字
书　　号　ISBN 978-7-5199-1057-0
定　　价　62.00 元

民生保障书系编委会

（按姓氏拼音排序）

前　言

人口老龄化是社会发展的必然趋势，是人类文明进步的体现，也是今后较长一段时期我国的基本国情。近年来，我国把农村养老服务发展纳入乡村振兴战略进行统筹谋划，持续加大农村养老服务体系建设投入，养老服务扶持政策、财政资金和资源进一步向农村倾斜，各方面发展均取得显著成效。尽管我国农村养老服务发展取得重大进展，但供需不均的结构性问题依然长期存在。“十四五”时期我国老年人口总量会由相对缓慢增长转至快速增长状态，老年人口数量将突破3亿人大关，人口老龄化将从轻度老龄化迈入中度老龄化阶段。受年轻人口向城市转移、家庭结构小型化、农村公共服务设施建设滞后等多种因素影响，农村人口老龄化率仍将高于城市，农村养老服务需求将集中爆发性增长，农村家庭养老功能将进一步弱化，以及与农民养老保障不足的叠加，使得农村养老服务发展面临更加严峻的挑战。在打赢脱贫攻坚战、全面建成小康社会新的历史阶段，我国农村贫困人口全部脱贫后，来自特困、低保、低收入等家庭的相对贫困、失能老年群体的照护问题更加凸显。中央提出进一步巩固拓展脱贫攻坚成果，接续推动脱贫地区发展和乡村全面振兴，为我们开启全面建设社会主义现代化国家新征程中探索建立完善农村老年人照护体系提出了更高要求。

本书是2019年至2021年执行世界银行贷款“中国经济改革促进与能力加强项目”（TCC6）中“中国贫困老年人养老服务政策优化研究子项目”的最终研究成果之一，是在民政部政策研究中心的指导下完成的。本研究基于典型地区的调查数据，以及对山东省青岛市、山东省日照市、浙江省杭州市以及浙江省衢州市四地区的实地调研，关注农村地区养老和照护需求最迫切的贫困、失能老年群体，对其基本状况、疾病与失能状况、生活质量状况以及照护需求情况进行描述性统计分析，深入了解我国典型地区在农村养老照护服务模式上的创新探索，通过深度观察方式对地方政策创新实验进行效应评估，为我国农村养老照护制度安排的改革与发展提供借鉴。

本书由中国人民大学教授胡宏伟负责整个研究框架设计及研究内容选择，多位青年学者共同完成。在此，谨向项目支持者、研究指导者以及研究团队成员和作者表示感谢！本书不足之处，也请各位读者批评指正！

2021 年 9 月 30 日

目　录

下篇　农村贫困老年人照护服务政策创制

第一章　导　论

本部分是整个研究的导论，主要介绍研究背景和问题提出，同时，将对概念和理论进行梳理、介绍，明确研究目标和研究意义，最后，还将阐述研究内容和研究方法。

第一节　研究背景与问题提出

本节包括研究背景与问题提出两个部分，主要在人口老龄化、老年贫困、老年人失能照护的大背景下，聚焦本研究相关研究背景，并提出本研究的研究问题。

一、研究背景

人口老龄化为社会发展带来一系列挑战。目前，我国已成为世界上老年人口最多的国家，同时也是人口老龄化发展速度最快的国家之一。国家统计局数据表明，截至 2020 年底，我国 60 周岁及以上人口达 2.64 亿，占总人口的 18.7%。其中，65 周岁以上人口更是达到 1.9 亿，占比 13.5%。我国人口老龄化呈现老龄人口多、新增老龄人口快、“未富先老”等特点，不仅削减了劳动力，对经济持续发展产生一定影响（周亚同，2018）；同时带来了老年人养老、医疗、照护等方面的问题和挑战，失能老年人、贫困老年人、失智老年人、失独老年人等弱势老年人群体亟待关注和支持。

老年贫困问题日益凸显且亟待解决。立足新时代，我国脱贫攻坚成果举世瞩目，5575 万农村贫困人口实现脱贫。与此同时，更值得关注的是老年群体的贫困问题（姚玉祥，2019）。由于处于特殊的生命周期，老年人面临生理机能下降、获得收入能力降低、养老服务和医疗卫生支出增加等不利条件，更容易陷入贫困风险之中。健全防止返贫动态监测和帮扶机制，防范和化解老年贫困，是实施乡村振兴战略的一项重点任务，更是以人为本发展理念的应有之义。

农村贫困失能老年人“照料贫困”现象普遍存在且亟需破解。我国有失能、半失能老年人近4000万，且多集中在农村地区。一方面，失能老年人照料需求大，而能够为失能老年人提供的照料服务，无论在农村还是城市中均存在较大缺口，家庭照料仍是当前失能老年人的主要照料形式。另一方面，对于贫困失能老年人而言，当家庭照料缺位时，往往缺乏通过购买服务等方式进行照护补位的经济实力，导致照护需求得不到满足，最终陷入无人照料的窘境。部分贫困失能老年人生活状况较差，产生了一定的负面社会影响。此外，由于城镇化与人口迁移，农村实际老龄化程度高于城市，人口乡城流动一定程度上割裂了家庭的代际支持，农村失能老年人的照料问题更加凸显。

总之，农村贫困老年人是一个重要的脆弱性群体，集中了农村、贫困、老年三大特征，在城乡发展仍然存在二元差异、乡城流动割裂家庭代际支持的背景下，贫困且年老的特征，意味着其无法通过自身劳动来较好地改善经济状况和生活状况，贫困现状较难发生改变。而且，贫困与脆弱往往高度关联，贫困老年人家庭可能与疾病、残疾、失能等脆弱因素高度相关，并且这种脆弱性往往存在代际传递的风险，子代可能也没有良好的经济社会状态。同时，由于农村地区照护服务组织发育迟缓，即使政府通过购买服务形式为失能贫困老年人提供照护服务，也面临着服务供给缺乏的可能。所以，农村贫困失能老年人所面临的状态是一个综合性的困境，特别是在照护方面，可能面临无人照护、无力购买照护、无处买到照护的窘境。农村贫困失能老年人作为社会中最弱势的群体，其照料问题应当得到回应和重视，从而确保兜住底线、保住基本（杨团，2016）。

二、问题提出

贫困失能老年人生活质量堪忧。老年人的身体健康状况与其生活质量有着密切的联系。在老年人诸多生活状况因素中，身体健康状况对生活质量的影响最大，身体健康状况越好的老年人幸福感和生活质量相对越高（亓寿伟，2010）。对于贫困失能老年人而言，一方面，失能的身体状况使得其日常活动能力受限，对社会生活的适应能力减弱，生活质量下降；另一方面，家庭贫困又为其带来沉重的生活压力和心理压力，无法得到良好的照料和医疗服务，生活质量进一步受到影响。可以说，兼有“贫困”和“失能”两个特征的老年人是老年人中最为弱势，生活质量最为堪忧的群体（丁百仁，2017）。

表 1－1 贫困、失能组合象限分布

	贫困	非贫困
失能	贫困＋失能	非贫困＋失能
非失能	贫困＋非失能	非贫困＋非失能

为保障贫困失能老年人得到基本照护，提高其生活质量，我国建立了针对贫困失能老年人的失能救助体系。当前，我国失能救助体系主要由三个方面组成。第一，针对特困群体中的失能老年人，为其提供集中供养的失能照料服务，或分散供养的照料护理补贴。第二，针对困难家庭中的失能老年人，为其提供基本养老服务护理补贴（主要针对经济困难老年人）以及失能护理补贴（主要针对经济困难的高龄和失能老年人）。第三，针对残疾群体中的失能老年人，为其提供重度残疾人护理补贴。三个方面互相补充，为贫困失能老年人提供了一定的保障。

失能救助体系取得了一定的积极效果，为贫困失能老年人的生活和照料提供了基础保障，然而，在制度环境、保障对象、保障内容、保障水平、递送方式等方面仍存在一定程度上的兜底不足。例如，缺乏专门性的制度安排、服务内容范围有限、保障水平相对较低、地区保障标准差异较大、政府购买服务发展不够成熟等问题，有待通过进一步的加强和完善予以解决，从而为这部分群体提供更有力、有效的保障。

本研究关注农村贫困失能老年人，而不是城市失能老年人，主要基于如下几个原因。

农村实际老龄化更高，意味着农村老年人获得代际支持会相对更低。正如前文所述，由于大规模的乡城人口迁移，大量的中青年劳动力从农村迁移到城市，在实际上推高了农村的老龄化程度，使其远远高于城市。这意味着在农村地区，老年人和年轻人的数量对比发生了根本性的变化，也意味着很多家庭可能没有年轻人提供更多的家庭照料服务。如果老年人失能，往往意味着身边并没有更多的中青年家庭成员能够提供照料服务，老年人可能会沦为自我照料的状态，对于失能的孤寡老年人，或者夫妻均存在不同程度失能的农村贫困老年人，都可能意味着生活质量的大幅降低。

农村贫困失能老年人可能面临更为严峻的多维困境。正如前文所述，贫困往往和多重脆弱密切相关，贫困是多重脆弱的重要组成部分，贫困可能诱发其他类型的脆弱，同时，贫困也可能是其他类型脆弱的结果，贫困与其他类型的脆弱之间交互影响，马太效应使得二者之间存在互相放大的可能，这在很大程度上会将农村贫困老年人置于更为困难的多重脆弱境地。许多经验研究表明，贫困往往和更低水平的身体健康和心理健康密切相关，贫困也往往意味着更小规模的社交领域以及强度更低的社会支持，贫困还会影响个人的认知和行为，从而对个人的身心健康和人力资本产生长远的负面影响。特别是当个体刚从中年过渡至老年时期，贫困群体改变自身经济窘境的能力大幅降低，很可能会长期限于严峻的多维贫困状态，在这种情况下，老年人失能可能意味着生命质量的大幅降低。

农村贫困老年人可能获得的制度性支持相对更低。除了非正式的社会支持以外，老年人可以从国家和地方获得一些正式的制度支持，其中，在服务性支持方面，包括政府购买养老服务，以及为特困老年人提供的一些照料性服务支持，也就是特困供养制度安排。但是，由于城乡地区经济社会发展水平的差异，农村地区政府所能够提供的购买服务的财力较为有限，这较大程度限制了政府为农村贫困老年人购买失能照护服务的可能性，也影响了相应的购买水平，从实际上造成了农村地区贫困失能老年人获得的制度性支持相对较少。

农村地区专业化的照护服务市场发育严重不足。对比城乡可以发现，在农村地区，专业化的照护服务组织发育严重不足，且城镇专业照护服务组织延伸至农村地区的服务能力较为有限，造成了在农村地区专业性照护服务市场发育不充分甚至匮乏。在农村，即使是政府通过购买服务的形式来为贫困失能老年人提供照护服务，所能够购买到服务的数量和质量也都存在一定程度的局限性。当然，这也是许多地方在农村地区推进互助养老和重视家庭养老的原因之一。但是，无论如何，农村地区专业化照护服务的缺乏，限制了政府通过购买较为专业的养老照护服务来改善农村贫困老年人生活质量和失能状态的可能性。

正是基于上述原因，本研究将我国农村贫困失能老年人照护服务作为研究对象，并将全面反映我国农村贫困失能老年人照护服务需求和供给状况为核心目标，具体将基于贫困失能等相关理论基础，同时基于对典型地区农村的调查和案例资料，从供给和需求两个角度，反映农村贫困失能老年人的照护服务需要、支付能力和照护自给状况，以及农村养老服务的供给和递送等方面的状况，分析典型地区农村养老服务的主要做法、经验，以及面临的主要挑战和问题，为回应农村贫困失能老年人照护服务问题提出若干思考和建议。

第二节 概念界定与理论框架

本节选取了与研究有关的关键概念进行界定并对相关理论进行梳理与分析，共同支撑本研究，为下文的理论框架和分析内容奠定基础。

一、概念界定

以下对报告中的关键概念进行界定，主要包括老年人、贫困和老年贫困、失能、照护救助以及农村养老服务体系五部分内容。考虑到分析过程中还会有一些新的概念和词汇被使用，在本部分无法一一赘述，所以，本部分仅将本研究使用的主要词汇进行界定说明，其余词汇将在具体使用处给予必要说明。需要特别指出，我国脱贫攻坚战已取得全面胜利，历史性消除绝对贫困，但为了和“中国贫困老年人养老服务政策优化研究子项目”保持一致，本报告仍然使用“贫困”概念，但内涵是相对贫困或低收入，而非绝对贫困。

（一）老年人

个体的生命周期通常可以划分为儿童、青年、中年和老年四个时期。其中，在老年阶段，个体的生理机能逐渐衰退，所扮演的社会角色及所处的社会地位发生相应转变。对于老年人的界定，不同国家所使用的方法和标准存在差异，但从整体来看，“60岁及以上人口”和“65岁及以上人口”是使用最为广泛的两种老年人统计口径（杨胜慧等，2017）。联合国、世界卫生组织及部分西方发达国家将老年人定义为60岁及以上年龄的人口。《中华人民共和国老年人权益保障法》也对老年人的概念进行了相关界定，第二条明确指出：“本法所称的老年人是指60周岁及以上的公民。”综上，本研究将选取“60岁及以上”作为老年人的界定标准，即老年人为年满60周岁及以上的人口。

（二）贫困与老年贫困

贫困的发生并不取决于某一特定因素，而是受政治、经济、文化、社会等多种因素的共同影响，往往是指在相应的社会历史条件下，由于种种原因使得个体无法获得维持其基本生活所必须的物质资料的能力和机会的生活状态（郑杭生，2003）。从贫困人口的构成情况来看，由于老年人口无论是在经济收入还是在身体素质方面均处于劣势地位，其贫困发生率往往显著高于其他群体，因而成为了贫困人口的主要组成部分。另一方面，我国往往采取最低生活保障线作为贫困标准，因此本研究将老年贫困定义为老年群体中发生的贫困现象，这一老年群体是指我国城市和农村的低保家庭、低保边缘家庭中60岁及以上的老年人。

（三）失能

失能，是指由于疾病等各种原因导致部分或完全丧失生活自理能力的状态。国际上通常依据日常生活活动能力量表（ADLS）对生活自理能力进行评定，该量表分为“吃饭、穿衣、上下床、上厕所、室内走动和洗澡”六项指标。不同的学者从不同的研究方向出发，采取了不同的评分标准。曾毅、顾大男（2014）将老人能够独立完成六项活动界定为生活自理能力完好，如果需要他人帮助来完成六项活动中的一项或多项，则界定为生活自理能力残障。而宋爱芹（2012）等人使用计分制，将独立完成一项活动记为1分，否则为0分，6分表示受试者具备完全的独立日常生活活动能力，0-5分表明受试者日常生活活动能力有不同程度的受损。本研究采用的日常生活活动能力量表中的6项指标，每项分成“没有困难”、“有些困难”、“很困难”和“无法做”四个级别。如果有一项回答不是“没有困难”，则判定为失能。

（四）照护救助

照护救助是很多国家的基本制度安排，是针对贫困失能老年人的救助性的服务供给政策，目的是为贫困且失能的老年人提供必要的照护服务，从而维护贫困失能群体的基本生活质量。

在我国，目前对“照护救助”这个名称的提法还比较少，多以“养老服务补贴”“护理救助”“护理补贴”等名称出现。人们还会用到“照顾”“照料”和“护理”等词，来表达跟“照护”同样的意义（吴璇、刘晓雪，2016）。本研究中，照护救助主要是指国家或其他社会主体为经济困难的失能老年人提供最基本的照护保障，以维持其最低生活水平和照护生活需求的一种救助方式，包括直接为救助对象发放现金补贴或为其提供照护服务两种救助方式。

（五）农村养老服务体系

农村养老服务体系是指农村老年人在生活中获得全方位服务支持的系统，既包含家庭、政府和社会提供的各种形式的养老服务，又包括相关制度、政策、机构等运行要素构成的综合场域（李旭初、刘兴策，2016）。它受到福利国家“福利多元主义”理念的影响，强调养老服务中多元主体的参与，也成为各国解决社会养老问题的普遍思路和观念共识。我国养老服务体系的构建突出多层次、强调多元一体，国务院办公厅印发的《国务院办公厅关于推进养老服务发展的意见》明确指出，我国要建立居家为基础、社区为依托、机构为补充、医养相结合的养老服务体系。“多元”参与者从属于政府主导的“一体”，并依托政府的制度规范和整体安排对各自职权责任进行明晰，最终形成养老服务的有效供给与运行机制，从而满足农村老年人的养老服务需求（房莉杰、周盼，2020）。

二、理论框架

以下对本研究的分析框架进行论述，主要包括相关理论与分析架构两部分。在相关理论中，介绍了与群体相关的老年贫困和失能理论、与政策相关的国家治理理论等，并以此为基础，为后文分析的展开提供思路和启示；在分析架构中，以实验治理与政策扩散为主要逻辑架构，通过对实验主义治理范式和政策扩散理论的各自含义解读和内在联系剖析，为本研究提供总体性的分析框架。

（一）相关理论

本研究的相关理论主要包括两部分，与老年群体相关的理论和与政策相关的理论。具体来讲，在与群体相关的理论中，以老年群体脆弱性为依据，从老年人自身的可行能力、社会排斥和融合两方面解释了老年贫困现象的成因；从家庭生命周期规律的视角，阐述老年人较高失能风险的存在。

在与政策相关的理论中，福利多元主义理论强调了老年贫困群体福利供给主体的多元性，并进一步通过需求溢出理论阐明了各个主体间的角色定位与先后顺序，而积极国家理论指明政府这一重要主体在农村贫困老年人照护服务保障中的责任边界问题。相关理论框架归纳如下图所示。

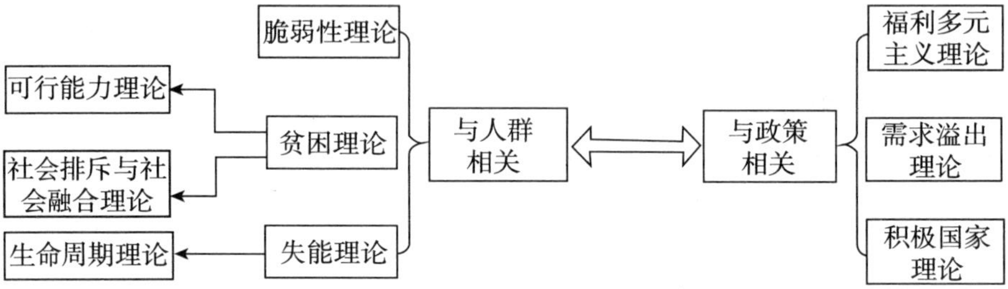

图 1－1　相关理论导图

1. 与群体相关的理论基础

（1）脆弱性理论。

“脆弱”是一个广泛使用的概念，传统意义上的脆弱性多关注风险或灾害造成的生物物理损失，社会科学领域则更侧重于家庭和个人（胡宏伟、蒋浩琛，2020）。韩峥（2004）将脆弱性定义为受到冲击和抵御冲击能力两者相较的结果，并包含从冲击中恢复的能力。通常而言，风险越高、抵御风险的能力越弱，脆弱性也就越强。对于老年人这一特殊群体，由于缺乏一系列生计资本和制度性支持，加之面临自然和社会等方面的风险，从而导致养老脆弱性出现，容易出现失能问题，这是老年人生活福祉方面的固有特征（李树茁等，2017）。

对于脆弱性框架的构建与分析，存在着较多讨论，大致经历了从二元到三元的发展历程。“内部－外部”分析框架是使用最广泛的二元分析框架，其中内部的脆弱性是指个人缺乏防御能力和机制，外部的脆弱性是指个人遭遇的风险（Crooks，2009）。不同于二元分析框架，徐洁等人（2019）应用气候变化专门委员会（IPCC）的“暴露—敏感性—适应能力”的概念框架，构建关于农村老年人家庭养老脆弱性的三元分析框架。脆弱框架强调，强化家庭保障基础是降低农村家庭养老脆弱性，实现家庭养老可持续的重要方向。

（2）可行能力理论。

阿玛蒂亚森（2002）提出了可行能力理论，他认为可行能力是个人实现自由和权利所需具备的必要条件。人们之所以会陷入贫困状态，是因为可行能力被剥夺，以及由此引发的包括经济方面的收入贫困、人力资本贫困、医疗和保健缺乏，以及性别等诸多方面的贫困。同时，他强调，制定经济政策不应该仅限于收入不平等的单一方面，而应该着眼于提高低收入者的可行能力，以降低整个社会的不平等程度为目标，用开放、长远的眼光去看待贫困问题和社会的公平正义。基于此，反贫困应该聚焦于失业、医疗、教育，以及社会排斥等多方面，提高个体的可行能力，使个体拥有按照自己意愿享受生活的能力。老年人受到自身健康状况的制约，各种功能性活动受到限制，与社会其他群体相比，该群体的可行能力较差，因而更容易陷入贫困。

（3）社会排斥与社会融合理论。

社会排斥是一个广泛涉及经济社会问题的概念，指个人与社会的纽带削弱、断裂的过程，是对个人或社会群体歧视的表现，受排斥群体包括残疾人、自杀者、老年人、受虐儿童、边缘群体等（阿马蒂亚·森、燕燕，2005）。不同分类方式下产生社会排斥的原因也有所不同，个体社会排斥指的是由于个人的某种属性；群体社会排斥指的是由于群体的某种特殊属性而产生的社会排斥，例如血缘、信仰、年龄等（曹艳春、吴蓓、戴建兵，2012）。

社会融合指的是个体或群体之间相互配合、互相适应的过程，是一个双向、动态、多维、渐进的过程（任远、邬民乐，2006）。社会是个体或群体相互融合的过程（Park，1928）。我国学者对社会融合进行了划分，认为社会融合由心理融合、身份融合、文化融合和经济融合构成，心理融合和文化融合是达成最终社会融合的标志（朱力，2002）。社会融合是由于社会群体异质性产生的，例如，老年人可能会由于社会价值观、集体活动或社会生活习惯与其他群体产生差异，出现社会融合失败现象。

通过社会排斥与社会融合理论，老年人作为社会弱势群体，其收入能力、身体机能等方面面临着巨大挑战，因此在经济、政治、文化等诸多维度受到了社会排斥，并进一步导致社会融合失败和多维贫困的出现。

2. 与政策有关的理论基础

（1）福利多元主义理论。

福利多元主义亦称混合福利经济，是指福利的规则、筹资和提供由公共部门、盈利组织、非盈利组织、家庭和社区共同负责、共同完成，而不局限于单一的政府部门。“政府角色转变为福利服务的规范者、福利服务的购买者、物品管理的仲裁者，以及促进其他部门从事服务供给的角色，其中，两个最主要的方面是参与和分权”（王小龙，2016；张艳梅，2019）。该理论是一种对“国家中心主义”和福利国家模式的一种批判。英国福利经济学家罗斯最早对福利多元主义进行界定，并提出社会福利来源于家庭、市场和国家的“福利三角”；德诺贝格进一步发展为“福利五角”，即包括公权（国家）、市场、家庭、社会网络以及会员组织。福利多元主义理论强调社会福利的供给需要多元主体共同发挥作用，而不能单纯倚重国家、市场、社会和家庭中的某一方，需要立足于多方合作，真正保障公民权利的实现。

（2）需求溢出理论。

需求溢出理论由刘太刚教授提出，其理论主要是在讨论和反思公共物品理论，并将讨论的范畴集中在民生公共物品和民生政策方面。其主要思想和观点认为，民生公共服务和物品的需求不应当采取无差别化的公共政策解决理念，这种无差别化、具有普惠特点的公共物品供给理念，并不是最符合公平和效率标准的选择，而应当采取差别化的原则来应对，而差别化的标准或者依据就是需求溢出，即以个人或家庭在民生服务中是否无法在家庭内部完成供给和满足，存在需求溢出到社会的问题，应当基于需求溢出以及溢出的程度，来确定按需供给、差别化供给的民生政策策略；同时，在这样一个差别化的民生策略中，政府应当走向关注和补偿弱势人群，来纠正市场和其他领域导致的不公平问题（刘太刚，2011）。此后，需求溢出的思想也在不断发展，对于需求和类型和溢出程度也不断细化，刘太刚（2019）进一步将个人需求分为人道需求、适度需求和奢侈需求三个等级，主张基于需求溢出的更为精准的差别化的服务供给政策，从而促进政府在公共物品和服务过程中更为精准的提供服务。

（3）积极国家理论。

积极国家观起于古希腊的理性主义传统，强调国家在维护公共权益中要发挥积极作用。而在此基础上提出的积极国家的概念，强调国家的作用不是消极的和被动的，而应该是积极的和主动的。国家不仅要在经济领域中发挥更多的作用，而且要干预社会生活，不断促进道德善的发展（Leo Strauss & Joseph Cropsey，2009）。在积极国家观中，国家承担着实现公民自由与社会发展与追求和善的重要使命，因而国家能力被摆在极其重要的位置上（霍建国，2012）。在东亚国家中，受其社会契约的影响，积极国家、有为政府的管理模式更为普遍也更加受到推崇。民众通过赋权政府，期望并要求其在弥补市场失灵、维护公共权益、保障社会安全、提升生活质量、改善基础设施、促进社会公平等方面积极作为。我国在贫困治理中，一直承担着积极国家的角色，国家在社会政策、基础设施建设及生产环节的介入比较深（邓大才，2021）。在积极国家的政策传统与理论指导下，我国农村老年贫困问题的解决依然要依赖于政府的角色干预，政府是极为重要的主体之一。

（二）分析框架

本研究提出基于实验主义治理范式与政策扩散理论的综合分析框架，具体从治理视角和政策视角两个维度、两种面向来阐释我国农村地区贫困老年人照护服务探索经验与治理思路。其中，治理视角的面向以实验主义治理范式为核心，强调以地方政府的实践探索为依据，来寻求农村贫困老年人照护服务的治理路径；政策视角的面向以政策扩散理论为核心，强调通过政府间的交流互动，来推动新政策的传播与拓展。具体内容如下。

社会治理中存在两种传统：规划传统与实验传统。其中，规划传统是基于立法型治理的视角，通过中央立法的形式来创设一种稳定的制度供给，进而实现对社会的良好治理。实验传统则是一种政策型的治理，是地方不断地出台新的政策来反复试错、不断进行政策迭代，最终寻找到解决问题的最佳可行途径（张乾友，2016）。而实验主义治理秉承社会治理中的实验思路，是一种对传统治理模式的批判继承与不断优化，它秉持以现实问题为导向和以经验证据为支撑的实证理念和循证品格，是一种实践性强、可操作性强的多层次治理架构（Jonathan，2016）。实验主义治理的概念最初是从欧洲产生的，它以四个基本要素和两个先决条件为主导，形成了其核心骨架。四个基本要素是指：设立框架目标、由基层单位在框架目标下自行实践、实践者定期汇报并实施同行评估、对框架目标进行周期性修订（Charles，2012）。两个先决条件，其一是战略不确定性。它会督促行为体不断学习和适应新的任务目标。这种相互学习的机制促成了从中央到地方不同层级治理主体间的合作；其二是权力的下放与多头分配。这就使得没有一个行为者有能力将自己偏好的解决方案强加于其他治理主体。这既保证治理方案不会受某些势力较强的行为体的干预，也促进新型治理机制更加平面化的发展（李昕蕾、宋天阳，2014）。

概括而言，实验主义治理是基于基层治理单位充分的自主权，使其根据现实问题，界定治理客体、更新治理手段、进行政策实验，并定期由同行或第三方对政策实验效果进行评估反馈，从而实现对制度安排的不断修订与完善，最终形成一种成熟的治理框架和政策创新。实验主义治理范式推动人类社会治理模式的重建，它通过纵向的放权、参与式合作与渐进式探索的方式改变了传统的立法型治理，打破了通过立法来创设一种理想的社会状态，进而实现社会良好治理的这种单一的治理模式（刘太刚、邓正阳，2020）；开辟了一条通过不断的政策实验、评估反馈和修订完善来实现政策优化的治理路径（张乾友，2016）。本研究秉承实验主义治理范式的研究思路，对典型地方的养老服务实践进行深入观察，并对其政策实验效果进行评估和总结，以加速政策迭代的进行，推动制度的不断发展完善。

“政策扩散是一项政策由一个政府（中央政府或不同层级地方政府、城市政府）实施之后，通过特定路径传播，并最终被其他政府采纳的现象”，包括水平扩散和垂直扩散两种形式（Tews，2010；黄燕芬、张超，2020）。政策扩散包括全国互动、区域传播、领导—跟进与垂直影响四种实现机制（朱亚鹏，2010）。全国互动机制是通过政府官员的全国性沟通网络，就相关政策进行自由互动与交流，从而实现政策的相互影响与干预（Gray，1973）；区域传播机制是指地理相邻的各级政府间通过开展政策竞争，这种迫于压力的模仿，也最终助力于政策扩散的实现；“领导—跟进机制是指某些地方政府在一项政策采纳方面是领导者，而其他地方政府争相效仿这些领导者”，主动学习、借鉴和创新，形成政策强大的驱动力（王洪涛、魏淑艳，2015；Walker，1969）；垂直影响机制说明中央政府对地方的政策实践进行全国推广，从而在大范围内形成一种政策扩散浪潮。政策扩散的实现正是通过上述四种机制来实现。

总结而言，政策扩散理论强调政府之间的互动与交流，在此过程中，政府之间通过学习机制、竞争机制、模仿机制、强制机制或基于工具性、规范性及制度建构性的考虑，最终形成政策扩散机制，从而不断推动政策实践的向前发展（陈芳，2014）。政策扩散理论很好的解释了政策创新的不断应用与拓展的过程机制，突出了新兴政策与治理理念、方法在不同地区学习转化的动力机制与内在逻辑。本研究通过分析东部地区具有引领性与代表性的实践探索，总结各地方政府成功的政策经验与政策创新效果，从而使成功的公共政策不断地向更大范围乃至全国范围扩散。

需要强调的是，实验主义治理范式与政策扩散并非是相互割裂、独自运行的体系，相反，二者之间联系紧密、互为依托。首先，实验主义治理范式是政策扩散的前提与基础。政策扩散是在政策创新的基础上，对新政策的一种传播与发展。而实验主义治理范式是新政策产生的有利土壤，也是政策效果的试验田。政策制度经过实验主义治理范式的不断检验与发展，才能形成相对系统成熟的制度框架，才有对其进行政策扩散的价值和意义。其次，政策扩散是实验主义治理范式进一步的要求与发展。一方面，通过实验主义治理范式产生的政策需要进行不断的迭代与评估，这就要求不断扩大实验范围和增加实验样本，政策扩散在其中发挥了至关重要的作用。另一方面，实验主义治理范式下的相对系统成熟的政策制度，通过政策扩散，能够扩大其影响范围，形成普遍的社会公共政策，更好的体现政策的社会效应。最后，实验主义治理范式与政策扩散统一于整合治理的逻辑框架，打破了制度碎片化，实现了政策维度与治理维度的统一与契合，提高了政府的治理效能。

第三节 研究目标与研究意义

本节主要针对本研究的研究目标与研究意义进行阐述。

一、研究目标

本研究以我国农村贫困失能老年人照护服务作为研究对象，以全面反映我国农村贫困失能老年人照护服务需求和供给状况为核心目标，以贫困失能等相关理论为基础，基于对典型地区农村的调查和案例资料，从供给和需求两个角度，反映农村贫困失能老年人的照护服务需要、支付能力和照护自给状况，以及农村养老服务的供给和递送等方面的状况，分析典型地区农村养老服务的主要做法、经验，以及面临的主要挑战和问题，为回应农村贫困失能老年人照护服务问题提出若干思考和建议。

具体而言，本研究的目标可以细分为四个部分。

第一，基于代表性地区调查数据的分析，全面反映农村贫困失能老年人的基本特征、生活质量和照护需求，以及对应的服务供给状况，从而为全面、深入评价我国老年失能照护服务供给与需求奠定基础；

第二，基于对典型地区农村养老服务供给的实际调查，特别是地方政府在农村贫困失能老年人照护服务方面的实践探索，以深度观察的方式对地方政府的政策创新（实验）进行评价分析，归纳我国部分地区农村贫困失能老年人照护服务方面的政策创新经验；

第三，基于全国农村养老服务体系建设典型案例，通过对典型案例的梳理、分析，汇总政策启示和经验启示；

第四，综合上述分析结论，从认识与理论共识层面，以及政策框架启示方面，对本研究的结论进行总结，并为回应我国农村贫困失能老年人照护服务问题提出相关思考启示。

二、研究意义

本研究包括理论和实践意义两个方面，具体而言，包括以下两点。

第一，理论意义。通过梳理农村贫困失能老年照护的相关理论，能够更为清晰的界定老年贫困群体照护救助的基本概念和理念基础，为进一步深化贫困老年人相关研究议题奠定概念和理念参考。同时，全面描述农村贫困失能老年人群体的基本特征和生活质量，为后续学者深化学界对农村贫困失能老年人群体的认识提供参考。

第二，实践意义。本研究对农村贫困失能老年人生活状况进行数据描述分析，可全面展示贫困失能失智老年人的基本特征、生活状况和照护需求，同时结合青岛、桐庐及常山的实地调研情况，以深度观察的分析方式对地方的政策探索（实验）效果进行评估，这些都将为相关部门完善贫困失能老年人照护救助政策及体系提供决策参考。另外，农村贫困老年人是贫困老年人的主体，农村贫困老年人失能照护问题相对更加迫切，生活质量也相对更低，这些都凸显了农村贫困失能老年人研究和政策探索的积极意义，本研究的发现和主要建议对于我国农村贫困老年人照护政策体系建设和实践探索有一定参考价值。

第四节 研究内容、研究方法与研究数据

本节主要针对本研究的研究内容、研究方法与研究数据进行阐述。

一、研究内容

本研究将包括四个主要篇章。

导论，是整体研究的绪论部分。主要交代研究背景、研究问题、基本概念

界定、研究目标和意义等内容。这个部分为整本报告的开篇介绍部分，是后续三个篇章的铺垫和基础说明。

上篇，是农村贫困失能老年人照护服务需求和供给状况分析部分。具体包括两部分：第一，农村贫困失能（失智）老年人照护依赖与需求状况调查。本部分基于微观数据来分析农村贫困失能失智老年人的基本状况，疾病与失能状况、生活质量状况以及照护需求满足状况。第二，县域内养老与照护服务体系发展与供给状况的调查分析部分。本部分通过深度访谈、自填问卷等调查方法，重点围绕农村贫困失能（失智）老年人的家庭照护、居家社区照护以及养老机构照护的供给状况进行调查分析。

中篇，是农村养老与照护服务解决方案。第一，对东部典型地区调查的案例分析。本部分基于对青岛、桐庐、常山四地的实地调研，重点对青岛养联体、日照市多元化、桐庐小微机构、常山孝文化引领养老服务体系建设的实践探索进行分析，并重点对地方政策的实验效果进行评估，以深度观察为分析视角，对典型地区的政策探索（实验）进行评估评价，从而获得政策实验效应评估结果。第二，全国范围典型案例的分析部分。本部分重点对地方政府照护救助的政策探索和实践探索进行了介绍性和评价性介绍，集中于典型地区在应对农村贫困失能老年人照护服务需求方面所采取的一些政策和实践探索。

下篇，是研究结论与若干思考部分。作为研究的落脚点，本部分在前述篇章的基础上，为农村养老与照护的制度建设提供政策启示与思考，特别是提出本研究认为可以回应农村贫困失能老年人照护问题的关键性制度安排。具体而言，本研究从统领性、基础性、关键性和支持性的角度出发，对农村县域养老服务体系、基本养老服务清单、照护救助制度以及三维能力识别的逻辑与设计进行论述，从而为我国农村养老照护制度安排的改革与发展提供借鉴。

下图即是本研究的研究路径图。

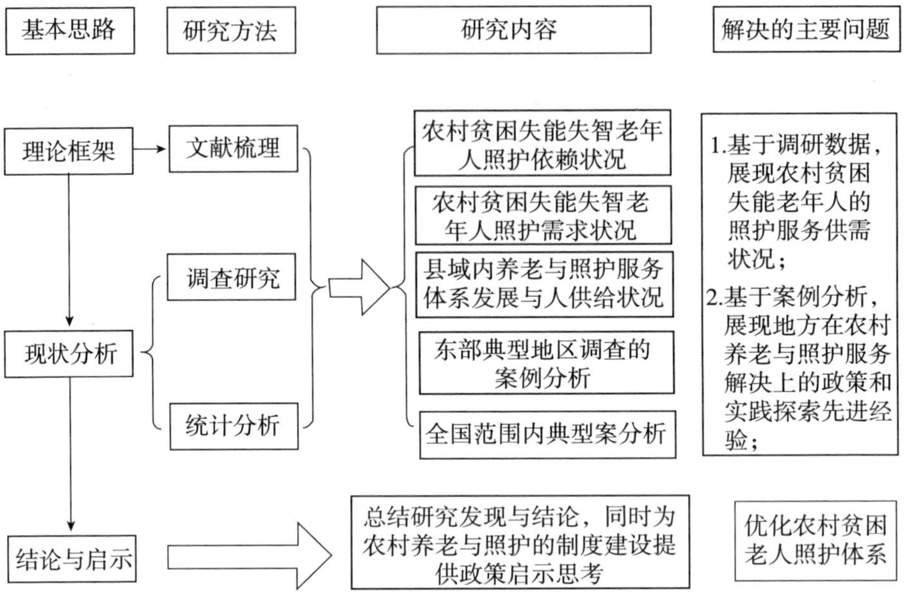

图 1－2　研究路径图

二、研究方法

本研究的研究方法主要包括文献研究法、案例分析法以及国际比较法三个方面，具体而言，包括以下三点。

第一，文献研究法。通过收集、梳理国内外关于贫困、失能、照护救助等方面的相关书籍与文献，运用内容分析、对比分析的方法，确定老年贫困与照护救助制度研究的分析框架，奠定理论分析基础，为农村贫困老年人失能照护提供分析基础。

第二，调查研究法。调研典型地区贫困失能老年人，使用地区和人群的典型抽样方法，保证了代表性和随机性；同时，在采集数据的基础上，本研究将从贫困失能老年人的基本特征、生活质量、照护服务需求，及照护救助现状等方面出发开展问卷调查。利用统计分析方法，对调查分析结果进行呈现，从而更为客观的描摹农村贫困失能老年人的基本特征和生活质量。

第三，实地研究法。对青岛、桐庐、常山、日照四地进行农村老年贫困与照护救助制度的实地观察及案例访谈，特别是了解地方政府所开展的政策和实践探索，以深入挖掘我国农村贫困失能老年人照护方面存在的问题、面临的挑战，并提出可行的改革方向。

第四，实验研究法。本研究利用深度观察的混合研究方法，分析了地方政策探索（实验）的实践，评估了地方政策探索效果。需要强调，本研究利用了政策实验研究，主要是利用了实验方法的思路，是对地方政府的政策探索实践进行深入观察，而并不是研究团队本身开展政策实验，因为，制定和实施公共政策超出了研究者的能力范畴，研究团队的定位是对地方政府开展的政策实践进行智力支持和观察评价，是政策创新（实验）的支持者和观察者。

三、研究数据

本研究采用了多种调查方法，包括问卷调查、实地调查等，也包括重点案例观察、追踪观察和政策实验支持等。多种研究方法、丰富的数据资料保证了本研究的顺利开展，也为研究报告的质量奠定了坚实的基础。

（一）抽样和调查说明

第一，调查和深度观察点的选择兼顾了引领性和代表性。本研究在调查地点的选择方面，主要选择了山东省和浙江省两个东部省份，调研地点选择兼顾引领性和代表性，这既是由本研究的研究目标所决定的，同时也是本研究与既有研究和文献对话基础上的选择结果。

研究目标决定本研究的调查地点选择要兼有引领性和代表性。本研究的目标和重要内容，一方面，希望能够通过调查分析，了解我国贫困失能老年人的基本现状，包括基本状况、生存质量、照护需求、照护满足状况、照护压力负担等方面的情况；另一方面，也是更为重要的是，本研究希望通过对当前农村照护服务供给侧的调查分析，充分了解农村当前实际照护领域的政策实践和实施状况，特别希望能够了解到在一些具有引领性的地区，地方政府充分结合本地实际情况积极推进公共政策创新所开创的一些具有探索性和引领性的公共政策实践。

另外，本研究也希望通过深度观察和支持地方政府开展政策实践探索，来反映和支持我国在典型地区贫困失能老年人的照护政策和照护模式创新。上述目标定位要求本研究更应该关注具有引领性和探索性的实践地区，因为只有在引领性、先进性的实践地区，一些新的公共政策和实践模式才更有条件出现，这些整合和经验模式在经过完善、改进之后，才能提炼出在全国可以复制推广的模式经验，从而为我国农村贫困失能失智老年人照护政策和模式推进奠定基础。

正是基于上述原因，加上调研时间和经费限制，本研究在选择调研地点的时候，经过专家论证和建议，将引领性置于代表性之前，充分选择在中国养老服务体系建设方面具有引领性和开创性的地方作为深度观察点和政策实验支持点。山东省和浙江省在全国属于经济发达省份，两个省在农村养老服务方面都有不同程度的政策创新探索，在实践探索和模式经验方面具有一定的引领性。所以，山东省和浙江省成为了本研究的实地观察和政策实验支持点的选择。此外，上述选择也一定程度上兼顾了代表性，比如，在两个省省内具体县区抽选的时候，将省内一些经济相对落后的县区作为观察点和政策实验支持点，这些县区经济社会发展水平与全国平均水平较为一致（如常山县、五莲县的发展水平和中部地区县的一般性发展水平接近），特别是在养老服务体系发展状况方面，能够在一定程度上代表我国区县养老服务发展的一般性水平。在具有引领性的东部省份内同时选择具有引领性的县区和具有代表性的县区，也使本研究的县区选择具有了对照性的意涵。本研究在分析过程当中充分注重分县区进行对照性分析，也是出于上述考虑。

另外，从目前的研究文献来看，尚无文献显示在微观具体需求内容方面，东部地区的贫困失能老年人和中西部地区的贫困失能老年人存在显著差异。事实上，人体机能退化和老化作为生物规律，人失能之后的照护服务需求内容上是基本稳定的。虽然经济社会因素会一定程度上影响人的照护服务需要，但是，对于贫困失能老年人而言，亦无证据表明不同地区的贫困失能老年人在照护需要方面会产生内容上的较大差异。一个重要的原因可能是，由于经济状况贫困，潜在影响照护服务内容需要的经济社会因素基本上不具有影响力，这也导致不同地区的贫困失能老年人的需要在内容上可能是极为接近甚至无差异的。

第二，整个研究的调研工作具有较高质量。在民政部政策研究中心的支持下，研究团队主要在山东省和浙江省开展了一系列调研工作，同时，也对其他省份的相关状况做调查了解。

深度观察是本研究主要使用的研究方法。在民政部政策研究中心的支持下，研究团队对抽选的地区进行了持续、多轮、多形式的调查，调查的形式有多种，包括问卷调查、实地观察、案例访谈、电话访谈、焦点访谈、在线会议、微信调查等多种形式。其中，对山东、浙江两省的主要县区进行了不少于3轮调查，整个调查、观察、追踪的时间大约前后共12个月；除了专家团队的主体调查活动外，还支持社会组织、社会工作者、学生助理等主体开展相应的观察、调查、访谈等；调查的地点包括失能失智老年人家庭、社区内养老设施、养老机构、相关部门、社会组织等，以及与地方相关的部分机构、设施。

在微观问卷调查方面，为了更好实现研究目标，特别是深化深度观察研究范式的效果，本研究在东部典型地区还进行了具有追踪（回溯）性质的调查工作，调查包括深入的实地观察、访谈，以及具有政策评估性质的问卷调查，主要由委托的地方社会组织开展，相关调查具有小规模、深度化、持续性、对照性的特点。具体在桐庐、常山、胶州各有一家社会组织协助开展了深度观察和问卷调查工作，平均每个机构组织工作人员约为20人，调查准备、培训组织、调查执行、数据回收整理等前后用时约40天。调查采取的是小范围、深度化的调查方式，观察、访谈对象涵盖了自然村、行政村、乡镇，以及相应的老年家庭、互助机构、养老机构，收集了一定的观察资料和访谈资料，同时，开展了以评估为目标的问卷调查，其中，胶州市调查213位农村失能失智老年人，桐庐县调查了200位农村失能失智老年人，常山县207位老年人。实地观察、访谈和问卷调查综合反映了农村贫困失能老年人的失能照护需求、服务供给、生活质量等方面的情况，也通过相关资源、能力、政策的充分呈现，包括模式探索（实验）的政策评价，得到一般性的结论，以及模式归纳、政策扩散方面的结论和建议。

此外，在地方政府、社会组织等机构、个人的大力配合下，在民政部政策研究中心的组织和支持下，本研究团队支持专门调查机构开展了典型地区的截面调查，整个研究调查了约4000位失能失智老年人，在不同县区的数量分布为：浙江桐庐566人，浙江常山487人，山东即墨726人，山东平度680人，山东胶州689人以及山东莱西613人；此外，还对六个县区的养老设施和养老机构进行了部分抽查，了解了部分机构的实际情况。

第三，调查整体具有相对较高的质量。从调查产出的资料、数据来看，本研究获取的数据质量和资料质量较高，为调研报告的撰写奠定了坚实基础。在整个调查过程当中，调查工作得到了地方政府的大力配合，以及被访者的友好合作，这为调查获得成功奠定了良好基础。研究专家团队和调查团队在开始调查、访谈工作之前，预先充分了解了地方的实际情况，将研究目标与调查内容充分融合，结合研究需要和地方实际情况设计了相应的调查问卷和访谈提纲，在约定时间内开展了高质量的调查、观察和访谈，保证了观察和访谈的质量，以及观察、访谈结果与学术研究之间的紧密衔接，为本研究的深度分析奠定了良好基础。

第四，调查分析也存在一定程度的不足。由于调查时间限制、疫情影响等原因，本研究在调研和资料获取方面也存在一定程度的不足。首先，由于整个调查工作持续时间约为 12 个月，深度观察和持续追踪的时间相对较短，影响了追踪观察效果；同时，在这个时间段内，部分地方的政策探索刚刚开始，政策效应和模式经验仍然较为有限，也在一定程度上制约了本研究在深度观察，特别是实验支持方面的工作。较短的研究时段制约了深度追踪和实验效应的观察，一定程度上制约了部分研究计划的执行。期待后续研究可以继续对政策探索进行追踪调查。

其次，也是更为关键的是，新冠疫情的影响严重冲击了地方政策探索，甚至冲击和影响了正常的工作秩序，一些地方在失能失智老年人模式探索方面的工作被迫中断，民政等相关部门的政策创新精力被分散，地方政府原定的一些政策实验未能顺利开展，大部分都被延迟实施或中断实施，从而严重影响了部分地方的政策实践创新工作。同时，疫情对研究团队工作的影响也非常严峻，首先是调查活动受限，跨地调研活动因疫情防控而被要求叫停，所有养老机构和社区都采取了不同程度的封闭政策，特别是养老机构，至今未能实现进入正常化，仍然处于高度管控之中，这增大了调研活动的难度，也增大了调研工作的成本。地方政策探索工作中断，也一定程度上影响了调研团队观测调查的可能，二者相互交叠，对调研工作产生了较大影响。当然，值得一提的是，一方面，在疫情开始后，研究团队在民政部的支持下仍然继续开展工作，采取调整工作进度、统筹工作流程次序等措施，特别是在六七月份疫情平稳后，积极开始筹备、实施调研活动，查漏补救、积极推进，最终仍然基本完成了既定的调查目标，为研究报告撰写奠定了良好的数据和资料支撑。另一方面，通过委托地方社会组织协助开展调查，使得对胶州、桐庐、常山的深度观察（包括实地观察、深度访谈、问卷调查、案例分析）有序进行，基本完成了政策探索地区的观察和评估评价，也为本研究工作的平稳开展奠定了基础。

（二）调查方式与数据构成

正如上文所述，本研究采用了多种研究方法，包括多种获取数据和资料的方法，其中，包括问卷调查、实地调查等方法，也包括深度观察方法，具体如实地观察、深度访谈、案例分析等，开展了重点案例观察、追踪观察和政策实验支持等工作。

1. 典型地区深度观察数据集合

正如前文所述，本研究在调查地区的选择方面兼顾了引领性和代表性，重点选取了胶州市、桐庐县、五莲县、常山县四个地方，四个地方虽然同属于东部地区，但是，由于五莲县和常山县属于相应省域内经济社会发展较为落后的地区，在全国具有“中部地区”发展水平的特点，具体详见上文论述。

本研究在深度观察数据收集过程中，综合了实地观察、深度访谈、案例访谈、问卷调查等多种方式，较为深入的反映了当前农村贫困失能老年人的基本状况，包括养老照护需求、支付能力和照护状况等信息，同时，在深入了解典型模式创新基础上，了解了典型地区老年失能照护服务网络和服务本身的总体发展状况，以及取得的成绩、面临的挑战。同时，作为地方政策探索（实验）的评估主要目标，还了解了经济困难老年人护理服务补贴、长期护理保险等具体政策在地方的落地情况，以及相应政策对于贫困失能老年人照护资金筹集的影响。通过对典型地区的深度观察、调查和评价，一方面，从供给与需求的角度，较为客观的反映调查区县农村贫困老年人照护服务现状，重点分析了对应的初始禀赋、政策资源、需求状况、问题瓶颈等；同时，基于观察和问卷调查，包括采用实验组和对照组的分析思路，较好的对典型地区的政策探索（实验）模式进行评估，较为全面的评价政策探索的成效问题，从而为模式总结和政策扩散等奠定了良好的发展基础。

第一，东部引领性地区深度观察资料。对东部地区的深度观察是本研究的重要研究方式，也是本研究重要的研究内容，核心是基于政策实验和政策扩散的分析视角，通过实地观察、深度访谈、案例分析、资料比较分析等方法，对东部引领性地区的政策实验探索进行归纳、总结，并基于实验评估的思维和视角，对地方政策探索的实际效果进行评估。与之对应，深度观察的数据资料包括地方四地走访过程中的记录、照片、交流、案例信息等，以及其他相关资料（包括实地座谈会、在线座谈会、电话访问、微信等网络访问等），上述资料内容庞杂，覆盖了项目开始至今的多个阶段和多轮调查，包括案例追踪等，主要由项目团队成员、民政部政策研究中心和地方民政部门相关工作人员共同完成，构成了深度观察资料主体。

第二，兼有深度观察和政策评估的调查数据。为了更好实现研究目标，特别是深化深度观察研究范式的效果，本研究在东部典型地区还进行了具有追踪（回溯）性质的调查工作，调查包括深入的实地观察、访谈，以及具有政策评估性质的问卷调查，主要由委托的地方社会组织开展，相关调查具有小规模、深度化、持续性、对照性的特点。具体在桐庐、常山、胶州各有一家社会组织协助开展了深度观察和问卷调查工作，平均每个机构组织工作人员约为20人，调查准备、培训组织、调查执行、数据回收整理等前后用时约40天。调查采取的是小范围、深度化的调查方式，观察、访谈对象涵盖了自然村、行政村、乡镇，以及相应的老年家庭、互助机构、养老机构，收集了一定的观察资料和访谈资料，同时，开展了以评估为目标的问卷调查，其中，胶州市调查213位农村失能失智老年人，桐庐县调查了200位农村失能失智老年人，常山县207位老年人。实地观察、访谈和问卷调查综合反映了农村贫困失能老年人的失能照护需求、服务供给、生活质量等方面的情况，也通过相关资源、能力、政策的充分呈现，包括模式探索（实验）的政策评价，得到一般性的结论，以及模式归纳、政策扩散方面的结论和建议。

2. 典型地区的截面调查数据

深度观察方法是本研究的主要研究方式，包括上文提到的具有小规模、深度化、以现状反映、政策评估为的典型地区问卷调查，都致力于反映我国典型地区农村贫困失能老年人的照护需求、服务供给和生活质量现状。为了进一步增强数据分析的证据力度，在民政部政策研究中心的组织和支持下，本研究团队还支持调查机构在典型地区开展更大规模的截面调查，整个研究调查了大概4000位失能失智老年人，其中，这些失能失智老年人在不同县区的数量大概分布是：浙江桐庐566人，浙江常山487人，山东即墨726人，山东平度680人，山东胶州689人以及山东莱西613人。大规模的截面调查是深度观察数据资料的辅助，主旨是为了进一步细化和清晰描述农村（贫困）失能失智老年人的服务需求、照护供给、生活质量等方面的情况，为实地观察、深度访谈、政策实验（评估）提供辅助性的支撑资料，也为相关政策建议的提出奠定基础。

3. 典型地方政策资料数据集

本研究同时对各典型地区的政策文件进行了整理，特别是胶州市（青岛市）、五莲县（日照市）、桐庐县（杭州市）、常山县（衢州市）的相关政策文件进行了详细收集和梳理，内容相关政策文件、报告资料等，此外，也包括典型地区相关机构的材料，如机构的规模、床位、价格构成、收费标准等等。此外，还有部分典型经验和模式的总结，如各类工作汇报和新闻报道等资料。这些资料和其他资料一起构成了本研究分析的资料基础。

上　篇

农村贫困老年人照护状况调研

党的十九大报告提出多项发展养老服务新举措，开启了美好时代和建设社会主义现代化强国的新时期，与此同时，新时期也是农村老龄人口不断深化、农村养老服务体系起步、农村养老保障发展的时期。农村老年人健康风险更高，但农村地区社会化养老服务起步晚，基础养老设施不完备，家庭照护功能逐渐减弱，尤其是其中的农村低收入失能老人，面临着“照料”与“收入”双重困境，是最为脆弱、对照护需求最为迫切的群体，这类人群的养老与照护需求与供给状况值得关注，也成为本研究的主要研究问题。农村贫困失能老年人本质上具有多重脆弱累积的特征。

在本研究中，低收入失能老年人指的是依据民政部老年人能力评估标准评定为中、重度失能（包括日常生活活动、精神状态、感知觉与沟通、社会参与四个方面）并且来自农村特困家庭、低保家庭或低保边缘家庭的老年人。

从主要内容来看，本篇通过问卷调查对农村低收入失能老年人，尤其是经济困难中重度失能老年人，以及农村养老设施、养老机构展开调查，旨在全面描绘农村经济困难失能老年人照护服务的需求与供给状况。

第二章　农村贫困失能老年人照护依赖与需求状况调查分析

本章将基于典型地区的调查数据，按照家庭经济状况和养老方式的分类，对农村贫困失能老年人样本的基本状况、疾病与失能状况、生活质量状况以及照护需求情况进行描述性统计分析。

其中，前两部分通过对性别、年龄、文化程度、婚姻状况、家庭情况等人口学特征、疾病与失能情况进行分析，描绘农村贫困失能老年人的基本状况；第三部分从心理健康、社会支持、居住环境角度对农村贫困失能老年人生活质量状况进行分析；第四部分分别分析基本生活照料服务、用餐服务、医疗护理服务、精神慰藉服务，发现农村贫困失能老年人各项照护服务普遍存在供需不平衡的情况。本部分数据来自针对浙江桐庐、浙江常山、山东即墨等六县区的问卷调查，关于数据质量、数据说明等相关信息详见本研究导论相关部分。

第一节　农村贫困失能老年人基本状况

下文分析将包括个人基本情况和家庭情况两部分。在个人基本情况中又具体包括性别、年龄、文化程度、婚姻状况几部分；在家庭情况中包括健在子女数和同吃同住者数量两个变量。

本研究界定的“失能”是指，民政部 2013 年发布的《老年人能力评估》中界定为“中度失能”或“重度失能”的情形，评估中综合了日常生活活动、精神状态、感知觉沟通与社会参与四个一级指标。进一步，以下论述中的“贫困失能老年人”指的是来自低保家庭、特困家庭、建档立卡贫困家庭以及低保边缘家庭的经济困难，且满足上述“失能”条件的老年人；“非贫困失能老人”则是指来自普通家庭的，满足上述“失能”条件的老年人。

一、个人基本情况

以下将包括性别、年龄、文化程度、婚姻状况四个变量，以此来对农村贫困失能老年人的个人基本情况进行说明。

（一）性别分布

下表2－1描述了农村中重度失能老年人样本的性别状况，并按照家庭经济状况和养老方式进行了分类。根据抽样调查结果可以发现，农村中重度失能老年人样本中，女性占比略高于男性。

刘二鹏（2020）的研究表明，老年人口呈现女性化趋势，而且我国农村女性老人的失能情况较男性严重。一方面，这是由于女性比男性更加长寿；另一方面，是由于女性较男性在健康方面存在着显著的劣势，失能和带残时间更久。因而在老龄阶段，女性更容易受到各类疾病的困扰，残障、失能的概率以及持续时间自然也高于男性。调研数据的总体情况也印证了这一点，浙江桐庐、山东平度的农村中重度失能老年人样本中女性占比分别为63.07%和53.53%，农村中重度老年人中女性比例相对较高。

表2－1　按照家庭经济状况、养老方式划分的农村中重度失能老年人样本的性别分布状况

地区		性别	总体情况（%）	按家庭经济状况划分		按养老方式划分	
				失能贫困老年人（%）	非贫困失能老年人（%）	机构老年人（%）	居家/社区老年人（%）
浙江	常山	男	56.49	53.33	59.51	77.78	56.07
		女	43.53	46.67	40.49	22.22	43.93
	桐庐	男	32.93	47.12	31.73	35.15	37.91
		女	63.07	52.88	68.27	64.85	62.09
山东青岛	即墨	男	46.69	53.17	42.53	38.61	49.81
		女	53.31	46.83	57.47	61.39	50.19
	平度	男	46.47	62.30	40.29	36.00	48.28
		女	53.53	37.70	59.71	64.00	51.72

续表

<table>
<tr><th colspan="2" rowspan="2">地区</th><th rowspan="2">性别</th><th rowspan="2">总体情况（%）</th><th colspan="2">按家庭经济状况划分</th><th colspan="2">按养老方式划分</th></tr>
<tr><th>失能贫困老年人（%）</th><th>非贫困失能老年人（%）</th><th>机构老年人（%）</th><th>居家/社区老年人（%）</th></tr>
<tr><td rowspan="4">山东青岛</td><td rowspan="2">胶州</td><td>男</td><td>48.19</td><td>83.84</td><td>42.20</td><td>39.34</td><td>52.09</td></tr>
<tr><td>女</td><td>51.81</td><td>16.16</td><td>57.80</td><td>60.66</td><td>47.91</td></tr>
<tr><td rowspan="2">莱西</td><td>男</td><td>52.37</td><td>81.36</td><td>45.45</td><td>84.62</td><td>49.38</td></tr>
<tr><td>女</td><td>47.63</td><td>18.64</td><td>54.55</td><td>15.38</td><td>50.62</td></tr>
</table>

（二）年龄分布

下表2－2描述了农村中重度失能老年人样本的平均年龄状况，并按照家庭经济状况和养老方式进行了分类。根据抽样调查结果可以发现：首先，农村中重度失能老年人的平均年龄均在80岁左右，其中山东莱西样本数据的平均年龄最低为73.54岁，浙江常山最高为80.55岁。其次，贫困失能老年人的平均年龄普遍要低于非贫困失能的老年人。再次，相较于居家/社区老年人，机构老年人的平均年龄更大。

通过样本数据的总体情况可以看出，各地区农村中重度失能老年人的平均年龄在80岁上下，说明失能风险随着年龄的增长会不断提高，使得失能老人出现高龄化趋势。进一步对比中重度失能老人中的贫困与非贫困群体，不难看出贫困群体的平均年龄更低。这一定程度上说明老年人的健康程度和自理能力与家庭收入之间呈现显著的正相关，随着收入水平提高，对健康投资也会相应提高，从而能够有效降低失能的风险（刘欢，2017）。具体到抽样数据中，山东即墨贫困失能老年人的平均年龄为77.84岁，而非贫困失能的平均年龄为79.75岁；同样在浙江桐庐，贫困群体为77.46岁，非贫困群体为81.57岁。

另外，机构老年人的平均年龄普遍高于居家/社区老年人。这是由于随着老年人年龄的增大，失能程度也随之增加，对照护服务的需求也会扩张，仅依靠家庭养老难以为继，从而会更多依赖机构养老来分担家庭养老的压力。这在样本数据中得到了明显的体现，以山东即墨为例，该地区机构老年人平均年龄为83.60岁，而居家/社区老年人为77.23岁。

表 2－2　按照家庭经济状况、养老方式划分的农村中重度失能老年人样本的年龄分布状况

地区		总体情况 M（±S）（岁）	按家庭经济状况划分		按养老方式划分	
			贫困失能老年人 M（±S）（岁）	非贫困失能老年人 M（±S）（岁）	机构老年人 M（±S）（岁）	居家/社区老年人 M（±S）（岁）
浙江	常山	80.55（±10.15）	79.21（±10.20）	81.84（±9.48）	82.22（±3.70）	80.51（±10.23）
	桐庐	80.19（±9.34）	77.46（±9.07）	81.57（±9.18）	81.07（±9.01）	79.69（±9.50）
山东青岛	即墨	79.01（±8.54）	77.84（±8.51）	79.75（±8.48）	83.60（±5.94）	77.23（±8.73）
	平度	77.27（±9.91）	74.05（±9.09）	78.52（±9.94）	83.68（±8.57）	76.16（±9.71）
	胶州	80.10（±8.28）	75.21（±7.15）	80.92（±8.18）	82.41（±7.82）	79.08（±8.28）
	莱西	75.54（±8.84）	72.04（±7.43）	76.37（±8.95）	75.67（±7.71）	75.53（±8.95）

（三）文化程度

下表 2－3 描述了农村中重度失能老年人样本的文化程度状况，并按照家庭经济状况和养老方式进行了分类。根据抽样调查结果可以发现，农村中重度失能老年人样本的文化水平普遍偏低，且人群比较来看，贫困群体、机构老年人的文化水平相对更低。

首先，从样本数据的总体情况来看，各地未受过正式教育的老年人比重最高，占比均超过 60%，浙江常山、山东胶州这一比重分别为 70.22%、72.28%，充分展现了农村中重度失能老年人样本文化水平较低的现实情况。教育将通过心理状态对老年人健康产生显著的正向影响，较高的教育水平将会降低老年人的失能概率，初中教育以上老人群体失能概率明显低于小学教育及以下的老年人（张宝顺等，2020）。这为数据样本中农村中重度失能老年人受教育水平普遍较低的结果提供了合理解释。

其次，通过对比贫困失能与非贫困失能老年人情况可以看出，贫困失能老年人文化程度相对更低。以山东即墨为例，贫困失能老年人中未受过正式教育的比重达87.32%，这一比重在非贫困失能中仅为73.53%。这一现象很大程度上可以通过人力资本理论加以解释，即教育对人力资本有显著的提升效果，更高的教育水平将带来更高水平的收入（廖毅、张薇，2019）。另外，相较于居家社区老年人，机构老年人的受教育水平更低。这与农村老年人入住养老机构的意愿有关。一般而言，农村地区健康状况差的老年人入住机构的意愿更强，而健康状况很大程度上又受到教育程度的影响，故容易出现机构老年人教育程度更低的情况（孙鹃娟、沈定，2017）。

表2-3　按照家庭经济状况、养老方式划分的农村中重度失能老年人样本的文化程度分布状况

地区		文化程度	总体情况（%）	按家庭经济状况划分		按养老方式划分	
				贫困失能老年人（%）	非贫困失能老年人（%）	机构老年人（%）	居家/社区老年人（%）
浙江	常山	文盲/私塾	70.22	70.42	70.04	88.89	69.87
		小学	16.84	15.00	18.62	0.00	17.15
		初中及以上	12.93	14.59	11.33	11.11	12.97
	桐庐	文盲/私塾	65.55	65.97	65.34	71.29	62.36
		小学	25.80	26.70	25.33	21.29	28.30
		初中及以上	8.66	7.33	9.33	6.43	9.34
山东青岛	即墨	文盲/私塾	78.93	87.32	73.53	81.69	77.87
		小学	17.77	11.27	21.95	14.36	19.08
		初中及以上	3.31	1.41	4.52	3.96	3.05
	平度	文盲/私塾	62.94	58.12	64.82	84.00	59.31
		小学	32.35	38.22	30.06	14.00	35.52
		初中及以上	4.70	3.66	5.12	2.00	5.17
	胶州	文盲/私塾	72.28	77.78	71.36	89.58	64.64
		小学	17.42	20.20	16.95	7.11	21.97
		初中及以上	10.30	2.02	11.70	3.32	13.38
	莱西	文盲/私塾	62.15	66.95	61.01	90.38	59.54
		小学	31.32	33.05	30.91	9.62	33.33
		初中及以上	6.52	0.00	8.08	0.00	7.13

（四）婚姻状况

下表 2－4 描述了农村中重度失能老年人样本的文化程度状况，并按照家庭经济状况和养老方式进行了分类。根据抽样调查结果可以发现，农村中重度失能老年人群体中，当前无配偶的老年人占据一定的比例规模。人群对比发现，机构老年人无配偶的比例相对更高。

首先，在样本数据中，浙江桐庐和山东胶州老年人无配偶的比例较高，分别占比 75.07% 和 56.74%，占比最低的山东平度也接近 40%，说明在农村中重度老年人中，无配偶的群体占有一定的比例。

其次，机构老年人相比于居家/社区老年人无配偶的比例也更高，这一点突出了配偶在家庭支持中的重要作用，无配偶的老年人家庭照护作用降低，因而会更多的选择机构照护。通过分析样本数据也可以得出此结论。山东即墨、浙江桐庐机构老年人中无配偶的比例分别为 73.27% 和 85.15%，而居家/社区老年人无配偶的比例则分别为 31.68% 和 41.49%。

总结而言，农村中重度失能老年人样本中无配偶的情况较为普遍，无配偶的机构老年人所占比例更高。

表 2－4 按照家庭经济状况、养老方式划分的农村中重度失能老年人样本的婚姻状况分布状况

地区		婚姻状况	总体情况（%）	按家庭经济状况划分		按养老方式划分	
				贫困失能老年人（%）	非贫困失能老年人（%）	机构老年人（%）	居家/社区老年人（%）
浙江	常山	有配偶	57.49	51.25	63.56	44.44	57.74
		无配偶	42.51	48.75	36.44	55.56	42.26
	桐庐	有配偶	24.93	42.93	36.80	14.85	58.51
		无配偶	75.07	57.07	63.20	85.15	41.49
山东青岛	即墨	有配偶	53.86	65.85	50.90	26.73	68.32
		无配偶	46.14	34.15	49.10	73.27	31.68
	平度	有配偶	61.03	59.16	61.76	11.00	59.31
		无配偶	38.97	40.84	38.24	89.00	40.69

续表

地区		婚姻状况	总体情况（%）	按家庭经济状况划分		按养老方式划分	
				贫困失能老年人（%）	非贫困失能老年人（%）	机构老年人（%）	居家/社区老年人（%）
山东青岛	胶州	有配偶	43.26	48.31	13.13	48.31	31.28
		无配偶	56.74	51.69	86.87	51.69	68.72
	莱西	有配偶	58.24	16.10	68.28	0.00	63.64
		无配偶	40.76	83.90	31.72	100.00	36.36

二、家庭情况

以下将包括农村贫困失能老年人同吃同住者和健在子女数量两个变量，以此来其对家庭情况进行概括说明。

（一）同吃同住者

下表2－5描述了农村中重度失能老年人样本中同吃同住者的分布状况，主要按照家庭经济状况进行了分类。根据抽样调查总体结果和人群比较可以发现，样本中贫困群体的同吃同住者人数普遍少于非贫困群体。

首先，从总体情况来看，在样本数据中，大部分地区贫困失能老年人的同吃同住者人数少于当地非贫困失能老年人。贫困失能老年人同吃同住者大部分在1至3人之间，而非贫困失能老年人对应数据在2至3人之间。通常而言，失能老人对子女资助的需求较大，且对家庭经济存在着较高的依赖性。这为数据的结果提供了合理解释，子女的资助可以为老年人提供更高质量的照护增加家庭照护人员，譬如家庭护工或者保姆。非贫困失能老年人家庭中的子女可以资助老年人获得更多居家照护者，贫困失能老年人可获得同吃同住者的资助则较少。

表2-5 按照家庭经济状况、养老方式划分的农村中重度失能老年人样本的同吃同住者分布状况

地区		总体情况 M（±S），（人）	按家庭经济状况划分	
			贫困失能老年人 M（±S），（人）	非贫困失能老年人 M（±S），（人）
浙江	常山	2.91（±1.36）	3.09（±1.32）	2.72（±1.37）
	桐庐	2.90（±1.39）	2.80（±1.32）	2.98（±1.43）
山东青岛	即墨	2.14（±1.07）	1.93（±0.94）	2.36（±1.15）
	平度	2.81（±1.40）	2.80（±1.40）	2.81（±1.39）
	胶州	2.52（±0.67）	2.38（±0.95）	2.53（±0.67）
	莱西	2.42（±0.94）	2.11（±0.32）	2.43（±0.95）

（二）健在子女

下表2-6描述了农村中重度失能老年人样本的健在子女分布状况，并按照家庭经济状况和养老方式进行了分类。根据抽样调查总体结果可以发现，样本中农村中重度贫困失能老年人健在子女普遍偏少，并且人群比较来看，样本中贫困群体、样本中机构老年人的健在子女数相对更少。

首先，从总体情况来看，在样本数据中各地中重度失能老年人健在子女数在1至3人之间，样本中贫困失能老年人健在子女数普遍低样本中非贫困失能老年人。子女是老年人社会支持的主要来源。他们提供的经济和生活照顾对老年人的生活提供了强大的辅助功能（Leena，2017；朱华云等，2020）。根据这一逻辑，健在子女较少的老年人，更容易陷入贫困状态，所以最终出现了样本数据的结果。

其次，进行家庭经济状况和养老方式划分的人群对比分析。样本中大部分的居家养老的老年人健在子女人数多于机构老年人。对于居家老年人来说，家庭和社会的介入非常重要。居家中的照护者同时承担着在身体、心理健康、经济及社会参与等方面的多重压力。这为数据结果提供了合理解释，当失能老年人健在子女多时倾向于选择居家养老，当失能老人健在子女少时更倾向于选择机构养老方式。

表 2－6　按照家庭经济状况、养老方式划分的农村中重度失能老年人样本的健在子女分布状况

地区		性别	总体情况 M（±S），（人）	按家庭经济状况划分		按养老方式划分	
				贫困失能老年人 M（±S），（人）	非贫困失能老年人 M（±S），（人）	机构老年人 M（±S），（人）	居家/社区老年人 M（±S），（人）
浙江	常山	男	2.59（±1.12）	2.37（±1.07）	2.81（±1.11）	1.67（±0.50）	2.61（±1.11）
		女	2.56（±1.32）	2.33（±1.33）	2.80（±1.26）	2.33（±1.58）	2.57（±1.32）
	桐庐	男	2.52（±1.07）	2.20（±0.97）	2.69（±1.07）	2.57（±1.26）	2.50（±0.94）
		女	2.48（±1.29）	2.24（±1.12）	2.60（±1.35）	2.42（±1.41）	2.51（±1.22）
山东青岛	即墨	男	2.42（±0.94）	2.34（±0.94）	2.47（±0.93）	2.32（±0.95）	2.46（±0.93）
		女	2.33（±1.04）	2.09（±0.99）	2.49（±1.05）	2.21（±1.10）	2.38（±1.02）
	平度	男	2.37（±1.10）	1.81（±1.06）	2.60（±1.04）	2.64（±1.09）	2.33（±1.10）
		女	2.35（±1.33）	1.81（±0.86）	2.56（±1.43）	2.59（±1.72）	2.31（±1.26）
	胶州	男	2.28（±1.06）	1.06（±0.24）	2.48（±1.02）	2.66（±1.09）	2.11（±1.01）
		女	2.12（±1.00）	1.16（±0.40）	2.28（±0.99）	2.47（±0.49）	1.96（±0.93）
	莱西	男	2.23（±1.01）	1.16（±0.49）	2.49（±0.94）	1.13（±0.49）	2.33（±0.99）
		女	1.93（±1.18）	1.15（±0.45）	2.12（±1.22）	1.17（±0.58）	2.00（±1.19）

第二节　农村贫困失能老年人疾病与失能状况

农村贫困失能老年人疾病与失能状况是对该群体健康状况的衡量，这会对贫困失能老年人的照护需求数量和类型产生影响。在本部分重点描述了农村贫困失能老年人的慢性病情况和失能情况两个变量。

一、慢性病情况

下表 2－7 描述了农村中重度失能老年人样本的慢性病状况，并按照家庭经济状况和养老方式进行了分类。根据抽样调查总体结果和人群比较可以发现，样本中的中重度失能老年人样本的慢性病普遍在 2 到 4 个之间。

首先，从总体情况来看，无论家庭经济状况、养老方式如何，中重度失能老年人样本的慢性病数量多在 2 种至 4 种之间。这体现了随着年龄的增长，患病风险的增加，继而容易引发各种老年疾病。这种农村失能老年人普遍患慢性病的情况对照护服务的数量和质量提出了更高的要求。农村中重度失能老年人罹患慢性病因自身身体状况而异，在贫困失能老年人和非贫困失能老年人样本中并没有十分显著的区别。

表2－7　按照家庭经济状况、养老方式划分的农村中重度失能老年人样本的慢性病状况

地区		总体情况 M（±S），（人）	按家庭经济状况划分		按养老方式划分	
			贫困失能老年人 M（±S），（人）	非贫困失能老年人 M（±S），（人）	机构老年人 M（±S），（人）	居家/社区老年人 M（±S），（人）
浙江	常山	2.44（±1.53）	2.32（±1.48）	2.57（±1.58）	1.67（±0.71）	2.46（±1.54）
	桐庐	2.62（±1.08）	2.67（±1.07）	2.60（±1.08）	2.62（±0.94）	2.62（±1.15）
山东青岛	即墨	2.56（±1.15）	2.56（±0.93）	2.57（±1.27）	3.01（±1.53）	2.39（±0.91）
	平度	3.06（±1.17）	3.08（±1.20）	3.05（±1.15）	2.96（±0.99）	3.08（±1.20）
	胶州	2.34（±1.09）	2.03（±1.10）	2.40（±1.08）	2.64（±1.19）	2.21（±1.01）
	莱西	2.78（±1.12）	2.67（±1.40）	2.81（±1.04）	3.48（±1.31）	2.72（±1.08）

二、失能情况

下表2－8描述了农村中重度失能老年人样本的失能分布状况，并按照家庭经济状况和养老方式进行了分类。根据抽样调查总体结果可以发现，农村中失能老年人的失能状况与经济状况基本无关，但是样本中重度失能老年人占比要高于中度失能老年人。

首先，从总体情况来看，重度失能群体在各地区的各类老年人中占比多超过50%。有研究认为，失能程度越重的老年人对长期照护需求越大。老年人所需照护和实际接受照护会随着失能程度的加重而增加。相较中度和轻度失能老年人，重度失能老人在生理、精神、日常生活中面对更多问题，也更加迫切的需要他人为其提供包吃饭、穿衣、康复训练等在内的长期照护服务（朱华云，2020；李蒙蒙、杨黎，2017）。另有研究表明，“老年人患有的慢性病越多，照护者的压力越大，故而更需要长期照护服务”（朱华云，2020）。对于重度失能老人来说，基本的进食、洗澡、行走等日常生活活动都需要他人协助。这为数据的结果提供了合理解释，由于照护重度失能老年人难度较大，因此机构在照顾重度老年人方面发挥了更加重要的作用。

表2－8　按照家庭经济状况、养老方式划分的农村中重度失能老年人样本的失能分布状况

<table>
<tr><th colspan="2" rowspan="2">地区</th><th rowspan="2">失能状况</th><th rowspan="2">总体情况（%）</th><th colspan="2">按家庭经济状况划分</th><th colspan="2">按养老方式划分</th></tr>
<tr><th>贫困失能老年人（%）</th><th>非贫困失能老年人（%）</th><th>机构老年人（%）</th><th>居家/社区老年人（%）</th></tr>
<tr><td rowspan="4">浙江</td><td rowspan="2">常山</td><td>中度</td><td>29.98</td><td>30.83</td><td>29.15</td><td>55.56</td><td>29.50</td></tr>
<tr><td>重度</td><td>70.02</td><td>69.17</td><td>70.85</td><td>44.44</td><td>70.50</td></tr>
<tr><td rowspan="2">桐庐</td><td>中度</td><td>40.28</td><td>32.98</td><td>44.00</td><td>39.11</td><td>40.93</td></tr>
<tr><td>重度</td><td>59.72</td><td>67.02</td><td>56.00</td><td>60.89</td><td>59.07</td></tr>
<tr><td rowspan="8">山东青岛</td><td rowspan="2">即墨</td><td>中度</td><td>0.96</td><td>1.76</td><td>0.45</td><td>0.00</td><td>1.34</td></tr>
<tr><td>重度</td><td>99.04</td><td>98.24</td><td>99.55</td><td>100.00</td><td>83.02</td></tr>
<tr><td rowspan="2">平度</td><td>中度</td><td>2.65</td><td>4.71</td><td>1.84</td><td>0.00</td><td>3.10</td></tr>
<tr><td>重度</td><td>97.35</td><td>95.29</td><td>98.16</td><td>100.00</td><td>96.90</td></tr>
<tr><td rowspan="2">胶州</td><td>中度</td><td>0.87</td><td>4.04</td><td>0.34</td><td>0.00</td><td>1.26</td></tr>
<tr><td>重度</td><td>99.13</td><td>95.96</td><td>99.66</td><td>100.00</td><td>98.74</td></tr>
<tr><td rowspan="2">莱西</td><td>中度</td><td>4.57</td><td>2.54</td><td>5.05</td><td>0.00</td><td>4.99</td></tr>
<tr><td>重度</td><td>95.43</td><td>97.46</td><td>94.95</td><td>100.00</td><td>95.01</td></tr>
</table>

注：由于本研究主要针对农村中重度老年人，因而在个别地方的样本选取中出现重度失能老年人比重过高的现象。

第三节　农村贫困失能老年人生活质量状况

农村贫困失能老人生活质量可以从心理健康、社会支持和居住环境等方面来体现。以下将从这三个方面来对农村贫困失能老年人的生活质量进行评价。具体情况如下：

一、心理健康

下表 2 - 9 描述了农村中重度失能老年人样本的自评心理健康状况，并按照家庭经济状况和养老方式进行了分类。根据抽样调查结果可以发现，农村中重度失能老年人的心理自评健康状况不容乐观，自评结果为“差”的比例较高。人群比较来看，贫困群体、居家/社区老年人的自评心理健康状况相对更差。

首先，从总体情况看，各地区老年人的自评心理健康状况普遍较差，并且存在一定的差异，山东即墨、浙江桐庐与山东胶州三地结果相对较好。山东即墨仅有 3.83% 的群体自评健康状况为“差”，但这一比重在大多数地区超过了 40%。具体来说，以山东平度、浙江常山为例，这两个县市样本老年人自评健康状况“差”的比重分别为 64.86% 和 61.19%。从样本数据中可以看出，农村中重度失能老人心理健康情况较为严峻，这会对老年人生活质量产生负面影响。

其次，相对于非贫困失能群体，贫困失能老年人心理健康程度更差。过往研究也表明，绝对贫困和相对贫困都是老年人个体心理健康的不利因素，对老年人的生活满意度和抑郁感均有显著的不利影响（童玉林，2020）。这在一定程度上证明了更为贫困的失能老年人自评心理健康状况更差。具体到数据中，即便是总体情况表现较好的浙江桐庐，在贫困失能老年人中，测评结果显示“差”的人群也超过 1/4，这一比例大大高于该地的非贫困失能老年人。

再次，机构老年人的心理健康状况要优于居家/社区老年人，浙江常山、浙江桐庐尤为明显。以浙江常山为例，机构老年人中心理健康状况“好”的比例达到 66.67%，而居家/社区老年人中这一数字仅为 12.34%。这一发现与已有研究中接受机构养老的个体具有更低焦虑水平的结论符合，主要原因是养老机构能够提供更为专业的健康管理服务（王岩等，2012）。

表2-9 按家庭经济状况、养老方式划分的农村中重度失能老年人样本的自评心理健康状况

地区		自评心理健康状况	总体情况（%）	按家庭经济状况划分		按养老方式划分	
				贫困失能老年人（%）	非贫困失能老年人（%）	机构老年人（%）	居家/社区老年人（%）
浙江	常山	好	13.35	10.83	15.78	66.67	12.34
		一般	25.46	26.25	24.7	0.00	25.94
		差	61.19	62.91	59.51	33.33	61.71
	桐庐	好	25.79	20.42	28.53	33.67	21.43
		一般	54.95	51.83	56.53	56.93	53.85
		差	19.25	27.75	14.93	9.41	24.73
山东青岛	即墨	好	17.22	9.86	21.94	14.36	18.32
		一般	78.93	85.21	74.89	85.15	76.53
		差	3.86	4.93	3.17	0.5	5.15
	平度	好	11.32	4.19	14.11	18	10.17
		一般	23.82	23.56	23.93	15	25.34
		差	64.86	72.25	61.96	67	64.48
	胶州	好	19.45	14.14	20.34	31.75	14.02
		一般	65.89	71.72	64.92	60.19	68.41
		差	14.66	14.14	14.75	8.06	17.03
	莱西	好	15.99	13.56	16.57	23.08	15.33
		一般	35.24	38.98	34.34	26.92	36.01
		差	48.78	47.46	49.09	50	48.66

二、社会支持

农村贫困失能老年人社会支持状况是衡量其生活质量的重要维度，以下经通过配偶/子女的支持情况和朋友支持情况进行概括说明。

（一）配偶或子女支持情况

下表2-10描述了农村中重度失能老年人样本的配偶或子女支持状况，

并按照家庭经济状况和养老方式进行了分类。根据抽样调查结果可以发现：第一，农村中重度失能老年人配偶或子女的支持状况欠佳。第二，通过人群对比发现，与非贫困失能人口相比，贫困失能老年人的配偶或子女支持状况更为严峻。第三，居家/社区老年人配偶或子女支持情况整体上好于机构老年人。

表 2－10　按照家庭经济状况、养老方式划分的农村中重度失能老年人样本的配偶或子女支持状况

地区		配偶或子女支持情况	总体情况（%）	按家庭经济情况划分		按养老方式划分	
				贫困失能老年人（%）	非贫困失能老年人（%）	机构老年人（%）	居家/社区老年人（%）
浙江	常山	没有或极少得到支持	43.94	53.33	34.82	100.00	42.89
		得到一般或全力支持	56.06	46.67	65.18	0.00	57.11
	桐庐	没有或极少得到支持	67.84	60.21	71.73	93.56	53.57
		得到一般或全力支持	32.16	39.79	28.27	6.44	46.43
山东青岛	即墨	没有或极少得到支持	62.40	57.04	65.84	97.52	48.85
		得到一般或全力支持	37.60	42.96	34.16	2.48	51.15
	平度	没有或极少得到支持	33.97	31.94	34.76	47.00	31.72
		得到一般或全力支持	66.03	68.06	65.24	53.00	68.28
	胶州	没有或极少得到支持	67.20	89.90	63.39	85.31	59.21
		得到一般或全力支持	32.80	10.10	36.61	14.69	40.79
	莱西	没有或极少得到支持	19.58	21.19	19.19	42.31	17.47
		得到一般或全力支持	80.42	78.81	80.81	57.69	82.53

配偶支持是农村老年人支持最为核心的来源，除此之外则是成年子女的支持。配偶与子女共同构成了支持农村老年人的重要因素（方黎明，2016）。分析总体样本数据结果，可以发现农村老年人在配偶或子女的支持层面存在严重的缺失，浙江桐庐、山东胶州农村重度失能老年人中没有或极少得到配偶、子女的支持比例分别为 67.84% 和 67.20%，这也造成其社会支持上的不足。

对比贫困与非贫困人群抽样数据可以发现，贫困群体配偶或子女支持的缺失情况更加普遍，浙江常山、山东即墨、山东胶州皆有超过半数的贫困群体没有或极少得到相应支持，体现出该群体家庭支持的不足。而缺少家庭经济支持和照护支持意味着贫困失能老年人的家庭养老功能在逐渐弱化，其生活质量和满意度难以提升，需要国家给予更多支持（慈勤英、宁雯雯，2018）。

另外，机构老年人获得的配偶或子女支持偏少。在抽样数据中可以看出，山东莱西居家/社区老年人中得到配偶或子女全力支持的比例为82.53%，高于机构老年人的57.69%。这主要是由于养老机构照护对家庭照护产生的一种替代作用，护理员提供的专业养老服务在一定程度上减少了配偶或子女的照顾需求。

除此，在对农村中重度失能老年人其他亲人支持情况的调查中，发现了类似的结论，即：农村中重度失能老年人获得其他亲人支持的力度不足。如浙江常山和山东胶州未得到其他亲人必要支持的老年人比例皆高于80%，且通过人群对比分析发现，贫困群体、机构老年人获得的亲人支持更少。

（二）朋友支持情况

下表2-11描述了农村中重度失能老年人样本的朋友支持状况，并按照家庭经济状况和养老方式进行了分类。根据抽样调查结果可以发现，农村中重度失能老年人朋友支持情况较差，绝大多数老年人没有朋友或者只有1-2个朋友。另外，机构老年人的朋友支持情况一定程度上要好于居家/社区老年人。

从总体情况可以看出，数据反映了老年人朋友支持状况不佳。具体到数据中，浙江桐庐、山东即墨样本中，农村中重度老年人中没有朋友的比例分别为66.78%和67.49%。朋友支持状况是是社会支持的重要组成部分，对老年人心理健康和情感归属影响很大，注重情感与生活上互助相依的情况在今天中国乡土社会依然发挥重要作用（孙薇薇、石丹妮，2020）。但显然目前农村老年人的友邻支持情况难以实现较强的社会联系。人群比较来看，贫困与非贫困群体的差异不是很明显，但机构老年人的朋友支持状况要好于居家/社区老年人。这说明机构老年人有相对稳定可信的人际关系网，拥有更多机会与同龄群体进行交流，日常活动也更加丰富，从而推动老年人良好的社会支持网络的形成（陈传锋等，2008）。

表 2－11　按家庭经济状况、养老方式划分的农村中重度失能老年人样本的朋友支持状况

地区		朋友支持情况	总体情况（%）	按家庭经济状况划分		按养老方式划分	
				贫困失能老年人（%）	非贫困失能老年人（%）	机构老年人（%）	居家/社区老年人（%）
浙江	常山	一个也没有	52.98	54.17	51.82	55.56	52.93
		1－2个	32.85	31.67	34.01	22.22	33.05
		3－5个	9.65	10.00	9.31	11.11	9.62
		6个及以上	4.52	4.17	4.86	11.11	4.39
	桐庐	一个也没有	66.78	51.83	74.40	71.78	64.01
		1－2个	26.68	47.64	16.00	13.37	34.07
		3－5个	3.71	0.52	5.60	8.91	0.82
		6个及以上	2.83	0.00	4.00	5.94	1.10
山东青岛	即墨	一个也没有	67.49	65.14	69.00	99.50	55.15
		1－2个	31.82	34.15	30.32	0.50	43.89
		3－5个	0.69	0.70	0.68	0.00	0.95
		6个及以上	0.00	0.00	0.00	0.00	0.00
	平度	一个也没有	23.82	25.65	23.11	20.00	24.48
		1－2个	67.06	61.78	69.12	64.00	67.59
		3－5个	7.50	10.47	6.34	16.00	6.03
		6个及以上	1.62	2.09	1.43	0.00	1.90
	胶州	一个也没有	76.92	63.64	79.15	78.20	76.36
		1－2个	18.72	34.34	16.10	9.95	22.59
		3－5个	4.06	2.02	4.41	10.90	1.05
		6个及以上	0.29	0.00	0.34	0.95	0.00
	莱西	一个也没有	15.82	27.97	12.93	23.08	15.15
		1－2个	63.13	48.31	66.67	61.54	63.28
		3－5个	19.90	17.80	20.40	5.77	21.21
		6个及以上	1.14	5.93	0.00	9.62	0.36

三、居住环境情况

下表 2－12 描述了农村居家/社区中重度失能老年人样本的生活设施状况，并按照家庭经济状况进行了分类。根据抽样调查结果可以发现，各地区农村的中重度老人生活设施齐备程度存在差异，这与各地区的经济发展状况密切相关；总体而言，农村居家/社区中重度老人必要的生活设施基本齐备，但存在主要生活设施不同程度缺乏的现象；人群比较发现，贫困群体的生活设施缺乏问题更加严重。

表 2-12　按照家庭经济状况划分的农村居家/社区中重度失能老年人样本的生活设施分布状况

地区		生活设施情况	总体情况（%）	贫困失能老年人（%）	非贫困失能老年人（%）
浙江	常山	生活设施齐全	7.74	3.38	12.03
		生活设施够用	41.21	43.88	38.59
		缺乏主要生活设施	31.80	31.22	32.37
		缺乏必要生活设施	19.25	21.52	17.01
	桐庐	生活设施齐全	28.30	17.79	36.82
		生活设施够用	61.54	69.33	55.22
		缺乏主要生活设施	7.69	11.66	4.48
		缺乏必要生活设施	2.47	1.23	3.48
山东青岛	即墨	生活设施齐全	4.77	4.46	5.10
		生活设施够用	79.96	78.07	81.96
		缺乏主要生活设施	15.27	17.47	12.94
		缺乏必要生活设施	0.00	0.00	0.00
	平度	生活设施齐全	5.00	0.00	7.32
		生活设施够用	26.90	23.37	28.54
		缺乏主要生活设施	46.03	36.41	50.51
		缺乏必要生活设施	22.07	40.22	13.64
	胶州	生活设施齐全	8.58	1.04	10.47
		生活设施够用	73.43	59.38	76.96
		缺乏主要生活设施	16.74	34.38	12.30
		缺乏必要生活设施	1.26	5.21	0.26
	莱西	生活设施齐全	1.96	2.82	1.84
		生活设施够用	32.62	9.86	35.92
		缺乏主要生活设施	49.55	61.97	47.76
		缺乏必要生活设施	15.86	25.35	14.49

生活设施是衡量老年人物质生活状况好坏的一个重要维度，它直接影响着老年人的生活质量，并决定其主观生活满意度（柯燕，2019）。根据总体数据结果，可以发现：农村居家/社区重度失能老年人均存在缺乏主要生活设施和必要生活设施的现象，但相比之下，缺乏主要生活设施的情况更为普遍。浙江常山、山东莱西两地均有超过30%的样本群体缺乏主要生活设施、近20%的群体缺乏必要生活设施，而山东平度更是有46.03%的样本群体缺乏主要生活设施、22.07%的样本群体缺乏必要生活设施，情况相对而言比较严重。另外，贫困群体受自身支付能力的限制，在生活设施方面的支出有限，更易出现生活设施缺乏的情况。仍以山东平度为例，对生活设施存在不同程度缺乏的贫困失能老年人占比超3/4，亟需相应措施来予以保障。

第四节　农村贫困失能老年人照护需求满足状况

农村贫困失能老年人照护需求包括基本生活服务、用餐服务、医疗护理服务和精神慰藉服务四个方面。以下，将从这些角度来总体描绘农村贫困失能老年人的照护需求满足状况，具体情况如下：

一、基本生活服务

下表2-13描述了农村中重度失能老年人样本的基本生活照护状况，并按照家庭经济状况和养老方式进行了分类。根据抽样调查结果可以发现，农村中重度老年人普遍需要基本生活照护，但大部分中重度失能老人未能得到相应的日常性照护，而对于得到照护服务的群体而言，其对照护服务的满意程度较高。同时，通过人群比较发现，机构老年人获得的基本生活照护更多，居家/社区老人家庭照护能力存在一定程度上的不足。

样本数据显示，浙江常山的农村中重度失能老年人中，有72.69%的老年人有基本生活照护的需求，但绝大多数老人未得到过日常性的基本照护，说明农村失能群体的基本生活照护存在着严重的供需矛盾，需要更多的照护资源供给来满足需求。在调查中还发现，超过90%的样本群体认为所得的照护能够满足需要，说明老年人对照护服务质量的认可，目前的基本生活照护水平能够达到老年人的心理预期，效果良好。

表 2-13　按照家庭经济状况、养老方式划分的农村中重度失能老年人样本的基本生活照护状况

地区	基本照护服务情况	总体情况（%）	按家庭经济状况划分		按养老方式划分	
			贫困失能老年人（%）	非贫困失能老年人（%）	机构老年人（%）	居家/社区老年人（%）
是否需要基本生活照护						
常山	是	72.69	71.67	73.68	77.78	72.59
	否	27.31	28.33	26.32	22.22	27.41
桐庐	是	39.75	59.69	29.60	37.62	40.93
	否	60.25	40.31	70.40	62.38	59.07
是否得到基本生活照护						
常山	是	6.98	9.17	4.86	22.22	6.69
	否	93.02	90.83	95.14	77.78	93.31
桐庐	是	34.28	17.28	42.93	71.78	13.46
	否	65.72	82.72	57.07	28.22	86.54
所得照护是否满足需要						
常山	是	91.18	95.45	83.33	100.00	90.63
	否	8.82	4.55	16.67	0.00	9.38
桐庐	是	98.97	100.00	98.76	98.62	100.00
	否	1.03	0.00	1.24	1.38	0.00

人群对比发现，居家/社区老年人获得的基本生活照护远少于机构老年人。已有研究显示，老年人单纯依靠子女往往难以满足其照护需求（王朋岗，2019）。具体到样本数据中，以浙江桐庐为例，有86.54%的居家/社区老年人未得到基本生活照护，远高于机构老年人28.22%的比例，这就要求政府对家庭照护给予充分的支持，努力提升家庭照护能力。另外，浙江桐庐贫困失能老年人有87.72%未得到基本生活照护，这一比例也高于该地非贫困失能老年人的57.07%，说明贫困群体的照护服务难以有效满足，需要政策进行重点兜底。

二、用餐服务

下表2-14描述了农村中重度失能老年人样本的用餐服务状况，并按照家庭经济状况和养老方式进行了分类。用餐服务是中重度失能老年人的一项基本的生活照料服务，对护理人员的专业技能要求不高，因而这里只对农村中重度失能老年人的用餐服务需求及服务覆盖范围进行统计，不涉及服务满意度的情况。根据抽样调查结果可以发现，农村中重度老年人的用餐服务同样存在供需缺口，相对而言，居家/社区老年人的缺口更大。

具体而言，浙江常山农村中重度失能老年人需要用餐服务的老人占比为59.34%，但得到用餐服务的老年人不足一成，供给明显不足。除此，居家/社区老年人得到用餐服务的比例更低，浙江桐庐为6.32%，常山仅有3.35%。另外，山东平度的数据也体现出了类似的结论，样本老年人中69.41%的群体有用餐服务需求，但真正享受到用餐服务的群体只有45.88%，有超过20%的老年人的用餐服务需求得不到满足。对于山东平度的居家/社区老年人，需要服务的群体有66.14%，但得到服务的群体仅为36.55%。综上所述，农村中重度失能老年人用餐服务的需求较大，但多数无法得到有效满足，这一现象值得关注。

表2-14　按照家庭经济状况、养老方式划分的农村中重度失能老年人样本的用餐服务状况

地区	用餐服务情况	总体情况（%）	按家庭经济状况划分		按养老方式划分	
			贫困失能老年人（%）	非贫困失能老年人（%）	机构老年人（%）	居家/社区老年人（%）
是否需要用餐服务						
常山	是	59.34	60.83	57.89	55.56	59.41
	否	40.66	39.17	42.11	44.44	40.59
桐庐	是	31.45	51.31	21.33	37.62	28.02
	否	68.55	48.69	78.67	62.38	71.98
是否得到用餐服务						
常山	是	3.70	5.00	2.43	22.22	3.35
	否	96.30	95.00	97.57	77.78	96.65
桐庐	是	29.33	14.14	37.07	70.79	6.32
	否	70.67	85.86	62.93	29.21	93.68

三、医疗护理服务

下表2－15描述了农村中重度失能老年人样本的医疗护理服务状况，并按照家庭经济状况和养老方式进行了分类。根据抽样调查结果可以发现，目前的医疗护理服务难以满足农村地区中重度失能老年人的需要，在贫困、非贫困、机构、居家/社区等不同群体中均存在严重供给缺位的问题。相比较而言，居家/社区老年人、贫困失能老年人更为严重。

已有文献表明，居家/社区老年人对上门看病这一服务项目需求的迫切度很高，但在医疗服务方面存在项目不足、人员短缺、专业性低等问题，导致养老服务提质增效难（崔树义等，2020）。样本数据也体现出了这一点。浙江常山对医疗护理服务有需求的中重度失能老年人占到72.69%的比例，但只有2.46%的群体享受到医疗服务。对于居家/社区老年人而言，享受医疗护理服务变得更难，供需缺口更大。浙江常山有超过70%的居家/社区老年人有医疗护理服务需求，但尚未得到满足，浙江桐庐这一比例也达到了25%。由此可知，农村地区的医疗护理服务供给存在不小的压力。

表2－15　按照家庭经济状况、养老方式划分的农村中重度失能老年人样本的医疗护理服务状况

地区	医疗护理服务情况	总体情况（%）	按家庭经济状况划分		按养老方式划分	
			贫困失能老年人（%）	非贫困失能老年人（%）	机构老年人（%）	居家/社区老年人（%）
是否需要医疗护理服务						
常山	是	72.69	74.17	71.26	55.56	73.01
	否	27.31	25.83	28.74	44.44	26.99
桐庐	是	34.45	53.40	24.80	29.70	37.09
	否	65.55	46.60	75.20	70.30	62.91
是否得到医疗护理服务						
常山	是	2.46	4.58	0.40	22.22	2.09
	否	97.54	95.42	99.60	77.78	97.91
桐庐	是	26.68	13.61	33.33	52.48	12.36
	否	73.32	86.39	66.67	47.52	87.64

对于贫困失能老年人，受到自身经济水平的限制，其无法承担医疗护理服务开支，因而情况更加不容乐观，浙江常山贫困失能人群的样本数据中，有近3/4存在需求，但只有4.58%真正获得了相应服务，浙江桐庐也有很大比例的贫困失能老年人需求未得到满足。可见，对贫困失能人群的医疗护理问题尤为突出。

四、精神慰藉服务

下表2-16描述了农村中重度失能老年人样本的精神慰藉服务状况，并按照家庭经济状况和养老方式进行了分类。根据抽样调查结果可以发现，总体而言目前的精神慰藉服务难以满足农村地区中重度失能老年人的需要，在贫困、非贫困、机构、居家/社区等不同群体中存在供求失衡问题。相比较而言，贫困、居家/社区老年人精神慰藉服务的供给缺位问题尤为严重。

表2-16　按照家庭经济状况、养老方式划分的农村中重度失能老年人样本的精神慰藉服务状况

地区	精神慰藉服务情况	总体情况（%）	按家庭经济状况划分		按养老方式划分	
			贫困失能老年人（%）	非贫困失能老年人（%）	机构老年人（%）	居家/社区老年人（%）
是否需要精神慰藉服务						
常山	是	76.80	72.92	80.57	55.56	77.20
	否	23.20	27.08	19.43	44.44	22.80
桐庐	是	34.63	52.88	25.33	38.61	32.42
	否	65.37	47.12	74.67	61.39	67.58
是否得到精神慰藉服务						
常山	是	3.70	4.58	2.83	22.22	3.35
	否	96.30	95.42	97.17	77.78	96.65
桐庐	是	25.62	13.09	32.00	58.91	7.14
	否	74.38	86.91	68.00	41.09	92.86

现有文献表明，农村经济发展水平相对较低，受财力和物力方面的限制，老年大学、活动室、心理咨询室等活动设施匮乏，加之家庭责任弱化、代际关系脆弱，农村各方的精神慰藉养老参与程度普遍不高（孙薇薇、聂瑞，

2020）。从样本数据情况看，农村中重度失能老年人样本的精神慰藉服务普遍存在供不应求的情况，样本中浙江常山得到精神慰藉服务的老人占比仅为3.70%，但有精神慰藉需求的老人达到抽样总体的76.80%，农村地区的精神慰藉服务供给存在不小的压力。

再者，相比机构老年人而言，居家老年人的精神慰藉供需矛盾问题更加突出，如浙江常山居家社区老年人的样本数据中，有超过3/4存在需求，但只有3.35%真正获得了相应服务，浙江桐庐也有约25%的居家社区老年人需求未得到满足。这一现象很大程度上与“农村空心化”有关，年轻人大都较早加入打工“浪潮”，在农村产生了大量的留守老人，“空间距离的加大使他们对父母上门看望、言语交谈次数减少，相互之间交往互动次数下降”（申喜连、张云，2017），这些都削弱了家庭对精神养老的支持力度，也使得中重度老年人对精神慰藉的需求上升。

总的来看，农村贫困失能老年人照护依赖严重，且照护服务需求迫切。具体情况归纳如下。

首先，农村贫困失能老年人健康状况和生活质量不佳。第一，农村贫困失能老年人多患慢性病。多数农村贫困失能老年人患有2－4种慢性病，而且不同老年人的慢性病类型也存在差异，这对照护服务供给提出了更高要求。第二，农村贫困老年人失能程度普遍较高，中重度失能群体多。农村贫困失能老年人，中重度失能占比大，对照护服务的需求时间更长、强度更大、程度更为迫切。第三，农村贫困失能老年人心理健康状况较差。农村贫困失能老年人自评心理健康状况不容乐观，有较大比例的老年人的测评结果是偏差的水平；另外，与非贫困失能老人相比，非贫困失能老人的心理健康状况更差。第四，农村贫困失能老年人社会网络薄弱，社会支持不足。多数农村贫困失能老年人家庭支持不足，配偶或子女是农村贫困失能老人的核心来源；此外，农村贫困失能老人朋友支持状况不佳，缺乏稳定的人际关系网，缺乏稳定的社会支持。第五，农村贫困失能老年人居住环境不容乐观。农村失能老人普遍存在主要生活设施缺乏的问题，其中，贫困失能老年人这一问题更加明显，这严重影响其生活满意度和生活质量提高。

其次，农村贫困失能老年人各类照护需求较为强烈。第一，对基本生活服务和用餐服务的需求迫切。农村贫困失能老年人对基本生活服务和用餐服务的需求较为迫切，但大部分农村地区对上述两项基础照护服务存在缺位现象，供需缺口较为严重。第二，对与医疗有关的护理服务需求强烈。对农村贫困失能老年人而言，获得与医疗有关的护理服务存在一定困难，存在项目不足、人员短缺、专业性低等问题。第三，对精神慰藉服务需求较大。农村贫困失能老年人对精神慰藉的需求较大，但受现实条件限制，农村贫困老年人社会参与、精神慰藉等方面面临挑战，需求满足程度不高。农村贫困失能老年人不仅迫切需要失能照护服务，而且，对于基本生活照护服务、精神慰藉服务等也存在系统性缺乏。

综上所述，对农村贫困失能老年人照护依赖与需求状况的主要结论归纳如下图 2－1 所示。

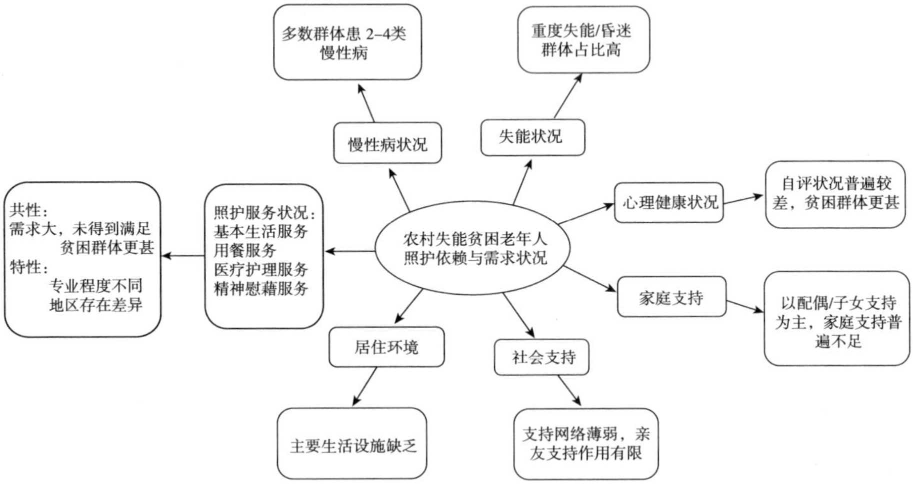

图 2－1　农村贫困失能老年人照护依赖与需求状况

第三章　县域内养老照护服务体系发展与供给状况调查分析

本章将基于典型地区数据调查与深度访谈等方法，对县域内养老照护服务体系发展与供给状况进行调查分析，具体从农村失能老年人家庭供给状况、村级养老设施供给状况以及养老机构供给状况三个方面分别展开。

本部分数据来自针对浙江桐庐、浙江常山、山东即墨等六县区的问卷调查，关于数据质量、数据说明等相关信息详见本研究的导论部分。

第一节　农村贫困失能老年人家庭照护供给状况

下文将从照料环境、照料人员两个方面在对农村贫困失能老年人家庭照护供给状况进行描述和分析。具体包括农村贫困失能老年人的居住环境、照料关系、照护者基本情况、照护负担等几个方面。以此，来反映农村贫困失能老年人家庭供给的总体概况，对家庭照护服务的供给能力进行评价。

一、照料环境

本部分将从居住环境情况与老人对居住环境满意度两方面展开分析农村贫困失能老年人家庭照料环境。

（一）居住环境情况

下表 3－1 描述了农村居家中重度失能老年人样本的居住环境状况，并按照家庭经济状况进行了分类。根据抽样调查结果可以发现，在居住环境的清洁程度方面，农村居家中重度失能老年人存在一定的问题。具体到样本数据中，山东平度、浙江常山各有 59. 31% 和 31. 59% 的样本群体居住环境较差，远达不到干净、整洁的要求。

通过人群比较可以看出，贫困失能老年人的居住环境相对而言更差一些。以山东平度为例，该地样本数据中失能群体居住环境较差的比例要比非贫困群体高出20个百分点。居住环境会直接影响老年人的养老服务质量和生活满意度，由此可见，贫困失能老年人受到自身经济能力的限制，在居住环境方面也难以达到标准，其生活质量和生活满意度也将会受到严重影响。

表3-1 按照家庭经济状况划分的农村居家中重度失能老年人样本的居住环境状况

地区		居住环境情况	总体情况（%）	按照家庭经济状况划分	
				贫困失能老年人（%）	非贫困失能老年人（%）
浙江	常山	干净、整洁	36.41	45.15	27.80
		一般	32.01	28.27	35.68
		较差	31.59	26.58	36.51
	桐庐	干净、整洁	40.11	30.67	47.77
		一般	53.30	60.74	47.26
		较差	6.60	8.59	4.98
山东青岛	即墨	干净、整洁	27.29	16.73	38.43
		一般	58.02	67.66	47.84
		较差	14.69	15.61	13.73
	平度	干净、整洁	16.38	8.70	19.95
		一般	24.31	16.85	27.78
		较差	59.31	74.45	52.27
	胶州	干净、整洁	27.40	0.00	34.30
		一般	56.07	73.96	51.57
		较差	16.53	26.05	14.13
	莱西	干净、整洁	12.48	2.82	13.88
		一般	38.32	18.31	41.22
		较差	49.20	78.88	44.90

（二）居住环境满意程度

下表3－2描述了农村居家中重度失能老年人样本的居住环境状况，并按照家庭经济状况进行了分类。根据抽样调查结果可以发现，农村中重度失能老年人对居住环境的满意度上存在较大的差异，对居住环境表示“满意”“一般”“不满意”的群体各占有一定比例。以山东平度为例，样本数据的总体情况显示，有34.14%的老年人表示满意，有34.66%的老年人表示一般，还有31.21%的老年人表示不满意，各类比例分布相当，说明老年人内部对居住环境的评价出现了一定程度的分化。

人群比较发现，贫困失能老年人对居住环境的满意度总体上偏低。山东平度40.76%的贫困失能老年人对居住环境表示不满意，这一比例远高于非贫困失能老年人的26.77%。这一现象与贫困群体本身居住环境较差存在一定的内在联系，这也说明提升贫困老年人居住环境、改善其生活状况十分必要。

表3－2　按照家庭经济状况划分的农村居家中重度失能老年人样本的居住环境满意状况

地区		满意情况	总体情况（%）	按照家庭经济状况划分	
				贫困失能老年人（%）	非贫困失能老年人（%）
浙江	常山	满意	28.04	24.47	31.54
		一般	52.72	56.54	48.96
		不满意	19.24	18.99	19.50
	桐庐	满意	34.07	25.77	40.80
		一般	62.64	71.78	55.22
		不满意	3.30	2.45	3.98
山东青岛	即墨	满意	37.98	27.14	49.41
		一般	59.54	72.86	45.49
		不满意	2.48	0.00	5.10
	平度	满意	34.14	21.74	39.90
		一般	34.66	37.50	33.33
		不满意	31.21	40.76	26.77

续表

地区		满意情况	总体情况（%）	按照家庭经济状况划分	
				贫困失能老年人（%）	非贫困失能老年人（%）
山东青岛	胶州	满意	38.91	25.00	42.41
		一般	53.56	65.63	50.52
		不满意	7.53	9.37	7.07
	莱西	满意	40.47	33.81	41.43
		一般	35.65	47.89	33.88
		不满意	23.89	18.31	24.69

二、照料人员

本部分将从照料关系、照料者基本情况、照料负担三部分分别展开分析农村贫困失能老人家庭照料人员情况，其中，照料者基本情况具体包括家庭照料者年龄分布、每日照料时间以及照料者健康状况三个方面，照料负担具体包括健康负担、精神负担、社交负担以及总体负担四个方面。

（一）照料关系

下表3－3描述了农村居家中重度失能老年人样本的照料关系状况，并按照家庭经济状况进行了分类。根据抽样调查结果可以发现，对于农村重度失能老年人来说，配偶和子女是主要的照料者。在山东平度的样本数据中，子女是重度失能老人的主要照料者，占比为50.69%，其次是依靠配偶照料，占比为30.00%，重度失能老人照料者为其他亲属的情况占比不足两成。这反映了配偶和子女在农村地区家庭照护中的重要作用，是家庭照护服务的主要承担者。而对于贫困失能群体和非贫困失能群体，在这一指标上的差异并不明显，同样都是主要依靠配偶和子女来进行家庭照护。具体数据如下表所示。

表 3－3　按照家庭经济状况划分的农村居家中重度失能老年人样本的照料关系状况

地区		照料者与老人关系情况	总体情况（%）	按照家庭经济状况划分	
				贫困失能老年人（%）	非贫困失能老年人（%）
浙江	常山	户主本人	35.98	35.02	36.93
		配偶	29.08	28.27	29.88
		子女	19.04	19.41	18.67
		其他照料者	15.90	17.30	14.52
	桐庐	户主本人	16.76	14.11	18.91
		配偶	38.74	41.10	36.82
		子女	30.77	28.83	32.34
		其他照料者	13.74	15.95	11.94
山东青岛	即墨	户主本人	2.86	5.58	0.00
		配偶	45.42	42.01	49.02
		子女	50.00	49.81	50.20
		其他照料者	1.72	2.60	0.78
	平度	户主本人	7.59	3.80	9.34
		配偶	30.00	34.78	27.78
		子女	50.69	38.04	56.57
		其他照料者	11.72	23.37	6.31
	胶州	户主本人	1.67	7.29	0.26
		配偶	25.94	4.17	31.41
		子女	49.16	17.71	57.07
		其他照料者	23.22	70.83	11.26
	莱西	户主本人	2.85	7.04	2.24
		配偶	50.80	22.54	54.90
		子女	35.83	1.41	40.82
		其他照料者	10.52	69.01	2.04

（二）农村贫困失能老年人照护者基本情况

本部分将从家庭照料者的年龄分布状况、每日照料时间状况、健康状况三个方面分别展开分析农村贫困失能老年人照护者基本情况。

1. 家庭照料者的年龄分布状况

下表3－4描述了农村中居家中重度失能老年人样本的照料关系状况，并按照家庭经济状况进行了分类。根据抽样调查结果可以发现，各地区照料人员的平均年龄普遍较大，大多数都超过60岁，浙江桐庐、山东即墨的平均年龄依次为66.28岁、65.41岁，照护者多为老年人。

已有文献显示，老年照护者的自身体力、健康状况和文化程度都相对较差，因而其自身存在较大的照护压力，所能提供的照护服务也相对有限，最终使得家庭照护难以为继（熊吉峰，2015）。所以，目前农村地区照护者年龄偏大的家庭养老模式存在很大的风险，需要青壮年劳动力的不断加入。

表3－4 按照家庭经济状况划分的农村居家中重度失能老年人样本的照料者年龄情况

地区		年龄（岁）	按照家庭经济状况划分	
			贫困失能老年人（岁）	非贫困失能老年人（岁）
浙江	常山	63.99	62.24	65.71
	桐庐	66.28	66.28	66.28
山东青岛	即墨	65.41	64.81	66.04
	平度	58.84	58.09	59.19
	胶州	61.89	57.00	63.12
	莱西	61.81	59.01	62.22

2. 家庭照料者的每日照料时间状况

下表3－5描述了农村居家中重度失能老年人样本的照料者每日照料时间状况，并按照家庭经济状况进行了分类。根据抽样调查结果可以发现，家庭照料者每日的工作时间在7小时左右，山东莱西甚至达到了8小时。在家庭照料者本身年龄偏大的情况下，高强度、长时间的照料服务压缩了照料者进行社会活动、家庭劳动等其他活动的时间，长此以往会给照料者身体和心理上带来极大的负担。另外，家庭照护也会压缩照护者从事市场劳动的时间，减少家庭的经济来源。因此，需要政府对家庭照护者给予一定的政策支持。

通过人群比较发现，相比对非贫困失能老年人，贫困失能老年人的家庭照护时间相对较短。这主要是因为贫困家庭的经济负担更重，家庭照护者在很大程度上要花费一定时间用于市场劳动以提高家庭收入，这就压缩了其用于家庭照护的时间。

表 3－5　按照家庭经济状况划分的农村居家中重度失能老年人样本的照料者每日照料时间情况

地区		时间（小时）	按照家庭经济状况划分	
			贫困失能老年人（小时）	非贫困失能老年人（小时）
浙江	常山	6.81	6.81	6.80
	桐庐	6.83	6.71	6.91
山东青岛	即墨	7.71	7.07	8.39
	平度	7.55	6.67	7.96
	胶州	6.82	5.67	7.11
	莱西	8.49	5.24	8.97

3. 家庭照料者的健康状况

下表 3－6 描述了农村居家中重度失能老年人样本的照料者健康状况，并按照家庭经济状况进行了分类。根据抽样调查结果可以发现，照护者的健康状况也存在一定的问题。浙江常山、浙江桐庐、山东平度三地均有超过 30% 的照料者健康状况差。熊吉峰（2014）的研究表明：身体状况较差、年龄大的照护者，体力无法承受繁重的照护任务，应当从体力方面对照护者进行扶持。所以，应当采取相应的政策，减轻健康状况差的照护者的家庭养老压力，以避免繁重的照护任务对其身心造成进一步的伤害。

表 3－6　按照家庭经济状况划分的农村居家中重度失能老年人样本的照料者健康状况

地区		健康状况	总体情况（%）	按照家庭经济状况划分	
				贫困失能老年人（%）	非贫困失能老年人（%）
浙江	常山	好	21.13	17.30	24.90
		一般	39.12	38.82	39.42
		差	39.75	43.88	35.68

续表

地区		健康状况	总体情况（%）	按照家庭经济状况划分	
				贫困失能老年人（%）	非贫困失能老年人（%）
浙江	桐庐	好	15.66	17.18	14.43
		一般	59.34	47.85	40.30
		差	40.66	34.97	45.27
山东青岛	即墨	好	20.99	18.22	23.92
		一般	64.12	66.91	61.18
		差	14.89	14.87	14.90
	平度	好	39.48	28.80	44.44
		一般	26.55	22.28	28.54
		差	33.97	48.91	27.02
	胶州	好	32.22	17.71	35.86
		一般	51.67	63.54	48.69
		差	16.11	18.75	15.45
	莱西	好	41.53	23.94	44.08
		一般	38.50	56.34	35.92
		差	19.96	19.72	20.00

（三）农村贫困失能老年人家庭照料负担

本部分将从家庭照料者的健康负担情况、精神负担情况、社交负担情况以及总体负担情况四个方面分别展开分析农村贫困失能老年人照护者照护负担状况。

1. 健康负担情况

下表3－7描述了农村居家中重度失能老年人样本的照料者健康负担状况，并按照家庭经济状况进行了分类。根据抽样调查结果可以发现，农村居家失能老人的照护会对照护者的健康产生一定的负担。由样本数据的总体情况可以看出，选择“偶尔”或“有时”的比例最高，浙江常山分别为27.40%和30.96%；山东胶州分别为48.54%和29.92%。除此，认为照护服务“总是”会对自己健康造成负担的比例不是很高，浙江桐庐和山东莱西依次为4.40%和5.35%。这说明对中重度失能老年人的照护会对照料者的健康产生一定的负担。

另外，通过人群比较发现，贫困失能老年人和非贫困失能老年人的照料者负担程度差异不大，说明照料者负担是人群中普遍存在的现象，人群差异不明显。

表 3-7　按照家庭经济状况划分的农村居家中重度失能老年人样本的照料者健康负担状况

<table>
<tr><th colspan="2" rowspan="2">地区</th><th rowspan="2">负担影响程度</th><th rowspan="2">总体情况（%）</th><th colspan="2">按照家庭经济状况划分</th></tr>
<tr><th>贫困失能老年人（%）</th><th>非贫困失能老年人（%）</th></tr>
<tr><td rowspan="8">浙江</td><td rowspan="4">常山</td><td>没有</td><td>29.08</td><td>33.33</td><td>24.90</td></tr>
<tr><td>偶尔</td><td>27.41</td><td>29.96</td><td>24.90</td></tr>
<tr><td>有时</td><td>30.96</td><td>23.63</td><td>38.17</td></tr>
<tr><td>总是</td><td>12.55</td><td>13.08</td><td>12.03</td></tr>
<tr><td rowspan="4">桐庐</td><td>没有</td><td>56.04</td><td>69.33</td><td>45.27</td></tr>
<tr><td>偶尔</td><td>21.43</td><td>15.95</td><td>25.87</td></tr>
<tr><td>有时</td><td>18.13</td><td>11.04</td><td>23.88</td></tr>
<tr><td>总是</td><td>4.40</td><td>3.68</td><td>4.98</td></tr>
<tr><td rowspan="16">山东青岛</td><td rowspan="4">即墨</td><td>没有</td><td>3.63</td><td>4.83</td><td>2.35</td></tr>
<tr><td>偶尔</td><td>66.60</td><td>64.31</td><td>69.02</td></tr>
<tr><td>有时</td><td>29.39</td><td>30.11</td><td>28.63</td></tr>
<tr><td>总是</td><td>0.38</td><td>0.74</td><td>0.00</td></tr>
<tr><td rowspan="4">平度</td><td>没有</td><td>3.45</td><td>2.17</td><td>4.04</td></tr>
<tr><td>偶尔</td><td>31.72</td><td>27.72</td><td>33.59</td></tr>
<tr><td>有时</td><td>50.34</td><td>51.09</td><td>50.00</td></tr>
<tr><td>总是</td><td>14.48</td><td>19.02</td><td>12.37</td></tr>
<tr><td rowspan="4">胶州</td><td>没有</td><td>15.06</td><td>20.83</td><td>13.61</td></tr>
<tr><td>偶尔</td><td>48.54</td><td>51.04</td><td>47.91</td></tr>
<tr><td>有时</td><td>29.92</td><td>53.96</td><td>31.41</td></tr>
<tr><td>总是</td><td>6.49</td><td>4.17</td><td>7.07</td></tr>
<tr><td rowspan="4">莱西</td><td>没有</td><td>3.57</td><td>1.41</td><td>3.88</td></tr>
<tr><td>偶尔</td><td>27.81</td><td>28.17</td><td>27.76</td></tr>
<tr><td>有时</td><td>63.28</td><td>70.41</td><td>62.24</td></tr>
<tr><td>总是</td><td>5.35</td><td>0.00</td><td>6.12</td></tr>
</table>

2. 精神负担情况

下表 3－8 描述了农村居家中重度失能老年人样本的照料者精神负担状况，并按照家庭经济状况进行了分类。根据抽样调查结果可以发现，照料者的精神负担状况与健康负担状况相类似，“偶尔”或“有时”会产生影响的比例较高，在各地区样本数据中，大部分地区二者的总和超过 60%，其中浙江常山比例为 62.34%，山东平度为 73.28%。这充分说明了照料者精神负担问题存在的普遍性和广泛性。

研究显示，照顾压力不仅直接影响精神负担，还会产生一种消极的应对方式，不利于心理健康。且各类因素之间存在动态的相互作用关系，并形成恶性循环效应（于文君等，2019）。因此，照护者精神压力会随着时间的推移不断增加，需要引起各方足够的重视。

表 3－8 按照家庭经济状况划分的农村中居家重度失能老年人样本的照料者精神负担状况

地区		负担影响程度	总体情况（%）	按照家庭经济状况划分	
				贫困失能老年人（%）	非贫困失能老年人（%）
浙江	常山	没有	19.46	22.78	16.18
		偶尔	21.13	19.41	22.82
		有时	41.21	35.02	47.30
		总是	18.20	22.78	13.69
	桐庐	没有	53.57	68.71	41.29
		偶尔	21.70	14.72	27.36
		有时	20.05	13.50	25.37
		总是	4.67	3.07	5.97
山东青岛	即墨	没有	6.11	7.06	5.10
		偶尔	64.89	60.59	69.41
		有时	28.44	32.34	24.31
		总是	0.57	0.00	1.18

续表

地区		负担影响程度	总体情况（%）	按照家庭经济状况划分	
				贫困失能老年人（%）	非贫困失能老年人（%）
山东青岛	平度	没有	2.07	2.17	2.02
		偶尔	23.45	18.48	25.76
		有时	49.83	53.80	47.98
		总是	24.66	25.54	24.24
	胶州	没有	13.81	14.58	13.61
		偶尔	53.56	60.42	51.83
		有时	28.87	25.00	29.84
		总是	3.77	0.00	4.71
	莱西	没有	2.50	0.00	2.86
		偶尔	20.68	30.99	19.18
		有时	63.46	61.97	63.67
		总是	13.37	7.04	14.29

3. 社交负担情况

下表 3－9 描述了农村居家中重度失能老年人样本的照料者社交负担状况，并按照家庭经济状况进行了分类。根据抽样调查结果可以发现：与健康负担和精神负担相比，照护者对社交负担的感知更为敏感，从事家庭照护对其社交负担的影响相对更大一些。样本数据中，浙江常山认为“有时”和“总是”会对社交产生负担的比例分别为 35.98% 和 21.13%；山东平度情况更为严峻，对应数字分别达到 52.41% 和 25.00%。社交负担是经常容易被忽视的方面，但它会影响照护者社会支持网络的构建和正常的人际交往活动，对照护者产生负面影响。

通过人群比较发现，非贫困失能老年人的照料者社交负担相对更重。如前文所述，这主要是由于在非贫困失能老年人家庭中，照料者每日工作时间更长，最终使得该群体的照料者用于社交活动的时间被进一步压缩。

表3－9　按照家庭经济状况划分的农村中居家重度失能老年人样本的照料者社交负担状况

地区		负担影响程度	总体情况（%）	按照家庭经济状况划分	
				贫困失能老年人（%）	非贫困失能老年人（%）
浙江	常山	没有	32.22	36.71	27.80
		偶尔	10.67	14.35	7.05
		有时	35.98	35.86	36.10
		总是	21.13	13.08	29.05
	桐庐	没有	54.12	69.33	41.79
		偶尔	19.78	12.88	25.37
		有时	17.86	12.88	21.89
		总是	8.24	4.91	10.95
山东青岛	即墨	没有	5.92	8.92	2.75
		偶尔	58.97	58.36	59.61
		有时	34.73	31.97	37.65
		总是	0.38	0.74	0.00
	平度	没有	2.93	2.72	3.03
		偶尔	19.66	18.48	20.20
		有时	52.41	57.61	50.00
		总是	25.00	21.20	26.77
	胶州	没有	16.53	14.58	17.02
		偶尔	55.44	56.25	55.24
		有时	26.15	26.04	26.18
		总是	1.88	3.13	1.57
	莱西	没有	1.43	0.00	1.63
		偶尔	13.01	28.17	10.82
		有时	70.77	70.42	70.82
		总是	14.80	1.41	16.73

4. 总体负担情况

下表3-10描述了农村居家中重度失能老年人样本的照料者总体负担状况，并按照家庭经济状况进行了分类。根据抽样调查结果可以发现，照护者在照护服务中的负担是普遍存在的一个现象，并以轻度和中度负担为主。具体到样本数据中，山东即墨“轻度负担”和“中度负担”的比例分别为65.25%和28.05%，山东胶州对应数字分别为57.74%和23.64%。

除此之外，重度负担的群体也需要引起格外重视，样本中浙江常山、浙江桐庐“重度负担”的比例也接近25%，说明照护负担重的群体还是有相当的比例，需要相关政策支持，以缓解失能家庭的照护负担。

表3-10 按照家庭经济状况划分的农村中居家重度失能老年人样本的照料者总体负担状况

地区		负担情况	总体情况（%）	按照家庭经济状况划分	
				贫困失能老年人（%）	非贫困失能老年人（%）
浙江	常山	无	13.60	15.61	11.62
		轻	21.55	13.50	29.46
		中	40.38	40.51	40.25
		重	24.48	30.38	18.67
	桐庐	无	45.05	60.74	32.34
		轻	13.46	15.95	11.44
		中	16.48	7.98	23.38
		重	25.00	15.34	32.84
山东青岛	即墨	无	6.11	6.32	5.88
		轻	65.65	66.91	64.31
		中	28.05	26.39	29.80
		重	0.19	0.37	0.00
	平度	无	1.38	1.63	1.26
		轻	27.76	30.43	26.52
		中	62.24	61.96	62.37
		重	8.62	5.98	9.85

续表

地区		负担情况	总体情况（%）	按照家庭经济状况划分	
				贫困失能老年人（%）	非贫困失能老年人（%）
山东青岛	胶州	无	10.46	8.33	10.99
		轻	57.74	57.29	57.85
		中	23.64	28.13	22.51
		重	8.16	6.25	8.64
	莱西	无	0.00	0.00	0.00
		轻	24.60	47.89	21.22
		中	67.91	52.11	70.20
		重	7.49	0.00	8.57

第二节　农村贫困失能老年人居家社区照护供给状况

本研究中，村级养老设施是指位于农村地区能够为农村贫困失能老年人提供居家社区照护服务的照护主体，包括村级幸福院、服务站、照料中心等多种形式。以下将从村级养老设施的供给情况与运营情况分别展开阐述农村贫困失能失智老年人居家社区照护供给状况。

一、供给情况

本部分将从硬件设施与软件供给两方面分别展开村级养老设施的供给情况，硬件设施主要包括占地规模、医疗配套以及服务设施，软件供给主要包括员工规模以及服务供给。

（一）村级养老设施硬件设施

项目组在浙江常山、浙江桐庐、山东青岛等地调研了若干农村村级养老服务设施，调查结果表明，被调研村级养老设施占地面积均较大，最大的养老设施占地近5000平方米（房屋+院落），最小的占地仅为775平方米，但被调研养老设施占地面积主要集中在500－1000平方米左右，体现了农村地区养老服务设施占地面积较大的特点，也呈现了村际之间的差异性。

占地差异较大的原因可能在于村级养老设施的服务场所主要以利用闲置的村级活动场所以及租用村民闲置住房为主，少部分条件较好的地方是新建。因此，新建村级养老设施占地面积较大，房间数与床位数也配备相对比较齐全；而部分村级养老设施在盘活村庄闲置资源或租用闲置用房时，尽管有一定的租用优惠政策，但由于缺乏前期规划，大多村庄都没有预留养老服务用房与用地，没有非常适合村级养老设施需要的场所，因此，其占地规模与房间床位配置都受限于闲置用房的规模。此外，设施在建设初期需要对用房进行适老化改造，随着服务对象的增多，所需的室外活动空间逐步增加，对室内场地的功能性需求也增多，建设初期所拥有的养老服务设施可能无法满足后续需求（胡宏伟等，2015）。

但值得注意的是，在医疗配套和服务设施方面，各调研地村级养老设施大多实现了医养结合，具备提供基础性医疗护理与康复服务的功能，且多数村级养老设施负责人在接受访谈中表示在运营过程中为了提升老人入住舒适感与安全感，对包括消防设施、食堂花园等在内的硬件设施进行了升级与改造。

（二）村级养老设施软件供给

在软件供给方面，村级养老设施的服务人员队伍规模较小且照料服务较为单一。

首先，大多被调研养老设施员工总数量不到10人（绝大部分只有1－3个人，少数规模较大的行政村人数相对较多，但基本为兼职状态），其中，不少被调研养老设施的员工数量非常少。在村级养老设施供给养老服务的过程中，服务人员是关键一环，员工队伍规模过小可能会影响老年群体养老服务需要的满足。

其次，村级养老设施提供的居家养老服务内容较为单一。从调研结果来看，村级养老设施的主要服务内容还是以基本生活照料服务为主，包括日间照料、提供就餐、文体娱乐等，兼顾一些基础性医疗护理与康复服务，仅有极少部分村级养老设施有提供诸如上门体检、家政服务的个性化养老服务。目前，老年人的养老需求已经呈现出差异化多样的特点，老年人对于维修服务、清洁卫生服务、医疗巡诊服务和聚会娱乐活动等服务都有较大需求，但是从调研地情况来看，村级设施的主要服务内容还是以就餐和日间照护为主，内容比较单一，可以满足老年人基本生活服务的需要，但是对于老人差异化、多样化的养老服务需求还是不能得到很好的满足。

二、运营情况

本部分将从管理运营与作用发挥两方面分别展开村级养老设施的运营情况，管理运营主要阐述设施盈亏状况与资金压力，作用发挥主要包括老人评价以及设施自评。

（一）村级养老设施运营管理

从调研结果来看，被调研设施运营状况欠佳，超过一半的设施负责人表示在过去的一年中设施处于基本持平的状态，占比达到57.14%，还有一部分设施负责人表示设施稍有亏损，占比近30%，只有不到20%的设施负责人表示社区设施处于盈余状态。可以看出，资金压力大是多数被调研养老服务设施面临的管理运营难题，主要体现在创建费用偏高和运作资金紧张两个方面。

首先，除了基于村庄闲置资源的设施，新建的养老服务设施都会面临前期创建投入成本高昂的问题，村级养老服务设施投入高，而村级大多没有响应的财力，养老服务设施的建立主要依赖地方政府投入和各方捐助。

其次，村级养老服务设施在平时费用支出一般会包括服务人员费用、活动费用以及水电燃气费用，部分设施会需要支付房租费用，绝大部分设施支持是运营村级养老设施的主要项目。而且，从设施运营管理来看，大部分村级设施运营的财务压力相对较大。

但值得关注的是，尽管被调研设施运营状况欠佳，但被调研设施均表示对设施运营的持续性“非常有信心”，在访谈中一些设施负责人也表示希望设施越做越好，能够照顾越来越多的老人。

（二）村级养老设施运营效果

整体来看，被调研养老服务设施在村级养老服务供给的过程中发挥了较大的作用。

首先，养老服务质量如何，服务对象的满意度是重要的参考指标之一。从调研结果来看，大部分老人对于居家社区养老设施的运营评价良好，超过90%的老年人表示养老服务设施的总体运营评价为“优”或“良”，只有

7.14%的老人表示设施运营情况为“差”。

其次，被调研地的老人对设施服务人员质量也表现出较高的满意度，有超过95%的老年人表示设施服务人员的整体服务质量为“优”或“良”，仅有不到5%的老年人表示服务人员的服务质量为“差”。

最后，被调研养老服务设施的负责人和工作人员大都表示设施在运营中为老年服务的提供发挥了重要的作用，基本能够满足服务对象的基本养老服务需求。

综上，从老人打分与工作人员的评价可以看出，村级养老服务设施的整体运营效果得到了服务人员和服务对象的较高评价与满意度，表明村级养老服务设施在提供养老服务供给的过程中发挥了比较重要的作用。

第三节　农村贫困失能老年人养老机构照护供给状况

本节将从养老机构的供给情况与运营情况分别展开阐述农村贫困失能失智老年人养老机构照护供给状况。农村地区的养老机构，主要指的是县域内的养老机构，包括县级、乡镇级层面的各类养老机构，也包括嵌入农村社区的各类养老机构。

一、供给情况

本部分将从硬件设施与软件供给两方面分别展开养老机构的服务供给情况，硬件设施主要包括占地规模、房间床位数量以及设备设施，软件供给主要包括服务人员以及服务供给。

（一）养老机构硬件设施

从浙江常山、浙江桐庐、山东青岛等多地的调研结果来看，被调研养老机构规模较大且设施配备较为齐全。

第一，被调研养老机构规模较大，主要表现在占地面积、房间数量与床位数量三个方面。首先，被调研养老机构占地面积大多集中在2000－5000平方米，但也体现出较大的规模差异。规模最大的莱西市怡乐居家养老服务中心占地面积高达64545平方米，但也有部分机构占地面积不足1000平方米，规模最小的桐庐县阳光顺馨养老服务中心与常山县思源养老院占地面积仅为500平方米。其次，被调研养老机构拥有房间数大多集中在50间左右，近30%的机构拥有超过100的房间数，但也有约10%的机构房间数不到30间。再次，被调研养老机构拥有床位数大多集中在70张左右，约10%的机构拥有超过500的床位数，但也有约10%的机构床位数不足50张。

第二，机构设施配备较为齐全。大多机构都配备有彩电、紧急呼叫配置等基础设备，还有部分机构配备空调和独立卫生间，能够为入住老人提供较为充足的舒适的入住体验。尽管机构规模较大、设施齐全，但不少机构面临房间空余、床位闲置的问题，床位空置最严重的机构床位闲置率高达85%。

（二）养老机构软件供给

养老机构服务软件供给情况主要体现在服务人员与服务供给两个方面上。

第一，养老机构的服务人员队伍规模较小且专业化水平有待提高。首先，从员工规模来看，被调研机构规模偏小且规模差异较大。虽然大多被调研机构员工数量在15－30人左右，但员工规模最大的养老机构平度市言林养老院拥有204名员工，而不少被调研机构员工数量不足10人，占比约为22%，其中员工规模最小的养老机构常山县五里养老院仅有5名员工。

第二，从员工素质来看，被调研机构服务人员专业水平有待提高，主要表现为在部分机构中持证上岗员工、具有专业背景的员工数量仅占一半甚至不足一半，且少数机构中所有员工既不具备专业背景，也没有社工证、护理证等相关资质，整体员工专业水平有待提高。在供给养老服务的供给过程中，服务人员是关键一环，员工规模过小且专业化水平不足有可能会限制机构为老年群体提供更好的养老服务。

第三，被调研机构以提供基本生活照料服务为主，能够满足老人基本生活需求。根据调研结果，超过90%的机构都能提供个人照护服务、医疗护理服务、心理支持服务、休闲服务、膳食服务、洗衣服务，满足老人基本生活需求，约43%的养老机构内设医疗机构，能够提供更进一步的医疗护理与康复服务以及心理支持服务，满足老人基本医疗需求，还有少部分机构能够提供舞蹈健身、卡拉OK、影音室等多样化服务，满足老人个性化需求。

二、运营情况

本部分将从管理运营与作用发挥两方面分别展开养老机构的运营情况，管理运营主要阐述运营模式、收费标准与盈亏状况，作用发挥主要包括老人评价以及设施自评。

（一）养老机构运营管理

本部分将从运营模式、收费标准与盈亏状况三个方面展示养老机构管理运营状况。

首先，被调研机构大多采用市场化运营的方式，运营模式为“公建民营”或“公办民营”的机构占比高达95%，其余只有极少部分的机构采用“公办（建）公营”、“民办公助”或“农村集体”的运营方式。

其次，大多机构收费标准集中在1800－2800元每人每月，并且根据入住老人自理能力实行差异化收费标准，自理老人收费约为1800元每人每月，半自理老人收费约为2300元每人每月，完全不能自理老人收费约在2800元每人每月。部分机构入住费用较高，完全不能自理老人的入住费用为5500元/人/月。

最后，尽管部分机构收费较高，但从调研结果来看，被调研机构盈利状况欠佳。超过一半的机构在被调研中表示机构运营处于亏损状态，收不抵支，占比约为53%，其中还有近20%的机构表示亏损严重；部分机构表示盈亏基本持平，占比约为35%；只有极少部分机构表示略有盈余，占比不足15%。

综上所述，被调研养老机构大多采用市场化运营的方式，且收费标准对于农村地区来说相对较高，但机构仍表示盈利状况欠佳，这可能是由于养老机构在建设前期资金投入较大，且每年运营投入量不小，加之养老服务业的特殊性和公益性，在短时间内达到收支平衡或盈利状态具有一定难度。

（二）养老机构运营效果

整体来看，被调研养老机构在村级养老服务供给的过程中发挥了较大的作用。

首先，入住老人作为养老服务的需求方，对于服务效果有着最为切身的感受，其评价是反应养老机构实际运行效果的重要指标（王冬霞，2019）。从调研结果来看，大部分老人对于居家社区养老设施的运营评价良好，超过95%的老年人表示养老服务设施的总体运营评价为“优”，还有4%的老人对机构整体评价为“良”，只不足1%的老人表示设施运营情况为“差”。

其次，被调研地的老人对机构服务人员质量也表现出较高的满意度，满分为 100 分的打分中，全部老人打分均值为 97.3 分，表示被调研老人对机构服务人员质量有比较不错的评价。

最后，被调研养老服务设施的负责人和工作人员大都表示机构在运营中为老年服务的提供发挥了重要的作用，基本能够满足服务对象的基本养老服务需求。

综上，从老人打分与工作人员的评价可以看出，养老机构的整体运营效果得到了服务人员和服务对象的较高评价与满意度，表明被调研养老机构在提供养老服务供给的过程中发挥了比较重要的作用。

综上所述，本部分从农村贫困失能老年人家庭照护供给情况、居家社区供给情况以及养老机构供给情况三个方面展开对县域内养老与照护体系发展与供给状况进行描述与分析，结论归纳如下图 3－1 所示。

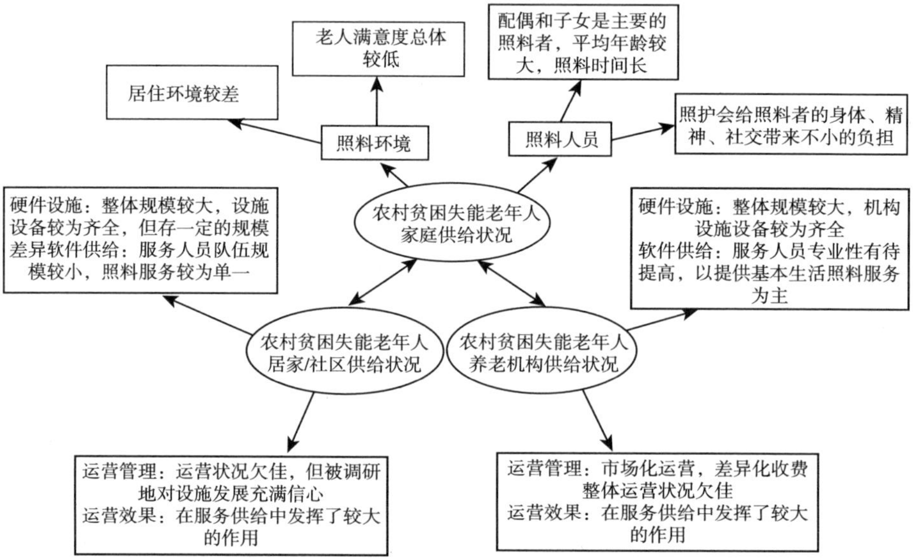

图 3－1　县域内养老与照护服务体系发展与供给状况图

总的来看，县域内养老与照护服务供给不足，具体表现在家庭照护、居家社区照护以及机构专业照护三个方面。

首先，农村贫困失能老人家庭照料不足。第一，农村贫困失能老年人居住环境较差且满意程度较低。农村贫困失能老人的居住环境较差，相当数量的贫困失能老年人的居住环境无法达到干净、整洁的要求，贫困失能老年人对居住环境的满意度总体上偏低。第二，家庭照料者个人脆弱性特征明显。配偶或子女是农村贫困失能老年人家庭照护服务的主要承担者，但这部分照料者平均年龄普遍较大，健康状况和文化程度都相对较差，且存在较大的照护压力，以及照护知识、技能方面的局限。第三，家庭照料者照护负担较重，影响家庭照护质量。繁重的家庭照料会对照料者的生理健康、精神健康、社交生活带来不小负担，给照料者带来时间、社交和精神健康方面的压力。

其次，农村贫困失能老年人居家社区照护存在不足。第一，农村村级养老服务设施建设仍不充分。虽然各类村级养老服务设施建设有了较大发展，部分地区具备了初步的医养结合能力。但是，农村养老服务设施也存在实际运行情况差、持续性不足、医养结合能力低等方面的挑战。第二，村级养老设施的服务队伍规模较小且服务内容较为单一。多数村级养老设施缺乏必要服务人员，养老服务设施运行不畅，服务供给能力不强，仅有部分地区的农村村级养老服务设施正常运行，基本无法提供专业照护服务。第三，村级养老设施运营状况欠佳，但未来预期乐观。多数村级养老设施运营状况处于持平或亏损状态，资金压力大、缺乏专人管理，多数养老服务设施面临运营难题。

最后，农村地区机构专业照护能力有待加强。第一，农村县域内养老服务机构设施配置较为齐全，但空置率较高。农村县域内养老机构近些年取得了长足发展，部分机构规模相对较大，基本设施配置较为齐全，能够满足基本照护服务需要。但大部分机构运行状况不佳，床位空置率普遍较高，医养结合能力和专业照护服务能力仍待提升。第二，农村县域养老服务机构专业人才队伍建设不足。农村县域养老服务机构的人才队伍建设普遍不足，普遍存在专业人员规模小、专业水平不足等问题，多数机构中具有专业资格员工占比低，部分机构仅能提供日常生活照料服务，无法提供专业照护服务。第三，相当数量农村县域养老服务机构运营状况不佳。农村县域内养老服务机构大多为“公建/办民营”、民办民营，多根据老年人健康状况实行差异化的收费方式。从运营状况来看，相当数量机构处于亏损状态，收不抵支，仅有少数机构能盈利。第四，农村县域内各类机构发挥的网络辐射作用不足，对农村各类养老服务设施的指导和支持力度有限，各类养老机构的服务能力和辐射能力尚无法有效回应农村失能老年人的照护服务问题。

第四章　研究结论与若干思考

基于对东部典型地区的实地调研、深度访谈与问卷调查，本章将对农村贫困失能老年人养老与照护需求、供给状况的实地调研与分析描述进行汇总。

从浙江常山、桐庐和山东即墨、平度、胶州、莱西六地的调研结果来看，农村贫困失能老人面临照护需求迫切但照护供给不足的困境，主要结论汇总如下。

表 4－1　东部典型地区农村贫困失能老年人照护供给结论汇总

照护需求迫切	农村失能贫困老年人个人及家庭抵御风险能力弱； 农村失能贫困老年人健康状况不佳； 农村失能贫困老年人生活质量状况较差；
照护供给不足	农村贫困失能老年人家庭照料不足； 农村贫困失能老年人居家社区照护存在不足； 农村地区机构专业照护能力有待加强；
供需矛盾突出	农村贫困失能老年人基本生活服务和用餐服务存在供需缺口； 农村对于失能贫困老年人的专业医疗护理服务供给方面存在难度； 农村地区精神慰藉服务的供给压力较大，难以满足失能贫困老年人的需求；

第一，农村贫困失能老年人照护需求迫切。

首先，农村失能贫困老年人个人及家庭抵御风险能力弱。农村失能贫困老年人呈现高龄化趋势且受教育程度低，经济来源有限，对健康投资不足，这就导致他们极易陷入疾病与经济困难。此外，农村失能贫困老年人无配偶的比重较高，家庭照护能力被削弱，且家庭主要照护者年龄偏大，体力有限，难以承担高负荷的日常照料任务。

其次，农村贫困失能老年人健康状况不佳。多数农村贫困失能老年人患有 2－4 种慢性病，而且不同老年人的慢性病类型也存在差异，这对照护服务提出了更高要求。此外，农村贫困老年人失能程度普遍较高，中重度失能群体多，对照护服务的需求时间更长、强度更大、程度更为迫切。

最后，农村贫困失能老年人生活质量较差。农村贫困失能老年人自评心理健康状况不容乐观，有较大比例老年人自评结果是较差。同时，从社会支持状况来看，农村贫困失能老年人朋友数量较少，朋友支持力度不足，难以形成有效的社会支持网络。此外，农村贫困失能老年人居住环境状况不容乐观，普遍存在生活设施缺乏的问题。

第二，农村贫困失能老人照护供给不足。

首先，农村贫困失能老年人家庭照料不足。配偶和子女是农村贫困失能老年人家庭照护服务的主要承担者，但这部分照料者平均年龄普遍偏大，健康状况和文化程度都相对较差，且存在较大的照护压力，繁重的家庭照料会对照料者的生理健康、精神健康、社交生活带来不小负担。同时，农村贫困失能老人的居住环境较差，远达不到干净、整洁的要求，贫困失能老年人对居住环境的满意度总体上偏低，居住环境差影响照护服务质量。

其次，农村贫困失能老年人居家社区照护存在不足。近年来，各级村级养老服务设施建设有了较大的发展，但是多数村级养老设施建设仍不充分，且服务队伍规模较小，服务提供内容较为单一，服务供给能力总体较弱。此外，多数村级养老服务设施运行不畅，运营状况欠佳，面临运营难题。

最后，农村地区机构专业照护能力有待加强。被调研机构规模较大且机构设施设备较为齐全，机构服务人员队伍规模较小且专业化水平有待提高，服务供给以基本生活照料服务为主，基本能够满足老人基本生活需求。此外，被调研机构大多采用市场化运营模式，针对老人自理能力等级实行差异化收费标准但机构整体运营状况欠佳。

第三，农村贫困失能老人照护供需缺口较大。

首先，农村贫困失能老年人对基本生活服务和用餐服务的需求较大，但目前供给不足，存在需求缺口。从调研结果来看，农村失能贫困老年人对这两项服务的需求量较大。但目前大部分农村地区对失能贫困老人的照护服务存在缺位现象，供需失衡较为严重，许多失能贫困老年人未能得到相应的日常性照护。而且居家/社区老年人获得的基本生活服务远少于机构老年人，家庭照护作用有待进一步提升。

其次，农村对于失能贫困老年人的专业医疗护理服务供给方面存在难度。通过样本数据发现，目前在医疗服务方面存在项目不足、人员短缺、专业性低等问题，这对医疗服务的数量和质量都会产生不小的影响。在调研中发现，农村失能贫困老年人对医疗护理服务的获取存在一定的困难，很多服务需求难以得到满足。

最后，农村地区精神慰藉服务的供给压力较大，难以满足失能贫困老年人的需求。精神慰藉服务事关老年人的心理健康和生活质量，同时服务提供依靠子女、友邻、护理人员等多方主体，供给压力相对较大。此外，不同类型的失能老年人面临着不同的问题。具体而言，居家/社区老年人的朋友数量较少，缺少来自友邻的社会支持和精神慰藉；机构老年人则获得的家庭支持较少，子女的精神慰藉服务未能得到满足。因此要满足老年人的精神需求，就必须通过家庭、子女和社会的共同努力。

中　篇

农村贫困老年人照护服务解决方案

我国农村贫困老年人主要包括特困老年人、低保老年人以及低收入老年人三大类人群。他们数量庞大，健康和经济状况较差，失能失智状况较为严重，照护需求强烈。然而，农村养老照护资源比较稀缺，服务可及性和可获得性也更差，这种供需之间的内在张力为我国农村贫困老年人养老照护资源供给提出了严峻的挑战，建设专业、规范和可持续的农村老年人照护服务体系刻不容缓。

从主要内容上看，本部分基于对山东青岛市、山东日照市、浙江杭州市以及浙江衢州市四地区进行实地调研，深入了解我国引领性、代表性、典型性地区在农村养老照护服务模式上的创新探索，并基于深度观察方式对地方政策创新（实验）进行效应评估。

第五章　农村养老与照护服务解决方案：东部典型地区调查案例分析

本章核心是关注东部典型地区（引领性地区）的实践经验范例，即东部典型地区为回应农村养老与照护服务而实践创新的解决方案，通过调查和深度观察，一方面，大体反映典型地区市县养老与照护服务的基本情况，和主要政策创新经验；另一方面，以城市县区的政策创新（实验）为分析重点，以深度观察的视角和方法，来分析评估地方政策创新（实验）的经验和启示。

与之相对应，本章包括两部分主要内容，一方面，基于四地实地调研，归纳东部典型地区关于农村照护服务解决方案，旨在描绘我国东部典型地区对农村贫困失能老年人照护供给的探索与实践；另一方面，基于政策实验探索的深度观察，即以深度观察方法，综合分析地方政府政策创新（实验）的政策效应，归纳、提炼引领地区农村失能老年人照护服务发展的实践经验，旨在为我国贫困失能老年人照护体系框架和发展方向提供政策启示，即为典型地区的政策模式扩散典型基础。

具体而言，本章主要包括三节内容，其中，第一节和第二节属于第一部分，旨在大体反映选择的典型地区市县养老与照护服务的基本情况，和主要政策创新经验，是本研究开始初期开展的调查，是为后续发现、推进地方典型政策实验奠定基础，是在此轮调查基础上进一步选择部分地方县区作为政策创新（实验）深度观察点；第三节属于第二部分，在前轮调查基础上选定的政策创新（实验）县区中，与地方民政部门充分合作，发挥政策创新（实验）智力支持和评估评价的双重角色，基于深度观察方法，深入分析对应县区的政策创新（实验）的实际效应，分析评估地方政策创新（实验）的经验和启示。所以，第一节、第二节是四个市养老服务创新的初步调查，是第三节（政策实验创新深度观察评估）的基础和前提。

第一节 实地调查：四地区农村养老服务模式的案例与分析

为了推进本研究，研究团队在民政部政策研究中心的指导下，基于典型性、引领性、代表性、创新性等因素，选取了山东省青岛市、山东省日照市、浙江省杭州市、浙江省衢州市四地区作为研究案例。本节基于四地区实地调研，归纳我国农村养老服务供给的实际状况，特别是地方政府在农村贫困失能老年人照护服务方面的实践探索，从而归纳我国在农村贫困老年人失能照护服务方面的实践进展。研究团队对四个城市开展的此轮调查，是在研究起步阶段为验证研究设计选择而开展的调查，同时，经过此次调查分析，研究团队还将在四个城市中选择、确定更为具体、细致的政策观察对象，并利用深度观察的研究思路和方法，深度观察和评估地方政府政策创新（实验），评估地方政府政策创新的典型模式的效应，为政策评估和扩散奠定基础。

事实上，在这一轮调查基础上，研究团队进一步选择了部分县区，在青岛市调查基础上，进一步选择了胶州市作为政策创新（实验）评估对象；在日照市调查基础上，进一步选择了五莲县作为政策创新（实验）评估对象；在杭州市调查的基础上，进一步选择了桐庐县作为政策创新（实验）评估对象；在衢州市调查基础上，进一步选择了常山县作为政策创新（实验）评估对象。具体政策创新（实验）评估结果详见第三节。

一、调查案例选择与基础情况介绍

下文旨在重点介绍选择山东省青岛市、山东省日照市、浙江省杭州市、浙江省衢州市作为典型调查范例的理由，与第一章数据来源的介绍不同，本部分的介绍主要停留于城市层面，特别是介绍市级和县级与农村养老服务（特别是照护服务）有关的主要政策创新，这一点与后文将要重点介绍的四个县区的政策实验观察并不相同。总之，本节的介绍更多停留在市级层面的农村养老服务创新经验，更多反映的是研究团队在初步确定调查地点后进行的初步调查，与第三节的深度观察地方政策创新实验的定位完全不同。

正如前文所述，基于我国农村贫困老年人照护状况，本研究选择的农村养老服务模式案例必须具备典型性、引领性、创新性及可持续性要求，且贫困失能老年人应该是模式的重点供给对象。

首先，调研案例必须兼具典型性、引领性、创新性。为保障经济困难失能老年人得到基本照护，提高其生活质量，我国建立了针对经济困难失能老年人的失能救助体系。并取得了一定积极效果，为贫困失能老年人的生活和照料提供了保障，然而，仍存在一定程度上的兜底不足，同时在制度环境、保障对象、保障内容、保障水平、递送方式等方面也存在一定不足。故本节选择的案例必须具备典型性、引领性、创新性，才能够真正实现农村经济困难失能老年人兜底保障的政策制度安排。

第一，在农村经济困难老年人失能照护政策和实践探索方面具有典型性。选择的典型地区，应当在农村养老服务体系发展领域（或者农村贫困老年人失能照护方面）具有实践探索方面的典型性，具有一定创新意义，能够代表中国当前和未来一段时间农村养老服务体系探索的基本方向。

第二，在农村经济困难老年人失能照护政策和实践探索具有创新性和引领性。本节所选取的地方典型实践案例，应在创新方面具有引领性，是中国当前各地方在农村养老服务体系建设探索方面（或者农村贫困老年人失能照护方面）的排头兵，具有较强的引领和示范作用，是其他地区特别是中西部地区学习的重要方向，而且，从实践经验和政策探索上具有一定的可复制性。随着中西部地区经济社会发展，这些引领地区的创新政策和经验具有大范围复制和推广的可能。

其次，将贫困失能老年人为重点供给对象。失能老年人照料需求大，而能够为失能老年人提供的照料服务，无论在农村还是城市都存在较大缺口，家庭照料仍是当前失能老年人主要的照料形式。尤其对于贫困失能老年人而言，缺乏经济能力通过购买服务的方式进行照护的补位，照护需求得不到满足，从而陷入无人照料的窘境。部分贫困失能老年人生活状况极度恶化，生活质量极差。此外，农村实际老龄化程度高于城市，人口乡城流动一定程度上割裂了家庭的代际支持，农村失能老年人的照料问题更加凸显。故本节选取的案例必须要以农村贫困失能老年人为重点供给对象更是由于农村贫困失能老年人作为社会中最弱势的群体，贫困失能老年人照料问题应当得到回应和重视，从而确保兜住底线、保住基本（杨团，2016）。

最后，实践探索模式可持续运行。农村贫困老年人可能获得的制度性支持较低。由于城乡地区经济社会发展水平的差异，农村地区政府所能够提供的购买服务的财力较为有限，这就较大程度限制了政府为农村贫困老年人购买失能照护服务的可能性，也影响了相应的购买水平，这使得农村不少的制度安排夭折，无法持续运行。与之相反，这些探索的典型地区在实践探索方面具有良好的条件和环境支撑，不论是从硬件条件、经济支撑，还是从软件条件、理念、政策支持等方面来看，都能够较好地支撑整个实践经验探索的持续发展。这些典型地区的实践经验探索不是短期的、不可持续的，而是具有良好环境和条件支持，具有较强的可持续性、可借鉴性。

二、山东省青岛市：以养联体为引领的农村养老服务模式实践探索

以下，将介绍山东省青岛市养老服务体系建设的基本状况、实践探索和经验总结，重点分析青岛市的创新政策实践，及面临的问题与挑战，以期全面展示山东省青岛市以医养结合为重点的养老服务探索实践。

本案例相关数据及资料内容来源于青岛市民政局等相关部门提供的资料，以及民政部官方网站、青岛市民政局官方网站等相关网页。具体来源见脚注，关于此案例的相关信息，正文中其他地方不再标注来源。[1]

（一）地方基本情况

本部分将介绍山东省青岛市老龄化状况以及养老服务体系建设现状，以全面展示山东省青岛市的基本状况，作为实地调研分析的背景基础。

1. 老龄化状况

青岛市是全国老龄化发展速度快、高龄化和空巢化突出的城市之一。截止2018年底，全市60岁以上户籍老年人口183.5万人，老龄化率22%，高出全国4.8个百分点，在15个副省级城市位列第六。特别是80岁以上需要照料服

---

〔1〕 民政部：http://www.mca.gov.cn/article/xw/dfdt/201910/20191000020407.shtml；青岛市民政局：http://mz.qingdao.gov.cn/n28356051/n32561609/n32561620/190424112932471630.html；新华网：http://www.sd.xinhuanet.com/tpzx/2019-12/26/c_1125392188_2.htm；青岛日报：http://wb.qdqss.cn/html/qdrb/20150502/qdrb58913.html；https://baijiahao.baidu.com/s?id=1646790472449086159&wfr=spider&for=pc；半岛网：http://news.bandao.cn/a/289464.html；http://news.bandao.cn/a/289680.html；http://news.bandao.cn/a/289498.html；中国社会工作：https://www.cnki.com.cn/Article/CJFDTotal-ZSGZ201923018.htm；

务的高龄人口已达到28万人，占老年人口的15.3%。

2. 养老服务体系建设情况

青岛市养老服务业得到持续快速发展，以居家为基础、社区为依托、机构为补充、医养相结合养老服务体系初步建立。目前，青岛市登记养老机构230家，总床位6.8万张，千名老人床位数37.5张，在15个副省级城市中位列第四位（前三名为杭州、宁波、南京）。其中，公办养老机构26家、床位1.6万张，民办养老机构212家、床位5.2万张。民办养老机构分别占机构数和床位数的89%和76%，成为养老行业的主力军，涌现出圣德、福山、阳光、新华锦等一批知名养老品牌。

在社区养老服务方面，青岛市有城乡社区日间照料中心946个、农村幸福院317个、助老大食堂480个、社区居家养老服务组织1043个。近年来，青岛市府高度重视养老服务业发展工作，不断强化政策引导，加大财政投入，优化发展环境，调动社会参与，使养老在服务体系建设、医养结合、标准化和信息化建设等方面，走在了全国前列。2016年，青岛市在全国率先提出并推进“养老联合体”建设，并第一个为60岁以上老年人购买普惠性意外伤害保险。2017年，“青岛市在全国率先提出并探索机构、社区、居家“融合发展”模式，并与英国驻华大使馆合作第一个开展社区失智者照护中心建设。2018年，青岛市在全国第一个通过电视终端开展智慧养老服务”。[1] 由于城市基础条件优于农村，故养老联合体（后简称养联体）目前仅在城市推行，随着经济发展、政策支持等因素，后续养联体模式也将在农村大规模建设。

（二）调研过程和解决方案

本部分主要介绍调研过程和解决方案两方面。调研过程部分，详细介绍了课题组实地调研的过程活动及行动路线。解决方案主要阐释了青岛市近年来主要政策探索实践，包括医养结合、长期护理保险等，旨在全面描绘青岛市的创新点、挑战。

1. 调研过程

2019年11月3日－6日课题组在山东省青岛市开展调研，在抵达之前已经对青岛市养老服务体系建设情况进行了初步了解。11月4日上午，前往青

〔1〕 资料来源：《半岛都市报》，《青岛户籍老年人口已达183.5万老龄化率22%》，http://news.bandao.cn/a/289680.html

岛市民政局开展座谈。青岛市民政局养老处相关工作同志和相关协会工作同志参加了会议，向调研组介绍了青岛市养老服务整体工作，以及一些地方养老服务政策探索，还讨论了青岛市养老服务体系建设，包括农村养老服务体系建设存在的问题。之后，在青岛市老城区、西海岸区等城市和农村地区开展了调研，走访了包括社区内小型嵌入机构（一家亲为老服务中心）、社区食堂、老年公寓（春晖养老公寓、幸福之家养老公寓）、区居家养老服务中心、唯老汇居家养老服务中心（时间银行、老年食堂）、中康颐养养老服务机构、灵珠山街道养护院、社区大食堂（首康一家）、隐珠街道社区服务中心、爱邻里日间照料服务中心、区养老信息服务平台、清海街道枫杭社区（村）助老大食堂，福山老年公寓（失智照护）[1]。

2. 以养联体为引领的农村养老服务模式探索实践

近年来，青岛市高度重视养老服务相关政策供给。先后出台了《青岛市人民政府办公厅关于加快推进养老服务业发展的实施意见》等36个文件。目前青岛市扶持养老服务业发展的主要政策包括六个方面。[2]

第一，对养老机构给予建设补助。2016年规定新建或改建养老机构分别按每张床位1.2万元或6千元的标准给予一次性建设补助，对医养结合型养老机构的一次性建设补助提高20%。

第二，对养老机构给予运营补助。其中，收住自理老人的补贴标准为每人每月220元，收住失能半失能老人的补贴标准为每人每月350元。

第三，对养老机构实施星级管理。通过综合评定设施设备、管理水平、服务质量等因素，养老机构被认定为三星、四星、五星级的，四年管理期内分别给予10万元、15万元、20万元的一次性奖励补贴。

第四，对社区居家养老服务组织给予运营补助。对达标的社区居家养老服务组织，按日均服务人数等因素，每年给予最高15万元的补助（乔彬，2019）。

第五，给予土地供应和税费减免等优惠。按照国家、省有关法规政策健全了养老服务机构在土地供应、建设、用水、用电、用气等方面的系列优惠政

---

〔1〕 青岛市调研报告参考了青岛市民政局领导《关于全市养老服务业发展情况的汇报》，并结合了调研中的部分记录和发现。

〔2〕 资料来源：《中国社会工作》，《多措并举统筹推进青岛市养老服务体系建设融合发展》，https：//www.cnki.com.cn/Article/CJFDTotal－ZSGZ201923018.htm

策，其中，对依法设立登记的养老机构符合规定的服务项目免征增值税，医养结合养老机构享受与医疗机构同等的用地优惠政策，养老机构为入住老年人购买意外伤害保险，政府给予80%的补助，这些政策有力地减轻了养老机构的建设和运营负担。

第六，建立基本养老服务兜底制度和高龄补贴制度。主要包括为城乡困难老人每月购买45至60小时居家养老服务（全市8000人），为经济困难老年人入住养老机构提供补贴，为全体80岁以上老年人发放年150元体检补助。[1]

（三）创新性与问题挑战

本部分主要针对青岛市政策实践探索的创新点及面临的挑战两方面的内容。一方面，举例阐述了青岛市的创新模式状况；另一方面，详细分析了青岛市模式面临的问题与挑战，旨在全面剖析青岛模式的核心逻辑与发展方向。

1. 创新性实践探索

青岛市主要探索出了“1+6+N”多层次医养服务体系、将扶老与扶贫工作有机结合模式等创新政策，值得借鉴。

青岛市在医养结合、长期护理保险制度探索方面走在全国前列，在老城区养老服务体系建设、城乡结合部养老服务体系建设、农村养老服务体系建设方面成绩显著，同时，助老大食堂等一系列政策探索落地，带来了较好的政策实践收益，青岛市农村养老服务体系建设取得了一定成就。当然，由于发展的阶段性和历史性，青岛市养老服务体系建设兼有历史补课和政策创新的作用。

以即墨区为例，具体做法有：第一，建设乡村级别的医养结合智慧微养老中心，形成“1+6+N”多层次医养服务体系。在这个体系中，既有80岁以上老人全覆盖的居家医养上门服务，又有以社区为单位相对集中的养老服务，点面结合，力求在全域打造“没有围墙的医养结合智慧养老院”。[2] 第二，将扶老与扶贫工作有机结合起来。即墨区政府向家政服务公司购买的老年人照护服务中，很多护理员都是贫困户。第三，全面推广“全人全责”长护险制度。在为失能失智人员提供长期护理的基础上，整合了生活照料、临终关怀和精神

---

〔1〕 资料来源：《中国社会工作》，《多措并举统筹推进青岛市养老服务体系建设融合发展》，https://www.cnki.com.cn/Article/CJFDTotal-ZSGZ201923018.htm

〔2〕 资料来源：半岛网，《即墨田横岛省级旅游度假区打造“没有围墙”的医养结合智慧养老院》，http://news.bandao.cn/a/289498.html

慰藉等基本照护服务。为老年人提供连续性的、综合性的照护服务。莱西区则扎实推进农村养老服务试点工作，初步形成具有莱西特色的“一平台、多中心、网格化、日巡护”农村居家社区养老服务模式。

2. 面临的问题与挑战

尽管青岛市实践探索中有许多值得借鉴的政策创新，但仍存在社区居家养老服务较为滞后、农村养老整体较为落后的问题。

与机构养老的快速发展相比，社区居家养老服务存在一定程度上的滞后。据统计，青岛市入住养老机构的老年人仅占老年人口的2%左右，有98%的老年人选择在社区居家养老，但是没有享受到高质量的社区居家养老服务。主要原因有三点：一是老年人退休金普遍比较低（3000元以下占62%、3000-4000元的占17%、4000-5000元的占21%、5000元以上的占6%），客观上限制了消费能力。二是多数老年人消费理念滞后，花钱买服务的观念还没有树立起来。三是政策引导缺乏针对性和科学性。这又表现在三个方面。第一，社区居家养老服务设施落地难。尽管《青岛市养老服务促进条例》规定，城市新建居住区，按照每百户不少于二十平方米的标准，老旧小区按照每百户不少于15平方，由区市政府置换或回购，配套建设社区养老服务设施，但实际上落地很难。由于民政部门没有参与新建居住区的同步规划、同步设计、同步验收，规划设计的养老服务设施要么非常分散，要么拒不移交，造成了政策漏洞。第二，缺乏养老组织的加入。与机构养老相比，社区居家养老成本较高、收费较低，导致这块市场对养老组织来说缺乏吸引力。第三，缺乏扶持社区居家养老的政策组合拳，特别是缺乏各种养老服务的补贴制度。

与城市养老服务体系日趋完善相比，农村养老整体上较为滞后。农村养老滞后的根本原因是缺乏资金，无论于老年人自身还是政府而言。另外，从总体上看，青岛市养老服务业发展还处于初级阶段，实际工作中还存在不少具体问题。比如社区日间照料中心运营难、养老机构招收护理人员难、社区高龄空巢老人就餐难、农村失能老人护理难等，一些养老机构，特别是社区养老设施，因为土地或房产原因在办理消防证明方面存在困难。

三、山东省日照市：以服务多元化为重点的养老服务模式探索实践

本部分将介绍山东省日照市养老服务体系建设的基本状况、实践探索和经验总结，重点分析日照市的创新政策实践，及面临的问题与挑战，以期全面描

绘山东省日照市以服务多元化为重点的养老服务探索实践。

本案例相关数据及资料内容来源于日照市民政局等相关部门提供的资料，以及民政部官方网站、齐鲁晚报网等相关网页。具体来源见脚注，关于此案例的相关信息，正文中其他地方不再标注来源。[1]

（一）地方基本情况

本部分将介绍山东省日照市老龄化状况以及养老服务体系建设现状即以服务多元化为重点的养老服务探索实践，以全面展示山东省日照市的基本状况，作为实地调研分析的背景基础。

1. 老龄化状况

截至2017年底，日照市总人口303.68万人，其中，60岁及以上老年人口61.8万人，占全市总人口的20.35%。60—69岁368696人，占老龄人口的59.66%；70—79岁164096人，占老龄人口的26.55%；80—89岁74767人，占老龄人口的12.99%；90—99岁10196人，占老龄人口的1.65%；全市100岁以上的老年人196人，占老龄人口的0.03%。

日照市老龄化有其自身特点，具体包括如下几个方面。

第一，老年人口比例高、增速快。截至2017年底，60岁以上老年人口比例20.35%，高于全国17.3%，低于全省20.68%的老龄化水平。以五莲县人口为例，2000年全县60岁以上老年人口23035人，占总人口4.5%；2010年增至89834人，占总人口17.5%；到2017年底增至120798人，占总人口23.5%。

第二，人口高龄化特点突出。全市80岁及以上老龄人口85159人，占老龄人口14.2%，比2000年底的8.7%增加了5.5个百分点。

第三，空巢（留守）老人较多。许多独生子女父母过早步入“空巢”生活轨迹，加上子女就业、参军以及外出务工多等现象造成常住人口老龄化，尤

---

[1] 民政部：http：//www. mca. gov. cn/article/xw/dfdt/201811/20181100012941. shtml；齐鲁晚报网：https：//baijiahao. baidu. com/s？ id = 1695719938660465367&wfr = spider&for = pc；农村大众报网：http：//paper. dzwww. com/ncdz/content/20201029/Articel08002MT. htm；搜狐网：https：//www. sohu. com/a/405270677_ 162758？ _ f = index_ pagefocus_ 3；日照日报网：http：//epaper. rznews. cn/shtml/rzrb/20191114/74580. shtml；中国社会工作网：https：//www. cnki. com. cn/Article/CJFDTotal – ZSGZ202020020. htm；中国经济网：http：//tuopin. ce. cn/zg/202007/23/t20200723_ 35382560. shtml

其在偏远农村更为突出。以五莲县叩官镇栗园村为例，全村户籍人口 78 人，常年在家的仅 31 人，年龄最小的 57 岁，空巢独居、常年留守等在农村成为普遍现象。

第四，失能、半失能老人数量多。以五莲县汪湖镇、日照经济开发区奎山街道为例，老龄人口分别为 6718 人、9952 人，其中失能、半失能占各自老龄人口的比例为 9.2% 和 5.4% 。按两地平均数值测算，全市失能、半失能人口比例为 6.93% ，与全国数值基本相同，按照这个比例推算全市约 4.28 万人。

2. 养老服务体系建设情况

截至目前，全市共建有养老服务机构 60 家，其中，公办、公建民营、民办养老机构 9 家；乡镇敬老院 51 家；农村幸福院 387 个、城市日间照料中心 123 个，养老床位总数 2.28 万张，每千名老人拥有养老床位数 36 张，已初步建成以服务多元化为重点的养老服务模式。

（二）调研过程和解决方案

本部分主要介绍调研过程和解决方案两方面。调研过程详细介绍了课题组实地调研的过程活动及行动路线。解决方案主要阐释了日照市近年来主要政策探索实践，包括养老设施优惠政策、互助型养老模式建设等，旨在全面描绘日照市的创新点、挑战。

1. 调研过程

2019 年 10 月 28 日 –31 日，课题组一行到日照开展养老服务体系调研工作。期间，先后调研了日照市社会福利院、东港区林海社区康养驿站、中盛幸福养老院、护理院、日照市 12349 养老服务中心、日照街道敬老院、岚山区康宁医院、岚山区养老机构监管平台、莒县长岭镇敬老院、莒县招贤镇养老服务中心、莒县社会福利中心、五莲县农村幸福院、五莲县社会福利中心、康复医院、五莲县中至镇敬老院，并在五莲县召开养老服务工作座谈会[1]。

2. 以多元化养老服务为重点的探索实践

日照市近年来在互助型养老模式、居家和社区养老服务设施、养老机构专业化等六个方面出台了一系列政策措施，旨在全面提升全市养老服务体系建设水平。

---

〔1〕 日照市调研报告参考了日照市《对养老服务业发展的调查与研究》，并结合了调研中的部分记录和发现。

第一，养老服务体系建设进一步加强。近几年，日照市委、市政府高度重视，先后出台了《关于加快社会养老服务体系建设的实施意见》《关于加快发展养老服务业的实施意见》《关于加快推动养老服务业转型升级的实施意见》等多个规范性文件，形成了支持和推动养老产业发展的刚性指导措施。

第二，养老设施建设投入力度加大。2008 年以来，全市各级累计投入资金 2.7 亿元，在市县级层面建成了 6 个公办（或民营）社会福利养老机构，增加床位 1880 张。2017 年投入资金 3700 余万元，对全市 51 个乡镇敬老院及 9 家养老院以消防为重点的安全设施进行改造升级，改善和优化了养老服务环境。

第三，专业养老机构得到发展。近年来，民办专业养老机构逐步兴起，数量上从无到有发展至 8 家，养老服务模式上从单纯的老年公寓发展到医养、康养结合，运营方式上从单纯的管办和民办转型升级为公建民营等社会养老方式。其中，以中盛幸福苑为代表的民办养老机构历经七年的发展，逐渐建设成为一座集机构养老、居家养老、候鸟式养老、特殊护理服务、日间照料、连锁加盟、医养结合于一体的养老服务机构。为探索推进乡镇敬老院社会化运营模式，日照市政府办公室专门出台了《关于推进乡镇敬老院公办民营改革的指导意见》（日政办发〔2017〕68 号），到 2018 年底，通过政府购买服务方式，引入管理经验丰富、社会信誉良好、品牌影响力广泛、有养老服务资质的企业或社会服务机构管理、运营敬老院，建立规范、专业、优质的管理服务模式。特困人员集中供养方式在全省走出了新路子。

第四，居家和互助型模式养老有序发展。在城市社区，采取建设与运营资金补助方式，对建成和投入使用的日间照料中心进行奖补，配套完善了日间照料设施，搭建了部分社区居家养老服务平台。积极探索建立互联网 + 居家养老服务模式，依托 12343、12349 平台链接线上需求服务，发展加盟运营商 370 余家开展线下服务，形成了为居家老年人服务的发展态势。在农村，以省市资金补贴同样的方式建设幸福院，为居住在本社区本村的特困人员、失独老人、重点优抚对象等提供日间照料或集中居住服务管理，补齐了农村养老的短板。

第五，医养康养结合养老模式开始起步。坚持把养护失能、半失能、失智老年人作为养老机构服务的重点对象，通过建立长期医疗护理补贴制度、降低医疗机构入住养老机构门槛等系列措施，支持有条件的医院参与养老事业发展，半数以上的养老机构具备了医养条件。以中盛幸福苑、北京路医院养老院、大岭正骨养老院为代表的医养、康养结合养老机构逐步得到群众认可，失能、半失能老人入住率比较高。

第六，老年人普惠制度基本建立。建立长期生活不能自理、经济困难老年护理补贴，为88——99周岁低保老人、90——99周岁无固定经济收入老年人每月分别发放老龄津贴100元、200元；为百岁以上老人发放长寿补贴500元，全市80岁以上9883名老年人享受津贴补贴制度。

需要强调，在日照调查期间，研究团队发现日照的互助养老发展趋势良好，地方政府高度重视幸福院的建设，在资金、设施、人力等方面给予了较大的支持力度，五莲县、莒县幸福院的发展已经呈现多种模式特征，在解决农村老年人精神慰藉、日常照护方面发挥了积极作用。尤其是多个幸福院在解决老年人“吃顿热饭”和“护理服务”方面做了一些探索，很好的发挥了幸福院的积极作用。后文中，将选择五莲县作为典型案例，通过深度观察的综合分析方法，评估五莲县农村幸福院互助养老服务模式的政策成效。

（三）创新性与问题挑战

本部分主要针对日照市政策实践探索的创新点及面临的挑战两方面的内容。一方面，提炼了日照市三大政策措施创新点；另一方面，详细分析了日照市模式面临的六大问题与挑战，旨在全面剖析日照模式的核心逻辑与发展方向。

1. 创新性实践探索

日照市探索多元化服务模式破解农村养老困境。

第一，深化“公办民营”改革，“破解乡镇敬老院服务质量差难题，依靠市场化的办法，将乡镇敬老院通过招标的方式，全部交由专业养老机构连锁运营”，[1] 改革后乡镇敬老院服务质量大幅提升。围绕解决失能、失智特困人员供养医护条件不满足、服务人员不专业等问题，部署区县新建、改扩建一批专门照料失能特困人员的养护中心。岚山区专门建设康宁医养院，为失智老年人提供照护，填补了日照市无机构养护失智老年人的空白。

第二，探索“三位一体”服务模式破解农村特困人员居家照料难题，依托智慧养老综合服务平台，互联网+养老服务递送，设立乡镇服务驿站，以服

---

〔1〕 资料来源：《日照日报》，《不忘爱民初心牢记为民使》，http：//epaper. rznews. cn/shtml/rzrb/20191114/74580. shtml

务对象为中心设置服务项目，将为特困人员助餐、助洁、助农、助购、助护、助医、助行、助急、助询9大项16小项纳入居家上门服务范畴，破解农村特困人员居家照料难题。[1]

第三是探索区域化、连锁化运营模式，破解农村幸福院“建起来、运营不下去”的难题。加大对农村幸福院政策扶持力度、探索农村区域化助餐服务模式，探索农村幸福院多样化运营模式，解决老年人吃饭和精神慰藉等需求。

农村互助幸福院在养老服务方面成效显著。在调研中，研究团队发现，日照市莒县和五莲县的幸福院发展去了的积极成效。以五莲县为例，立足农村养老社会难点焦点，五莲县探索建立互助养老+扶贫模式，通过政府购买服务、社会爱心捐赠等方式，聘请有劳动能力的居家贫困妇女与贫困失能老人结对帮扶，初步探索出了农村留守老人养老的新路径，同步解决“贫”和“困”两个难题。石场乡是五莲县“互助养老+扶贫”模式的典型代表乡镇。石场乡针对本乡老年人脱贫任务重、难度大特点，结合当前养老问题日益突出这一实际，将互助养老工作作为全乡重点工作，持续推进，灵活探索互助养老运营模式，打出系列组合拳，通过独立运营式、企业援建式、联合运营式、连锁配餐式四种模式，实现了全乡34个村互助养老全覆盖，让全乡327名孤寡贫困老人、重病重残人员吃上热乎饭，切实保障贫困（失能）人群的基本生活。日照市部分县在农村幸福院方面创新模式，在农村互助养老服务供给方面积累了宝贵经验，农村幸福院成为互助养老服务的主要阵地，为农村养老服务体系建设，以及为（贫困）失能老年人基本生活照护方面提供了较好支持。

2. 面临的问题与挑战

日照市正在逐步破解农村养老困境，但在过程中也遇到一系列困难与挑战。总结归纳，课题组认为其主要面临着专业人才匮乏、养老服务体系尚不完善等六大困难与挑战。

第一，对人口老龄化认识和重视程度有待进一步提高。应当进一步高度重视日照市老龄化问题，加快下制定出台相关养老服务业发展专项规划，实现与经济和社会发展同步，和老龄化趋势发展同步，包括土地、融资、等多个方面的支持应进一步加大力度。

第二，养老服务供给能力不足。日照市养老机构建设状况上，养老机构建

---

〔1〕资料来源：《中国社会工作》，《补短板重创新强科技日照市破解农村养老服务难题》，https：//www.cnki.com.cn/Article/CJFDTotal－ZSGZ202020020.htm

设以及社会化（民办）养老机构数质量在全省处于较低位置，与沿海城市威海对比，以及外省的苏州、常州对比，日照的居家社区养老和机构养老服务体系建设滞后，有待加快、加强。

第三，养老服务体系尚不完善。近年来，尽管日照相继出台了系列养老服务政策措施，建立完善了一些机制制度，但与省内外先进地市相比还有不小差距。一是政策创制不足。市县两级针对人口老龄化及养老服务问题的规范性文件和政策仍不完善，养老服务条例等基础性制度尚未建立。二是财力支持不足。国家明确规定，福彩公益金的55%要用于养老服务支出，而全市历年实际支出不足40%。受财力制约，作为政府主导的基础性养老服务项目进展缓慢或尚未破题。三是社会投资积极性不高。与全国养老事业发展格局相同，由于养老产业投资大、资金回收慢、利润薄等现实问题，难以吸纳社会力量投入更多资金，规模企业参与发展养老事业动力不足，加上在养老土地供给、建设资金补助、运营经费补贴等方面尚未给予更优惠的政策支持，很难吸引省内外养老品牌企业参与其中。

第四，智慧养老、医养结合等养老模式有待加强。虽然日照市在互联网+养老服务以及智慧养老服务方面取得了一定进展，但总体来看，仍然有待进一步加强。以智慧养老、虚拟养老、居家医生签约、共享护士等搭建和运用智慧平台已成为养老服务新时代、新特色。对比苏州、常州等地，互联网+模式已广泛运用到养老领域，然而全市目前尚未形成规模性、系统性运用，养老管理平台和服务平台尚在研究和建设起步阶段。

第五，专业人才匮乏。当前，日照市养老护理员队伍缺乏，专业人才在规模和结构上都存在不足。养老服务业从业人员多为下岗职工和农村妇女，年龄偏大，学历偏低，严重缺乏专业培训技能，护理技能、服务水平较低。由于工资待遇偏低、社会认可度低、劳动强度大、工作环境差等原因，能够满足老人多样化需求的专业人才不愿从事养老服务工作，这对创新养老服务观念、提升养老服务水平是很大的制约。

第六，宣传引导不到位。受传统观念影响，依靠子女养老、政府养老的观念根深蒂固，多数老年人及子女对去养老院生活顾虑多，疑问多，对公办养老机构存有依赖和信任，对民办养老机构则不太认可、不愿意入住，对依靠政府养老期望值高、愿望比较强烈。以全市社会福利中心公办运营为例，现有床位300张，目前运行出现了一床难求的现象，而民营养老院空闲床位较多，入住的老人多以失能、半失能为主。在城市日间照料中心也存在着群众不知晓、不认可的问题。从中也暴露了养老工作宣传不到位、养老机构品牌创建意识不强、整体服务水平不高等问题。

此外，五莲县、莒县等地的农村幸福院建设虽然取得了很好的成效，但是，幸福院规范水平不足、支持力度不足、可持续性风险大等问题仍然困扰日照市农村幸福院的发展，农村幸福院在取得一定成效的基础上，也需要不断规范和发展，在解决上述问题和挑战中进一步发展。

四、浙江省杭州市：以小微机构为特色的农村养老服务模式探索实践

以下，将介绍浙江省杭州市养老服务体系建设的基本状况、实践探索和经验总结。重点分析杭州市的创新政策实践，及面临的问题与挑战。另外，由于杭州市桐庐县探索了特色的“小微机构 + X”模式（模式效果评估详见本章第二节），因此在此还将以桐庐县为例进行阐述。

本案例相关数据及资料内容来源于杭州市民政局等相关部门提供的资料，以及浙江新闻网、桐庐县人民政府官方网站等相关网页。具体来源见脚注，关于此案例的相关信息，正文中其他地方不再标注来源。[1]

（一）地方基本情况

本部分将以浙江省杭州市桐庐县为重点，介绍杭州市及桐庐县老龄化状况以及养老服务体系建设现状，即以全方位居家养老服务为重点的探索实践，作为实地调研分析的背景基础。

1. 老龄化状况

按户籍人口统计，截至 2018 年底，杭州市 60 岁及以上老年人口 174.44 万人，占总人口数的 22.53%，比上年增加 7.25 万人，增长 4.34%。65 周岁

---

〔1〕 浙江新闻网：https://zj.zjol.com.cn/news.html?id=1494515；桐庐县人民政府：http://www.tonglu.gov.cn/art/2020/6/9/art_1543980_45582707.html；网易浙江网：http://zj.news.163.com/19/0711/15/EJQI7P7D04098FC3.html；杭州网：https://hznews.hangzhou.com.cn/chengshi/content/2019-06/05/content_7205286.htm；桐庐新闻网：http://www.tlnews.com.cn/xwpd/tlxw/content/2020-05/22/content_9053479.htm；搜狐新闻网：https://www.sohu.com/a/349901543_166896；https://www.sohu.com/a/273515880_99916935；https://www.sohu.com/a/430461047_115495；https://www.sohu.com/a/418375251_100020953；杭州新闻网：http://www.yytong.com/news2601.html；

以上老人有128.5万人，占总人口的13.1%。

在桐庐县，截止2018年底，60周岁以上老人有100282人，占总人口的24.04%；70周岁以上有40469人，占老年总人数的40.4%；80周岁以上高龄老人有14669人，占老年总人数的14.7%。其中农村老年人70190人，占老年人口的70%。

2. 养老服务体系建设情况

2018年末，全市拥有各类福利院、敬老院300所，床位6.9万张，城乡社区养老照料中心2800多张，标准化打造了60多家示范型居家养老服务中心、50家示范型医养结合居家养老照料中心、100家示范型老年食堂（助餐服务点）。

目前，桐庐县累计建立居家养老服务照料中心216个，老年食堂188个，实现行政村全覆盖；政府购买养老服务人数7500余人（含长护险），占老年人总数的7.5%，居家养老服务专职护理人员600余人；全县建有养老机35家，其中公办养老机构8家，公建民营3家，民办养老机构24家，总床位数3262张。其中微型养老机构12家。

（二）调研过程和解决方案

本部分主要介绍调研过程和解决方案两方面。调研过程详细介绍了课题组实地调研的过程活动及行动路线；解决方案主要阐释了杭州市及桐庐县近年来主要政策探索实践，包括居家养老照料服务中心、小微机构建设等，旨在全面描绘杭州市及桐庐县的创新点、挑战。

1. 调研过程

2019年12月15日课题组抵达杭州市西湖区，在抵达之前已经对杭州市养老服务体系建设情况进行了初步了解。12月16日上午，前往杭州市民政局开展座谈。座谈会主要成员包括杭州市民政人员以及部分养老机构院长。16日下午，参观了杭州市“智慧养老”监管展示中心、和睦街道“阳光老人家”健养中心，以及绿城4S养老公寓。12月17日上午，前往杭州市桐庐县民政局与民政人员开展了座谈会，下午参观了桐庐旧县街道居家养老服务中心、百江镇居家养老服务中心以及分水镇阳光养老服务中心。18日上午，参观了德安居老年公寓并与相关工作人员进行了简单的座谈会，紧接着参观了南门老年之家。

2. 以小微机构为特色的农村养老服务模式探索实践

以下将首先阐述杭州市“三行动”“三聚焦”互联网服务平台及资金支持的政策措施，并介绍桐庐县在此理念上对居家养老服务照料中心、家院一体的实践探索。

杭州市通过“三行动”夯实居家养老，提高老人获得感，具体的做法包括：第一，提升设施功能行动。在社区打造“家门口”嵌入式微型养老机构65家，被评为浙江省高质量发展优秀案例；在镇街打造兼具日间照料和全托服务功能的示范型居家养老服务中心，涵盖六大服务功能，重点突出以医养结合、日托、中短期全托、喘息服务为基础，以助餐、助浴为重点，能够有效满足老年人多元化的“原居安养”需求。截至目前，建成145家，覆盖65%以上的乡镇（街道）。

第二，扩面提质助餐行动。在城市社区推行“中央厨房＋中心食堂＋助餐点”模式，农村地区推广村（社）自建食堂、志愿服务或邻里互助就餐等模式，全市建成老年食堂（助餐点）1200余家，基本实现就餐、配送餐服务有效覆盖。

第三，延伸兜底试点行动。以最弱势、最困难群体为重点，在上城、拱墅、西湖、临安4城区实施困难老年人家庭改造，以政府购买服务形式开展，由广宇安诺、诚和敬、易祖康等养老服务企业承接，实施住房无障碍、安全、整洁等改造，每户家庭补助金额原则上不超过6000元，实际改造的202户家庭费用共计119.65万元，平均每户5900余元，有效改善居住环境、降低老年人居家养老的安全隐患，社会各界对适老化改造认识进一步加深、反响较好。

桐庐县对“三行动”的具体实践主要体现在居家养老方面，以乡镇和村级居家养老服务照料中心为基础，提升创建示范型居家养老服务中心，是桐庐县的一大政策实践亮点，主要为居家老年人提供生活照料服务、托养服务、家庭支持服务、精神（心理）慰藉服务、护理康复服务和辅助器具提供服务等。在做好传统上门服务的同时，利用互联网服务功能对结村卫生室、社会组织、养老院、家政、商店、助老员及志愿者等服务实体和个人，为居家老人提供个性化服务需求，逐步推进居家养老服务多元化融合发展。

此外，桐庐县以高龄、失智失能无法自行解决就餐的老年人，或离就餐点较远无法自行前往就餐的老年人为重点对象，做实老年人供餐服务全覆盖。村老年食堂为供餐点，向本村和周边村自行就餐困难的老年人进行配送餐服务，实行区域性供餐新模式。各供餐点充分利用银龄互助、养老互助会、老年协会、助老员等组织和志愿者的形式进行送餐，部分有条件的村社还就近选择诚信经营、管理规范、餐饮服务食品安全监督等级较高的社会餐饮企业作为配餐送餐企业，为有需求的老年人提供集中供餐服务。

在机构养老方面，杭州通过“三聚焦”优化机构养老，提高养老服务品质，主要措施包括：第一，聚焦失能失智老人。杭州在全国率先建立失智症关爱和干预标准体系，在全市 31 家养老机构设立了认知症照护专区，床位总数达到 2082 张；全市养老机构护理型床位占比达到 61%（杨婷、何凌超，2019）。同时，修订《杭州市市级养老服务资金补助实施办法（试行）》，新增护理型养老床位建设、医养结合等补助，养老机构收住失能失智老人补助标准提高至 600 元/人/月，扶持力度进一步加大。

第二，聚焦激发市场活力。推出公建民营养老机构 69 家，在市、区两级公办养老机构推行定价机制改革，营造梯度有序的养老服务市场。同时，建立准入轮候和规范化管理机制，开辟特殊群体“绿色通道”。

第三，聚焦安全运行管控。出台养老机构安全监管及风险隐患排查双重预防文件，开展养老院服务质量建设专项行动，加快推进养老机构安全管理。启动市级公办养老机构改革，出台公办养老机构准入轮候文件，明确特殊困难老人优先轮候。截至 9 月底，全市新建公建民营养老机构 8 家，新增养老机构床位数 2082 张。

桐庐县对“三聚焦”政策的实践主要体现在探索了“家院一体”微型养老机构，这也是桐庐县养老服务体系建设中的亮点之一。桐庐县立足农村老人“垂暮不离亲，养老不离家”“原居安老”的愿望，首创“小型养老”模型。通过几年实践，桐庐县将“小型养老”模式总结定义为通过利用村集体闲置房和自有房屋进行改建或新建，设置床位在 10－30 张，规模较小、成本较低、功能全、费用低、具有独立法人资格，兼有居家养老和照料服务功能，通过与地方医疗部门、居家养老服务照料中心、老年食堂、社工等进行组织融合、信息融合、功能融合、情感融合，就近为老年人提供专业化、多样化养老服务，实现的全新服务模式。

在规范发展微型养老机构的同时，积极探索“微型机构＋X”，健全“微型养老”功能。如：（1）微型机构＋慈善基金，即引导社会力量建立公益性基金，减轻微机构运营压力，如百江镇慈善人士为百江镇联盟村捐献 200 万元，建立慈善基金，每年收益直接补助微机构；（2）微型机构＋村建民营，即整合农村居家养老服务照料中心资源，引入第三方运营微机构，实现村建民营、市场化运作，促进服务升级；（3）微型机构＋居家养老服务，即将养老服务辐射周边村（社区），建立起区域性养老服务中心，提供和承接本村及周围老年人的日间照料、照护的服务，已建成的如分水塘源村阳光养老服务中心、百岁坊村老年公寓等；（4）微型机构＋连锁化运营，构建完善的连锁化养老服务体系，打造出桐庐特色的养老服务品牌，实现微机构养老连锁化、全覆盖。目前，正积极探索与网络平台、乡镇村、社会组织和微型养老机构共同构建智慧养老服务连锁化运营服务体系，预计到明年各机构将承接 20 家微型养老机构。

杭州市全市全面搭建了涵盖“业务管理、公众服务、机构运营、支付结算、数据应用”等 5 大平台的“互联网＋养老”系统。第一，在智慧化服务方面，截至 2018 年底，全市领取智慧终端老人达 13.59 万，累计为签约老人提供有效紧急救助服务 929 次，主动关怀服务 50.39 万次，基础性生活服务 3.74 万次。

第二，在信息化平台方面，进一步建立养老数据仓，全面掌握老年人基本情况和养老服务设施信息，养老机构安全巡查动态监管、全程留痕，利用数据互联互通，实现养老服务补贴给付“一证通办”、智慧养老服务终端申领“最多跑一次”、高龄津贴发放“一次不用跑”。

第三，在电子化结算方面，依托市民卡设立养老服务专户，在上城、下城、西湖、拱墅实现养老服务补贴市民卡一卡支付结算，探索开通餐费自助结算、人脸识别支付等功能，在市民卡“一卡吃遍全城老年食堂”的基础上，进一步实现“刷脸吃饭”。

第四，互助式养老新探索。在拱墅区、滨江区开展为期一年的“时间银行”互助式养老服务试点，依托信息化系统、APP 客户端，以积分存取兑换等形式，为老年人提供方便、快捷的“线上＋线下”志愿服务。

因地方经济发展水平较高，杭州市对养老服务发展提供了大力的资金支持。按照杭州市今年重新修订后的补助办法，对 3 大类 11 个小项的养老服务进行补助。根据《杭州市市级养老服务资金补助实施办法（试行）》文件要求，居家养老设施建设和运营、政府购买服务、助餐配送餐服务、助老员补助等均纳入重点养老服务补助，加大了资金补助的支持力度，补助流程进一步优化。今年还新增了护理型床位的建设补助、医养结合补助和等级评定奖励，同时提高社会办养老机构运营标准，鼓励养老机构更多保障高龄及失能失智老人。根据各地（单位）申报，本次下达给区、县（市）的补助主要用于养老服务机构和养老服务人才补助，具体包括社会办养老机构补助1502.34万元，养老服务人才补助12.85万元，公办社会福利机构新改扩建补助140.89万元，养老服务机构综合保险补助80.29万元，总计1736.37万元。

（三）创新性与问题挑战

本部分主要针对杭州市及桐庐县政策实践探索的创新点及面临的挑战两方面的内容。一方面，提炼了杭州市及桐庐县的政策措施创新点，一是居家养老照料服务中心，二是小微机构模式；另一方面，详细分析了杭州市及桐庐县模式面临的六大问题与挑战，旨在全面剖析杭州市及桐庐县模式的核心逻辑与发展方向。

1. 创新性实践探索

在居家养老方面，以乡镇和村级居家养老服务照料中心为基础，提升创建示范型居家养老服务中心，为居家老年人提供生活照料服务、托养服务、家庭支持服务、精神（心理）慰藉服务、护理康复服务和辅助器具提供服务等。

“家院一体”微型养老机构是桐庐养老服务体系建设中最大的亮点之一。桐庐县首创“小型养老”模型。在规范发展微型养老机构的同时，积极探索“微型机构+X”，健全“微型养老”功能。如：“微型机构”+“慈善基金”“村建民营”“居家养老”“长期护理保险”“连锁化运营”。此外，杭州市居家社区适老化改造工作也取得了一定成绩。

2. 面临的问题与挑战

杭州市及桐庐县政策措施虽然有不少亮点，但也面临着养老服务发展不均衡、养老设施建设有待加强等六大挑战。

第一，养老服务发展不够均衡，农村养老问题突出。养老工作目前尚处于“成长期”，各地在居家养老工作的认识程度、社会经济发展水平、居家养老工作推进力度等方面均存在差异，无论在硬件建设还是服务内容上，城乡之间发展不平衡、城市好于农村、主城区好于周边区县（市）等现象还普遍存在。其次，当前老年人口的高龄化趋势，经济与社会转型，大量农村劳动力的转移，再加上家庭规模缩小、家庭养老功能弱化、经济独立性差等因素，山区留守老人生活照料问题尤显突出。助老员提供的服务内容单一，再加上资源配置不足，难以满足老年人的养老服务需求。为农村居家老人提供便捷的居家养老服务，尤其解决高龄老人、空巢老人的生活照料问题是当前农村养老的一项重要工作，尚需进一步探索和实践。

第二，养老服务供给不够充分。老年人多样化、复杂化、个性化服务需求还难以得到有效满足，能够提供上门服务的专业化社会组织还不多，存在专业性不强、服务范围不广等问题；照料中心服务内容较为单一，结构较为趋同；老年食堂持续运营能力不强，存在供需双方不匹配情况。

第三，养老设施配套建设有待加强。在大规模住宅建设和城市规划中，居家养老设施规划没有完全落地，存在部分地区居家养老服务用房配建面积未达标，部分居家养老服务设施布局过于分散、未能满足集中配置要求等情况。

第四，养老服务队伍建设滞后、服务水平和素质不高。为老服务的一线护理员队伍存在社会地位低、流动性高，收入待遇低、劳动强度高，学历水平低、平均年龄高的“三高三低”现象，为老服务人员的专业技能水平还需提高、职业素养还需再提升。此外，由于目前养老服务人员多数年龄偏大，服务技能难提升，只能提供简单的生活照料和代买代办事项，在一些有一定技术含量的服务项目上无法满足老人需要。虽然近年来，调研地每年都组织开展养老服务技能培训，但总体来看还是不能满足老年人的需求。

第五，养老服务市场培育不足。养老产业发展投入大、利润低、回报慢，相对其他项目缺少吸引力，虽然通过改革吸引了一批社会力量参与为老服务，但还需花大量时间和精力进行培育引导。此外，老年人消费观念相对传统，对购买养老服务还不适应，一定程度上也制约了养老服务市场的发展。

第六，基层养老工作人员配置不足。随着老龄化程度的不断加深，涉及老年人的工作和事务越来越繁重，乡镇（街道）要把养老服务工作做实做细，必须落实专人负责。但现在基层工作人员都是一兼多职，没有专职人员。因此，为基层单位配备正式在编工作人员已迫在眉睫，需要上级部门和编办的大力支持。

五、浙江省衢州市：以孝善文化为引领的农村养老服务模式探索实践

以下，将介绍浙江省衢州市养老服务体系建设的基本状况、实践探索和经验总结。重点分析衢州市的创新政策实践，及面临的问题与挑战。另外，衢州

市常山县探索出了独具特色的孝文化为引领的养老服务模式（模式效果评估详见本章第二节），故将常山县基本情况一并说明。

本案例相关数据及资料内容来源于衢州市民政局等相关部门提供的材料，以及衢州市卫生健康委员会官方网站、浙江日报网等相关网页。具体来源见脚注，关于此案例的相关信息，正文中其他地方不再标注来源。[1]

（一）地方基本情况

本部分将介绍浙江省衢州市老龄化状况以及养老服务体系建设现状即以多层次养老服务设施建设为重点的探索实践，以全面展示浙江省衢州市的基本状况，作为实地调研分析的背景基础。

1. 老龄化状况

衢州市位于浙江省西部，钱塘江上游，浙闽赣皖四省边际。市域面积8844平方公里，辖柯城、衢江2个区，龙游、常山、开化3个县和江山市，常住人口258万。截至2019年6月底，全市60周岁及以上老年人口57.97万人，占户籍总人口的22.45%，其中80周岁以上高龄老人8.99万人，占老年人总数的15.51%；失能（伤残）老年人4.24万人，占老年人总数的7.31%；贫困（特困、低保）老年人数2.88万人，占老年人总数的4.97%。另外，常山县总人口数34.4万，60岁以上人口共6.9万人，包含11个乡镇以及3个街道办事处。

2. 养老服务体系建设情况

衢州市目前全市建立了141家养老机构，其中公办5家、民办66家、公建民营4家，共有超过20000张机构床位数。2017年衢州市社区照料服务中心实现全覆盖。2018年起建立示范性养老服务中心，并于2018年建成25个。2018年财政补助共计1.2万亿元。且每年进行县市区奖励绩效考核，奖金共计600万元。

常山县目前形成了以城乡居家养老服务中心为基础，乡镇型居家养老服务中心为依托，公办养老机构为兜底的支撑。按照乡镇地理位置、人口基数、老

---

〔1〕 浙江日报网：https：//baijiahao. baidu. com/s? id = 1597324627061111430&wfr = spider&for = pc；https：//baijiahao. baidu. com/s? id = 1598672717761295810&wfr = spider&for = pc；https：//baijiahao. baidu. com/s? id = 1626325405304756447&wfr = spider&for = pc；https：//baijiahao. baidu. com/s? id = 1590791866717646639&wfr = spider&for = pc；衢州市卫生健康委员会官方网站：http：//wjw. qz. gov. cn/art/2019/8/28/art_ 1531324_ 52003028. html；

年人分布情况等建立 10 所公办养老机构，主要负责全县范围内五保老人。2016 年重建社会福利院，18 年完成公建民营，引入杭州绿城集团为运营方，是第一家县级签约方。目前完成行政许可和备案的民办养老机构共 14 家，1300 张床位。2018 年开始已经建立了 7 个乡镇级示范性养老服务中心。

（二）调研过程和解决方案

本部分主要介绍调研过程和解决方案两方面。调研过程详细介绍了课题组实地调研的过程活动及行动路线。解决方案主要介绍了衢州市及常山县近年来主要政策探索实践，包括多层次养老服务设施建设、孝文化建设等，旨在全面描绘衢州市及常山县的创新点、挑战。

1. 调研过程

调研组于 2019 年 12 月 18 日到达浙江省衢州市。于 2019 年 12 月 19 日在浙江省衢州市正式开展调研，19 日上午在衢州市民政局进行了座谈会，由衢州市民政局人员、衢州市卫健委人员以及衢州市财政部人员构成，主要对衢州市的养老服务体系建设情况进行了大致了解；19 日下午参观了衢州市柯城区的天颐老人之家以及柯城区墩头村的居家养老照料中心。参观结束后调研组当天到达浙江省常山县，并于 2019 年 12 月 20 日正式展开调研。20 日上午在常山县民政局进行了座谈会，主要了解了常山县的养老服务体系建设情况，由常山县民政局人员构成。并参观孝善文化馆、走访紫港街道外港村“孝老之村”、走访两户老人以及参观东案乡敬老院；20 日下午走访县社会福利院绿城颐养中心、紫港街道示范型居家养老服务中心以及球川镇龙绕村幸福食堂。

2. 以孝善文化为引领的农村养老服务模式探索实践

衢州市近年来逐步形成党政部门主导，社会参与，慈善关怀为补充的养老服务体系建设支撑体系。党政部门出台相应政策，在公办的基础上积极引入社会力量参与，其中民办企业和慈善机构参与最为鲜明。主要政策措施可分为强化组织保障、逐步完善政策体系等六个方面。

第一，强化组织保障。2009 年，衢州市政府成立了社会养老服务体系建设工作领导小组；建立了市、县（市、区）、乡镇（街道）、城乡社区四级养老服务平台及 7 个养老服务指导中心。县（市、区）、乡镇（街道）均成立了相应的组织领导和工作机构，形成养老服务工作“组织在政府、工作在镇（街）、落实在村（居）”的良性运行机制。近年来，组织保障更趋完善。

第二，逐步完善政策体系。自2013年以来，衢州市不仅出台了与养老服务体系直接相关的政策措施，还出台了改善养老服务体系发展的大环境政策。与养老服务体系直接相关的政策措施，例如加快养老服务业发展、强化护理人员培训、促进乡镇敬老院规范化管理、推进医养结合、深化居家养老服务中心考核办法等政策文件，具体包括土地供应、财政补助、信贷政策、税收优惠等全方位政策，且将每项政策细化，使得各项活动得以落地，资源得以下沉。改善养老服务体系发展的大环境政策，例如加快建设美丽经济幸福产业以及有关养老服务企业的创新创业补助等政策，使得养老服务体系有了良好的市场环境。

第三，逐步完善养老机构设施。首先加强了养老机构建设，目前全市已建成城乡社区居家养老服务中心1568个，实现城乡社区全覆盖。街道（乡镇）级示范型居家养老服务中心建设，目前全市已建成40个示范型居家养老服务中心。其次，推进“公建民营”养老机构的建设。按照省级民政部相关要求，衢州于2013年率先全省实施养老机构“公建民营”工作，积极探索政府公共资源与社会养老资源有机结合的新模式，目前全市已有10家公建民营养老机构。最后，推进“医养结合”养老机构。目前已有118家养老机构实现医养结合，其中内设医疗机构的养老机构27家，与医疗机构形成合作机制的养老机构91家。

第四，进一步深化居家养老服务。首先开展示范型居家养老服务中心建设，2018年以来，针对中短期托养服务欠缺、喘息服务滞后、日间照料服务专业化不足等居家养老服务短板，着手推进兼具日间照料与全托服务功能的示范型居家养老服务中心，目前已建成45个。其次，积极探索助餐、配送餐服务方式。通过开办老年食堂、中央厨房配送、养老机构配送、邻里互助等方式，于2018年开展助餐、配送餐服务的已有826个城乡社区，覆盖面达52%。最后，积极引进专业养老服务组织。2018年以来，柯城区、龙游县、江山市、常山县先后引入浙江省蓝谷养老服务中心、杭州钱江养老服务中心、杭州巾帼西丽养老服务有限公司等专业养老服务机构承接政府购买养老服务。

第五，不断强化养老服务队伍建设。依托衢州市职教优势，整合农办、人力培训部门的资源，将养老服务人员纳入常态化工作，提供免费培训。2013年至今累计已培训了5800多名养老护理员和4.88万名家庭照护人员。并实行养老护理员职业资格评定制度。另外，举办养老护理职业技能竞赛，进一步推动养老服务队伍建设。

第六，完善财政补贴。对于机构，如果是自建民办养老机构，养老床位补贴8000元/床，护理型床位1.1万元/床位；若为公建民营养老机构则养老床位补贴4500元/床，护理型床位补贴6400元/床；按照本户籍老年人自理情况区分，若老人可自理则40元/月，半失能老人80元/月，完全失能老人160元/月补贴给机构作为机构运营补助。对于服务人员补助，按学历区分，本科5万、专科3.2万，二者之间2.6万。对高龄老人，推出高龄津贴政策，对于户籍人口，100岁以上老人补贴1500元/月；90岁以上老人补贴150元/月；80岁以上老人补贴80元/月。

（三）创新性与问题挑战

本部分主要针对衢州市及常山县政策实践探索的创新点及面临的挑战两方面的内容。一方面，提炼了衢州市及常山县的政策措施创新点，一是护理人员培训体系，二是养老机构规范化管理，三是孝文化建设；另一方面，详细分析了衢州市及常山县模式面临的五大问题与挑战，旨在全面剖析衢州市及常山县模式的核心逻辑与发展方向。

1. 创新性实践探索

衢州市主要的政策创新点在于护理人员培训体系、养老机构规范化管理以及孝文化建设三方面的政策体系。其中，常山县建立了以孝文化为引领的养老服务体系。

第一，护理人员培训以及补贴政策较为完善。衢州市人民政府办公室专门出台《关于加强养老护理人员教育培训工作的实施意见》，一方面提供专业教育，另外一方面提升薪资水平，共同提高护理岗位的吸引力。在培训基地建设、开展专业教育、入职奖补、养老护理人员职业技能培训补贴、提高养老护理人员的工资待遇五个方面进行了政策保障。

具体而言，在培训基地建设方面，政策规定市本级依托衢州职业技术学院设立养老护理培训教育中心，县（市、区）要确定1—2家定点培训机构。专业教育方面，支持衢州职业技术学院、衢州中等专业学校、衢州市工程技术学校（衢州市技师学院）等有条件的学校开设老年服务与管理、养老护理专业，完善教学和训练条件，开展教师培训和教材开发等工作。入职奖补方面，入职满5年给予一次性奖补，其中高等院校毕业生奖补费为4万元、专科（高职）

奖补费为 2.6 万元、中等职业技术学校毕业生奖补费为 2.1 万元。职业技能培训补贴方面，技师每人 1500 元，高级工每人 1000 元，中级、初级工每人 400 元；一次性职业技能鉴定补贴标准 180 元/人。提高工资待遇方面，福利性、非营利性养老机构对取得技师、高级、中级、初级职业资格证书的养老护理员，每月工资分别不低于当地最低工资的 1.8、1.6、1.4、1.3 倍。另外，举办职业技能大赛，对于护理质量高的人员进行奖励，并达到宣传护理岗位的效果。

第二，对养老机构实行规范化管理。一方面是建设规范化，另一方面是考核规范化。在建设方面，出台相应政策文件，对于乡镇敬老院进行内部管理、消防建设等方面进行规范。在内部管理方面，首先，建设院务管理制度，敬老院通过民主选举设立院务管理委员会，成员一般 5—7 人，其中供养人员所占比例不少于三分之二，主要付监管责任；其次，建设规范财务管理制度，切实加强对敬老院资金运行的监管，乡镇敬老院所有的资金往来全部纳入专户管理，专款专用，并实行“院账乡管”，会计由乡镇财务工作人员兼任，支出发票经院长签字后同时报乡镇民政分管领导签字确认。在消防建设方面，要开展消防安全教育和疏散演练，提醒和告诫供养对象注意用火、用电安全，切实提高乡镇敬老院从业人员和供养对象的消防安全意识和自防自救能力。

在考核规范化方面，衢州市从建设以及运行两个方面进行考核，对于以上不同方面的各项指标进行分级量化评分，最后加总并进行公示，对建设项目考核达到 85 分及以上的城市社区居养中心，市财政按每个 5 万元给予一次性建设补助。对运行考核达标的城乡社区居养中心，市财政按以下标准给予运行经费补助。（1）城市社区居养中心：运行考核达到 85 分及以上的，按每个 2 万元给予补助。（2）农村社区居养中心：运行考核达到 85 分及以上的，按每个 1 万元给予补助。

第三，发扬孝老文化。首先，深化“敬老月”活动，衢州市将每年的十月份作为“敬老月”，2019 年已是衢州市举办的第十年。在这个月里，衢州市会开展人口老龄化国情教育、开展“学三老、践初心、担使命”学习讨论活动、开展老年人健康素养促进活动、开展走访慰问老年人活动、开展孝老爱亲公益志愿服务活动、开展庆祝中华人民共和国成立 70 周年老年人系列文化体育艺术活动、开展系列主题宣传月活动。通过这些活动一方面发动志愿者为老年人提供某些服务，更重要的是将发扬孝老文化。

其次，首推子女陪护假期。衢州市于2018年11月出台政策，批准子女陪护假期。此政策效果较好，企业配合度较高。尤其是常山县，出台“幸福爷爷、快乐奶奶”行动政策。第一，规范孝老标准，倡议子女每年给每位老人提供3600元赡养费，经济困难家庭提供1800元赡养费，且倡导子女每半月看望老人或者每周联络老人不少于一次。尤其是常山县，它是全国范围内首次推出孝老标准的地区，将子女赡养责任进行了清晰界定。第二，设立“520”为常山敬老日，延续衢州市十月敬老月政策。第三，设立百孝村榜，也就是红黑榜。评选孝星上红榜，进行宣传奖励，对于未尽到赡养责任的子女则放到黑榜上公开，以此来作为监督。第四，开展千人结对，万众尊老活动。千人结对是指整合县村乡级党员干部资源，与困难、孤寡、失能、空巢老人进行“一对一”“一对多”的结对帮扶。规定党员干部每年至少上门看望姐对老人一次，以此督促、引导子女履行赡养义务。万众尊老旨在在全社会形成“像孩子一样爱老人”的社会风尚，编撰《常山孝经》、建设常山孝老文化馆、设立“幸福爷爷　快乐奶奶”关爱基金等等，在全社会弘扬孝老文化，目前社会组织参与情况不错。

2. 面临的问题与挑战

衢州市及常山县虽然发挥了传统儒家孝文化的力量，也正逐步破解护理人员的缺失问题，但在养老服务体系建设方面仍存在着中等收入老人护理服务供不应求、养老服务需求尚未统一等五大挑战。

第一，护理人员队伍建设缺失。从数量上讲，虽然衢州市的培训、补贴政策比较完善，但由于处在四省边界，导致人员流动性大，护理人员处于缺乏状态。而常山县没有相关培训、补贴政策，护理人员更处于缺乏状态。从护理人员素质上说，目前护理人员文化程度较低再加上接受过专业技能训练不足，尤其是农村护理人员基本未接受过相关训练，所以基本无法提供专业服务。

第二，中等收入老人护理服务供不应求。困难老人由政府兜底，提供相应补贴或者政府购买服务进行老年护理；经济情况较好的老人由市场提供相应服务，而中等经济水平的老人却没有相应服务可以获取，再加上中国的中等经济水平的老年人口占大多数，所以使供不应求的问题更加凸显。也就出现了养老机构“公办挤不进，民办没人住”的情况。

第三，农村无法提供专业护理服务。农村由于宗族、血缘问题，对于外来养老机构存在顾虑，再加上农村经济状况没有城市好，导致没有民办养老机构进驻，所以农村的养老服务基本依靠基层村组织提供。而目前基层村组织支持力度不高，所以农村基本只提供助餐服务，开办老年食堂以及助餐点，无法提供其他护理专业服务。

第四，养老服务补贴种类过多，未形成体系。养老机构有敬老院建设补贴、养老院建设补贴、一次性建设补贴、床位护理补贴、高龄补贴等等多种补贴政策，使得补贴混乱，发放重叠，未综合考量，形成体系化的补贴制度。一是导致财政资金的浪费，二是无法达到应有的社会效应，部分老人拿到补贴后并不了解这个补贴的导向。

第五，养老服务需求评估不统一。老年人的服务需求评估是根据失能（残疾）认定进行评定的。而残疾证发放按照残联标准认定、医院有护理认定制度、养老机构又自己的失能等级评估，同一个地区的不同部门之间评估标准不一，互不承认，导致一个老人有多个失能（残疾）等级，再加上不同地区也有不同的评估标准，不仅给护理工作造成了麻烦，并且不断地进行认定也导致了公共资源的浪费。

第二节　经验总结：四地区农村养老服务模式核心逻辑与对比分析

本节旨在对上一节的调查进行分析、总结，是对上一节研究内容的提炼和理论分析。本节将对实地调研中农村养老服务模式实践探索的核心逻辑、困难挑战详细阐明，并从福利治理理论视角比较剖析典型地区农村养老服务模式。在此基础上，进一步对典型地区农村养老服务模式进行总结分析。

一、四地区农村养老服务模式的核心逻辑与挑战分析

以下，基于实地调研的综合分析，梳理了我国农村养老服务模式的核心创新及其政策支持，分析了典型地区农村养老服务模式面临的困难挑战，旨在全面评析各类养老服务模式，为我国农村养老服务体系发展方向提供借鉴。

（一）四地区农村养老服务模式核心逻辑分析

本部分将从四地区的核心创新模式，以及提供的政策支持两个方面分别详

细剖析四地典型农村养老服务模式的核心逻辑。

1. 以养联体为引领的农村养老服务模式的核心逻辑阐析

本部分通过核心创新及提供的政策支持两方面阐述明晰山东青岛市以养联体为引领的农村养老服务模式的核心逻辑。下文政策创新（实验）分析则将聚焦于胶州市的纵向养老服务联合体的政策创新实践。

以养联体为引领的农村养老服务模式的核心创新方面。山东青岛市以养联体为引领的农村养老服务模式以资源整合为保证、以资源下沉为驱动，推动专业化养老服务递送入户，重点提升居家养老老人的服务质量。首先，资源整合方面，青岛市着重于政府方及民营方、机构方及居家方的联合，形成了全方位多层次的养老资源联合体，为养联体模式夯实了基础。其次，资源下沉方面，青岛市通过建立从市级到乡镇级的居家社区养老服务中心（站），推动传统意义上的居家养老服务转型升级，通过服务中心（站）直接将专业化的服务递送入户，重点提升居家养老服务的质量。最后，通过各方各级的养老资源整合，促进各方的交流互通，推动养老服务专业化、创新化发展。

以养联体为引领的农村养老服务模式提供的政策支持方面。山东青岛市以重点提升养老机构、居家社区养老服务中心（站）的供给能力为核心政策，配以提升老年群体福利政策，并以信息化建设为辅，形成了完整的政策体系。核心政策方面，青岛市出台“双推动政策”，一方面推动养老机构“增质”另一方面推动居家社区养老服务“转型”，并完善各类养老服务规范，全面提升养老服务供给方能力。配套政策方面，青岛市在完善各类养老服务补贴的基础上，要求加强对重点人群的关照，兼顾普惠性与选择性，使老年群体享受到更多切实的福利。辅助政策方面，青岛市要求养联体的建设必须向信息化方向发展，以实现真正意义上的互联互通。

2. 以服务多元化为重点的农村养老服务模式的核心逻辑阐析

本部分通过核心创新及提供的政策支持两方面阐述明晰山东日照市以服务多元化为重点的农村养老服务模式的核心逻辑。下文政策创新（实验）分析则将聚焦于五莲县的幸福院政策创新实践。

以服务多元化为重点的农村养老服务模式的核心逻辑方面。山东日照市通过三项创新模式并举，着力推动农村养老服务质量攀升，针对自理老人和失能失智老人及幸福院面临的困境形成了以服务多元化为重点的农村养老服务模式。第一项举措针对最棘手的失能失智老年群体，日照市建立了仅以失能失智老年群体对对象的养护中心或医养院，着重收治失能失智老年群体，加强了最困难群体的照料供给能力。第二项举措着重于探索“三位一体”的模式，重点依托养老综合服务平台，为农村自理老年群体供给多元化上门服务项目。第三项举措即联合发展，通过探索区域化发展模式，着力解决幸福院难以持续运营的困境，加强资源整合，探索多元化服务模式，提升幸福院可持续运营能力。

以服务多元化为重点的农村养老服务模式提供的政策支持方面。山东日照市形成了以加强养老服务体系建设为骨架、以养老机构、养老服务设施、幸福院发展为血肉、以老年普惠制度为灵魂的政策体系。骨架方面，政府先后出台了加快建设养老服务体系的实施意见、加速推动养老服务业转型升级的实施意见等文件，旨在通过刚性指导措施完善养老服务体系骨架。血肉方面，政府不仅加大了养老机构建设的资金支持，并鼓励各机构、设施等创新养老服务模式，补齐原有短板的同时创新出了不少新模式。灵魂方面，日照市建立的津补贴制度基本覆盖了全市老年群体，普惠性福利惠及到更多老年群体，提升了老年群体的幸福感。

3. 以小微机构为特色的农村养老服务模式的核心逻辑阐析

本部分通过核心创新及提供的政策支持两方面明晰浙江杭州市以服务多元化为重点的农村养老服务模式的核心逻辑。下文政策创新（实验）分析则将进一步聚焦于桐庐县的实践和政策创新（实验）。

以小微机构为特色的农村养老服务模式的核心创新方面。浙江杭州市以小微机构为特色的农村养老服务模式，以小型化、分散化、中端化、融合化为发展理念探索出了小微机构模式。小型化以“家院一体”为前提和保证，每一户家庭都有可能成为微型的养老照料服务中心，具有成本较低、运营方便等特点的小型机构运营可持续能力强。分散化以“家门口的养老”为理念，小型化是分散化的保证，较好的切合了农村老年群体“就地养老”的情感需求。中端化发展弥补了我国养老机构的市场失灵。我国农村养老机构面临着“哑铃型”结构失衡的供给，高端机构住不满、低端机构服务较差，中端机构却一床难求，而中端化发展的小微机构完美的切合了市场需求。融合化发展是小微机构创新的核心所在，小微机构有机融合了机构养老、互助养老、居家养老等多种模式，并于医疗资源等结合，为老年群体提供专业化的照护服务。

以小微机构为特色的农村养老服务模式提供的政策支持方面。浙江桐庐县出台了“三保障”举措，为小微机构的发展保驾护航。首先，经济保障方面，桐庐县每年为小微机构的发展提供1000余万元的专项资金，另外省级层面每年支持100万元资金，再加上慈善组织、长期护理保险等多资金来源为小微机构的发展奠定了基础。其次，运行保障方面，桐庐县打通了小微机构与地方医疗部门、老年食堂、社工等组织的联系，为小微机构提供专业化、多元化服务提供保障，并不断探索完善小微机构功能，提升其运营能力。最后，组织保障方面，桐庐县由民政局牵头，联合消防大队、市场监管局、发展和改革局等部门共同落实小微机构的建设，为小微机构的建设提供了完善的组织保障。

4. 以孝善文化为引领的农村养老服务模式的核心逻辑阐析

本部分通过核心创新及提供的政策支持两方面明晰浙江衢州市以孝善文化为引领的农村养老服务模式的核心逻辑。下文政策创新（实验）分析则将聚焦于常山县的孝善文化引领的政策创新实践。

以孝善文化为引领的农村养老服务模式的核心创新方面。浙江衢州市以孝善文化为引领的农村养老服务模式重点在于倡导明晰家庭责任，建立社会孝老氛围，推动老年友好型社会的建立。首先，以传统孝善文化为基石，深度挖掘衢州市“善”“孝”文化渊源，推动建立老年友好型社会，全方位提升老年群体居住幸福感。其次，倡导明晰家庭责任，推动家庭赡养功能承担。从经济方面、精神方面等全方位多层次改善老年群体的生活质量。最后，发挥基层党组织、政府带头作用，推动孝善文化的建立。倡导党员干部与老年人结对，要求党员干部定期上门探望老人，并督促、引导子女承担赡养义务，发挥基层政府组织、党组织表率作用，推动孝善文化的建立。

以孝善文化为引领的农村养老服务模式提供的政策支持方面。浙江衢州市形成了以孝善文化政策为主体，以社会保障制度为兜底，以改善居住环境为保障的政策体系。政策主体方面，衢州市出台了“一十百千万”系列政策，包括一套标准、十件实事、百孝村榜、千人结对以及万众尊老的全方位提升老年群体生活质量的举措，从家庭赡养量化标准、政府福利服务供给、公开发榜监督多方面完善了孝善文化的责任明晰工作。兜底政策方面，以多种类保险及补助政策织密社会兜底网，为农村老年群体提供最基本的生活保障。保障政策方面，改善农村老年群体的居住环境，从消防、必备物品、卫生等全方位改善老年群体的生活水平，并联合万众尊老政策形成孝老社会氛围，推动孝善文化的建设。

（二）四地区农村养老服务模式实践挑战分析

纵观研究选取的“一市两县”农村养老服务模式的实践探索，综合评析出我国农村养老服务模式存在着农村贫困老年人照护服务供给普遍缺乏、农村照护救助政策对特殊困难群体的关注度不足等四大挑战。

第一，农村贫困失能老年人照护服务供给普遍缺乏。数据分析显示，家庭是农村贫困失能老年人照护服务的主要来源，而在专业性照护服务方面，农村贫困失能老年人得到的居家社区照护服务普遍缺乏，不论是生活照顾、心理疏导、康复护理还是其他服务，居家社区照护服务整体上都是极为缺乏的。这一点在实地调查中也被反复证实。往往在农村社区层面，贫困失能老年人没有获得过任何上门的照护服务，这其中有贫困制约购买能力的因素，但是，很大程度上也归因于相应服务体系发育发展不完善。从我国实际情况来看，机构养老的成本相对高昂，而且，机构养老远不如在地养老更能满足老年人精神慰藉等多方需要。因此，应当重视大力完善基于居家社区的照护性服务，尤其是大力发展基于农村地区居家社区的照护救助服务，这对于解决农村贫困失能老年人照护救助服务缺乏问题具有积极意义。

另外，在机构护理服务方面，我国针对农村特困老年人建立了较为完善的特困供养制度，在特困供养机构包括乡镇敬老院层面，为特困老年人提供基本生活照护服务。然而在调研中发现，有相当多的特困供养机构和农村敬老院，由于其服务设施建设不足和服务能力相对低下，并不能为农村失能老年人提供护理性服务，而只能简单的满足一日三餐和最为基本生活照顾，失能特困人员在这些特困供养机构并不能得到有效的照料和护理。当然，针对这一问题，国家已经启动了敬老院质量提升工程，部分地区也在敬老院改造和服务质量提升方面作出了有益的探索，旨在将敬老院打造成区域性的养老护理服务中心，并与农村幸福院、农村日间照料中心等形成一个相对完整的农村养老服务覆盖网络。但是，总的来看，在全国层面农村敬老院的照护服务能力是相对有限的，并不能满足特困供养人员的护理服务需求，这是一个全国性的普遍问题。

我国应当继续加大农村地区社区和机构在贫困失能老年人照护方面的实践探索，一方面，大力完善供给服务体系建设，改善设施、提高服务质量，完善服务递送方式；另一方面，应积极引导其他力量和途径来解决贫困失能老年人的照护问题，包括积极引入社会力量进入、提供服务，通过整合社会力量，充分发挥其机制灵活管理高效的特点，在农村地区居家社区上门照护服务供给方面，以及特困供养机构和敬老院公建民营机制探索方面，都应该开展更大程度的政策创新，从而使整个改革工作取得实效。但是，彻底改变农村地区养老服务供给匮乏和质量不足的局面，仍然需要系统改革、多方资源投入和政策机制创新，难以在短时间内改变农村养老服务提供状况。所以，基于群体互助的农村互助型养老服务应当得到进一步的重视，并且，应当将正式的国家支持和非正式的互助养老机制进一步结合，增强农村互助养老模式创新，特别是保障关键服务的供给，诸如巡护、送餐等关键服务，另外，还应当高度重视制度的可持续性。

第二，农村贫困失能老年人照护救助需求与家庭贫困风险防护功能发挥之间仍然有待平衡。农村家庭在贫困失能老年人的照护服务当中扮演了最为重要的角色，家庭是失能老年人照护最主要的供给来源。但是，也应该看到对于农村贫困失能老年人来说，其家庭也往往面临贫困风险，贫困风险对其家庭成员的基本生活，以及最为基本的经济与消费安全都会产生重要影响。所以，从需求溢出的角度来看，迫切需要构建农村贫困失能老年人照护救助制度安排来承接这种家庭无法承担的溢出性照护服务需求。另外，照护救助服务也应当考虑对家庭提供支持，包括提供一些喘息服务和一些家庭成员培训的支持性服务，这些都将有助于最大限度地利用家庭支持来提供更好的照料服务。

当然，也应该看到，对于部分农村贫困失能老年人来说，其家庭服务本身并不具有供养能力，在这种情况下，照顾救助制度和其他的社会性救助安排，就应当对老年人充分兜底。此外，如何发挥农村贫困失能老年人家庭照料服务与贫困家庭反贫困政策相结合，也是有一个重要挑战。上述分析发现，家庭照料者在照料贫困失能老年人的同时，很难有足够的精力来进行市场性的劳动力供给，从而改变家庭经济状况，现实中，家庭照料者往往由于提供照料服务而无法参与工作，致使家庭处于长期的经济状况。所以，从这个角度而言，应当把基于反贫困政策的家庭就业支持和基于贫困失能老年人最基本照护需求的照护救助相结合，两个制度进行充分衔接，平衡和处理好家庭照护服务供给和家庭成员就业之间的矛盾关系。特别应当重视探索农村贫困失能老年人照护补贴的发放对象，或者，探索通过给家庭成员给予补贴的形式来实现对农村贫困失能老年人购买服务，从而较好的处理农村贫困家庭在反贫困和失能老年人照护之间的矛盾关系，促使家庭经济状况和失能照护状况实现良性循环。

第三，既有照护救助政策探索对特殊性群体关注不足。农村贫困失能老年人的照护服务需求具有显著的人群异质性特征。对于贫困失能老年人而言，其家庭无人照护时，特别是丧偶时，贫困失能老年人的照护服务风险显著高于其他人贫困失能老年人的照护风险，其照护风险相对更难以得到保障。从概率来说，失能风险发生并不是正态的，也并不是均匀的，其风险发生往往是非正态、不均匀的，具有人群异质性的。另外，不同类型的老年人，其失能之后的照护性困难和相应的风险也是不一样的。对于农村贫困失能老年人来说，如果家庭没有能力来提供照护服务，特别是在贫困失能老年人出现丧偶等其他社会性风险时，贫困失能老年人的照护风险都会大幅提升，其基本照护服务需求往往得不到充分满足。

另外，既有照护体系对农村贫困老年人发生的失智风险回应性不足。事实上，现有的家庭照护框架并没有对失智老年人的照护服务需求给予很好的回应。由于我国正处于老龄化和高龄化快速攀升的时期，可以预见，老年人特别是高龄老年人所占的比例会不断提高，而高龄老年人是发生失智风险的重点群体。调查中发现，由于生活条件、营养等因素的影响，贫困老年人发生失智风险的概率要高于其他类型老年人，贫困失智老年人的照护需求往往更加难以满足。由于失智照护具有专业性、耗时性的特点，一般性的照护服务往往难以满足，迫切需要给予专业性的照护服务支持。

第四，医养结合等照护发展策略尚不能充分支持农村贫困失能老年人照护需求。现有的医养结合战略推进状况尚不能充分支持农村贫困失能老年人的失能照护需求。在居家社区层面，由于家庭医生签约实际执行情况，以及社区卫生服务中心的功能发挥状况，仍然在一些不足，居家社区层面的医养结合仍然有一定的发展性障碍，这一定程度上影响了贫困失能老年人照护服务需求供给，特别是需要医疗给予支持的照护性服务供给，医疗服务供给和失能照护服务供给仍然存在一定程度的脱节现象。另外，在机构层面，农村贫困失能老年人的照护服务机构主要是特困供养机构和乡镇敬老院，这一类服务于机构在医养结合方面发展相对总体滞后。虽然有少数地区，在就近选址、服务协议等方面做出了比较好的探索，但事实上，仍然有相当数量的特困供养和敬老院等机构无法提供护理性服务，而只能提供最为基本的吃饭、住宿等服务。在大多数乡镇特困供养机构中，护理性服务以及与医疗相关的照护性服务往往得不到供给，这在很大程度上影响了贫困失能老年人照护服务需求的满足，影响了贫困失能老年人的服务质量。

二、四地区农村养老服务模式的福利治理视角比较分析

本部分基于福利治理理论框架对四地区农村养老服务模式进行比较剖析。福利治理（welfare governance）是近年来广泛流行于世界社会保障领域的概念，并在21世纪初开始广泛应用于社会政策领域。福利治理是“经由不同行动主体的介入、权力/权威形式的转型及作用机制的融合来实现福利目标的路径突破”（韩央迪，2012）。具体而言，福利治理与三个相互联系的议题相关，即变化中的福利含义、变化中的福利递送制度、福利递送过程中的实践，依据福利体制类型的差异而有所不同（高丽茹，2015）。福利治理的制度机制和现实实践将随着目标和模式的变化而随之发生改变。因此，福利体制超越了对既有问题的回应层面，而是作为更高层次的治理目标的组成部分（臧其胜，2014）。故本部分将从福利目标、福利递送制度以及福利落实机制三个维度比较分析四地区农村养老服务模式。

（一）四地区农村养老服务模式的福利目标比较分析

四地区模式都着重于提升本地区养老服务供给能力为目标，期望全面提升老年福利。但四地区农村养老服务模式在重点目标对象、目标服务内容提升以及重点解决问题三个方面存在差异性。

第一，山东青岛市纵向养联体模式建设。青岛市建立市级养老联合体，着力提升专业养老照护服务资源下沉入户。在重点目标对象方面，青岛市养联体依托第四批居家和社区养老服务改革试点建设，重点瞄准城乡居家和社区养老老人。在目标服务内容方面，青岛市养联体依托居家和社区养老服务中心（站）推动养老资源下沉，全面提升居家和社区养老老人接受服务的专业性。在重点解决问题方面，养联体着重资源整合、资源下沉，重点在于解决市级养老资源结构性问题，推动市级养老资源协调发展，推动养老资源均衡化发展。

第二，山东日照市以服务多元化为重点的养老服务模式。日照市通过创新多种养老服务新模式，着力推动照护服务能力提升。在重点目标对象方面，日照市通过新建、改建养护中心或者医养院专门收治失能失智老人，并通过个性化服务包上门服务居家老人，尤其是特困居家老人，重点瞄准农村特困居家老人及失能失智老人群体。在目标服务内容方面，日照市依托互联网大数据平台，纳入全方位多层次的养老服务，依照需求供给个性化服务包，着力提升服

务供给精准化。在重点解决问题方面，日照市通过创新区域化、连锁化运营模式，探索集群化、抱团化发展方向，重点解决各供给方缺乏交流互通、难以运营的问题，推动供给方可持续化发展。

第三，浙江杭州市小微机构模式建设。杭州市大力发展小微机构，对应家门口养老需求，推动养老机构分散化发展。在重点目标对象方面，小微机构建立之初的瞄准对象为所有农村老年群体，但是与长期护理保险政策联系考虑，小微机构的重点瞄准对象便是农村失能、高龄、孤寡独居、空巢等困难老人。在目标服务内容方面，杭州市通过推动小微机构与医疗服务站、专业社会组织等合作，期望通过小微机构为瞄准对象提供丰富化的养老服务。在重点解决问题方面，杭州市农村养老机构目前处于“哑铃型”结构供给状态，高端机构住不起、低端机构不愿住，中端机构极度缺乏，而小微机构作为中端机构能够较好的推动哑铃型结构向纺锤形结构发展，重点解决了杭州市养老机构供给结构失衡的问题。

第四，浙江衢州市孝善文化模式建设。衢州市通过推行孝善文化，建立老年友好型社会，推动家庭功能承担。在重点目标对象方面，衢州市着重于建立孝善文化氛围，瞄准的是所有老年群体，期望通过孝善文化推动老年群体的生活质量提升。在目标服务内容方面，衢州市通过倡导量化家庭赡养责任，鼓励社会承担孝老责任，在保障物质服务的同时着重于提升精神层面的服务。在重点解决问题方面，衢州市首推量化家庭赡养责任，鼓励子女承担赡养责任，推动建立社会孝善氛围，重点解决了老年群体的情感需求及精神赡养不足的问题。

（二）四地区农村养老服务模式的福利递送比较分析

本部分将比较剖析四地区模式的福利递送制度。四地区虽然均通过多元主体为老年群体递送服务，但各模式的福利递送制度各有特色、各有侧重点。

第一，山东青岛市纵向养联体模式建设。青岛市侧重于多层次递送、标准化递送。青岛市积极签约家庭床位，推动社区助老餐厅发展，并建立街道居家社区养老服务中心，形成了多层次为重点、标准化递送为辅助的基本递送制度。多层次递送方面，通过家庭、社区、街道等多层次养老服务设施及养老机构的建设，从家庭、社区、街道等层次为老年群体递送相应服务。标准化递送方面，青岛市通过打通各层次、各主体方的交流互通渠道，并以各类规范化文件作为保障，推动了养老服务的标准化递送。

第二，山东日照市以服务多元化为重点的养老服务模式。日照市侧重平台递送、个性化递送。日照市依托综合养老服务平台，纳入共九大项十六小项养老服务，形成了平台为依托、定制服务为核心的基本递送制度。平台递送方面，一是依托于智慧养老综合服务平台，二是依托乡镇服务驿站平台，线上+线下平台共同建设，互为支撑，形成平台递送制度。个性化递送方面，依托线上+线下平台，以服务对象为中心提供定制化、个性化服务包，并直接递送入户，形成了个性化递送制度。

第三，浙江杭州市小微机构模式建设。杭州市侧重分散化递送、联合性递送。杭州市通过大力建设小微机构，探索小微机构+X模式，健全递送功能，形成了分散化为理念，联合递送为保证的基本递送制度。分散化递送方面，通过小微机构的多点分布，一家一户均可成为小微机构的特色，分散递送服务，克服自然农户距离远的缺陷，形成了分散化递送制度。联合递送方面，小微机构重点在成本低、建设易，但也容易导致服务不专业、不全面的问题，但杭州市通过联合医疗服务点、养老机构等设施，为农村老年群体联合递送专业化程度高、全面的养老服务。

第四，浙江衢州市孝善文化模式建设。衢州市通过建设老年友好型社会，倡导量化家庭、社会、政府等主体责任，形成了氛围鼓励递送为辅助、非正式递送为重点的基本递送制度。氛围鼓励递送方面，衢州市通过大力推广孝善文化，建立孝善文化馆、编辑《孝经》等措施，营造了良好的孝善文化氛围，这种氛围能够鼓励社会各主体自觉尊老孝老，推动市民主动承担一部分孝老责任。非正式递送方面，衢州市首创量化家庭赡养责任，鼓励家庭承担赡养义务，重点提升非正式递送服务量，推动非正式递送服务的发展。

（三）四地区农村养老服务模式的福利机制比较分析

本部分将从福利落地机制比较分析四地区农村养老服务模式。四地区的福利落地机制本质上都是依靠政策落地，但各模式的政策各有不同。

第一，山东青岛市纵向养联体模式建设。青岛市政策落地机制着重于通过从管理、资金、功能三个维度提升养老机构供给能力。在管理方面，青岛市对养老机构实施星级管理，并出台相应管理指导性制度，推动养老机构规范化管理进程。在资金方面，青岛市对养老机构给予建设补助以及运营补助，从资金上大力支持养老机构的建设发展。在功能方面，着力实现医养结合，探索多层次医养服务体系，从以医办养、以养办医两种模式丰富养老机构功能。

第二，山东日照市以服务多元化为重点的养老服务模式。日照市政策落地机制仍是着重于创新理念，故其政策主要以基础性政策为主。在居家社区养老模式方面，为农村建设幸福院，推动互联网技术在居家养老种的应用，鼓励各地区创新农村社区居家养老服务模式。在机构养老模式方面，加大养老设施建设投入，提升养老机构专业性。投入大量资金改善优化农村养老服务环境，鼓励创新特困人员集中供养方式。另外，在居家社区养老服务模式、养老机构模式发展中大力引入社会力量，推动社会力量深入农村养老服务模式，加强创新性。

第三，浙江杭州市小微机构模式建设。杭州市落地机制集中于小微机构方面，从小微机构本身、小微机构外部环境两个方面落实了小微机构的建设运营。小微机构本身方面，杭州市从建设运营资金、场地供给、建设标准、服务人员、服务内容等标准均出台了相应的政策规范，推动小微机构标准化、可持续化发展。小微机构外部环境方面，一是大力建设互联网+养老系统；二是打通慈善组织、医疗服务站等组织与小微机构联系的壁垒。为小微机构提供专业化、丰富化服务提供基础。

第四，浙江衢州市孝善文化模式建设。衢州市落地机制集中于鼓励家庭赡养责任的承担以及社会氛围的建立。家庭责任承担方面，一方面衢州市倡导家庭责任的量化，主要包括家庭经济责任以及照料责任的量化。另一方面保证量化责任的落地，推行子女陪护假等政策。社会氛围建立方面，主要侧重于孝善文化的推广，一是创新传统孝善文化，形成“新二十四孝”；二是侧重于宣传孝善文化，主要通过孝善主题活动的举办、孝星榜样的评选等形式，营造孝善社会氛围，推动建立老年友好型社会。

三、四地区农村养老服务模式的启示与总结分析

本部分综合剖析了各类典型农村养老服务模式的核心价值，发现我国农村养老服务模式达成了部分成就，但也存在着一定的问题。我国农村养老服务模式推动照护救助制度的建立、农村贫困失能老年人照护问题的解决，但也在政策实践的动态协调、失能失智老年人的专业服务供给上存在一定程度上的问题。

第一，农村贫困老年人失能照护问题解决融入了现有政策体系建设之中。通过对典型地区经验归纳总结可以发现，上述城市在解决农村贫困老年人照护救助问题过程中，主要是通过在现有的制度体系之内予以考虑和解决，主要是

通过各地养老服务于体系建设和照护服务补贴制度建设。事实上，上述制度体系建设对于解决农村贫困失能老年人照护问题而言，是间接性的治理途径，并不是直接、明确的政策设计和建设。考虑到农村贫困失能老年人问题的迫切性和严重性，应当优先考虑解决农村贫困失能老年人的照护救助问题，特别是应当像特困老年人照护救助制度安排一样，建立明确的规范的贫困老年人照护救助制度。在特困救助制度之外，应当着力完善针对农村低保家庭老年人和低收入家庭老年人的失能照护制度安排，给予农村低保老年人和低收入老年人梯次性递减的照护救助服务，从而可以在制度安排方面建立明确清晰的农村贫困失能老年人照护救助体系。同时，应当重视这一照护救助体系与现有的特困人员社会救助体系的充分融合，以及与现有最低生活保障制度和低收入人群的一系列支持性社会制度相衔接。另外，也应当重视这一制度与现有农村养老服务体系建设整体设计和和现有的各类补贴政策相结合。

第二，地方制度探索为农村贫困失能老年人照护救助制度探索奠定了良好基础。可以看出，各地在应对贫困失能老年人照护救助问题时，除了基于一般性的养老服务体系建设和补贴政策之外（具有普遍性、共通性政策体系建设），各个地方均有自己有特色的政策探索，这些政策探索体现了地方政策精英在解决贫困失能老年人照护问题方面所做的努力，也体现了地方政策实验这种政策探索模式的积极意义。日照市在探索农村特困老年人护理资金集中使用，以及基于互联网和线下服务相结合探索城乡老年人养老服务上门递送方面，取得了比较显著的突破和进展，成为日照市在解决城乡贫困老年人生活照护方面的重要政策成就。青岛市的一个突出探索是，以老年大食堂和配送餐为重要的突破点，通过建立政府引导基金等方式激活老年大食堂和相应的配送餐服务网络，从老年人的营养和健康预防入手，着力解决老年人日常生活当中最为困难的就餐服务问题，并鼓励经营的组织和机构以大食堂为出发点为载体，逐步整合其他养老服务，形成事实上的区域内养老服务综合中心，为区域覆盖范围内的老年人提供综合性的养老服务，其中就包括针对贫困失能老年人的配送餐服务以及一般性的照护服务。农村食堂建设对于解决农村老年人，特别是农村贫困失能老年人等特殊老年人群的照护服务问题，具有非常积极的意义。

第三，农村贫困失能老年人照护服务应对取得了突破，但仍然面临很多不足和挑战。从几个典型地方的实践探索经验来看，各个地方都将农村贫困失能老年人照护问题作为了重点关注内容，并且，在农村老年人服务体系建设方面都进行了很多有益的探索。但是，对比城市和农村就可以发现，各地在农村养老服务体系建设，包括农村贫困和特殊老年人照护服务体系建设方面的投入的资源和城市相比仍然有相当大的差距。造成这一问题的原因是多方面的，包括城乡之间本身固有的差距、城乡之间养老资源存在的差别，等等。特别是养老服务供给方面，在大部分农村养老服务体系的发展非常滞后，专业性养老服务供给缺乏，而通过发育相对较好的城市养老服务体系服务网络延伸到农村，这种服务递送的方式相对成本较高，一定程度上也会影响老年人的获得感。但是，从贫困失能老年人的角度来看，以及从城乡养老服务体系建设的迫切性来看，农村都应当是最为脆弱、最为迫切的突破口。农村贫困老年人贫困程度和相应养老资源的匮乏程度，是远远超过城市贫困老年人的。特别是在快速城镇化的大背景下，农村原有依赖于家庭的照护性制度安排被极大弱化，农村贫困失能老年人迫切需要建立新的社会性制度安排给予支持。

上述几个典型地区在农村养老服务体系建设，包括农村互助养老、农村幸福院建设等方面都做了很多努力和尝试，同时也通过政府购买服务、专业机构服务递送、社会治理支持服务供给等探索，为包括农村贫困失能老年人在内的所有农村老年人供给必要的养老服务。但是，当前各地方的政策探索和实践探索仍然是不充分的，农村养老服务体系建设，包括农村贫困失能老年人的应对性照顾方案，仍然需要进一步加大政策和实践探索力度。当然，这一问题在全国具有普遍性，城乡在养老服务需求方面的差异性，特别是农村在养老服务照护方面需求的迫切性和应对不足，在全国很多地方都具有普遍性，如何比较好的应对农村养老服务体系建设，满足农村脆弱和特殊困难老年人的失能照护问题，是当前中国整个养老服务体系建设和养老工作的一个难点内容。所以，全国各地都应当将农村贫困老年人的照护问题作为重要的政策关注点，在政策创新和实践探索方面，积极寻求方案保障该群体的基本照护服务需求满足，以及最为基本的生活质量保障。

第四，各地在应对失智老年人照护方面都存在不足。综合对比几个典型地区的政策和实践探索，可以看出，各地在应对一般性的失能老年人的照护问题方面，都制定了相对较好的政策，也在一定程度上选择了较为有效的实践解决方案，但是，综合来看，各地在应对失智老年人的照护方面仍然缺乏较为行之有效的政策和实践探索，仍然缺乏具有推广价值的实践解决方案。虽然部分城市在应对失智老年人照护方面做出了不少努力，在引入专业性照护机构，开展基于机构和基于社区照护中心的失智老年人照护实践，对家庭开展各类喘息性照护支持等方面地方都做出了不少探索，但是，从目前各地失智老年人的实际照护效果来看，上述政策和实践探索的效应仍然不够充分，失智老年人照护问题仍然有较大的改进空间。

相对于身体失能而言，失智老年人的照护成本更高，特别是对于照料者来说，照料失智人员时，其体力和精神的负担远远超过照料身体失能的人员。另外，失智也有多种表现形式，往往与精神疾病和其他的一些精神症状相连接，这也为照料工作增加了难度。从几个典型地区的调研结果来看，专业性照料机构的缺乏，特别是照料专业人员的缺乏，是制约失智老年人照护问题的关键性因素。从对家庭造成的负担来看，失智老年人的照料问题极为迫切，具有非常强的溢出特点，迫切需要家庭之外的社会因素给予帮助。特别是对于贫困家庭而言，由于先天出生缺陷、遗传等原因导致精神疾病或智力低下，往往是贫困家庭失智发生的重要原因之一。贫困家庭成员失智风险发生与贫困家庭自身的资源约束紧密相连，贫困是先天和后天失智风险发生的重要原因，也是各类失智失能风险的重要结果，特别是对于贫困家庭，其自身无力通过内部消费平滑或者小范围的互助共济来充分应对，迫切需要建立社会性的失智照护救助。

如何为照护失智人员，特别是如何为贫困家庭失智人员提供救助性照护服务，这是当前贫困治理和养老服务体系建设面临的重要挑战，而且在全国具有一定程度的普遍性。通过建立救助性的制度安排有效的解决贫困家庭失智照护服务问题，应当作为下一阶段养老服务体系建设政策探索的重点予以关注。通过建立具有托底意义的照护救助制度安排，支持贫困家庭和个人较好的满足最为基本的失智照护服务需要，也是我国反贫困、兜底线的重要内容，是未来整个社会保护制度发展的重要制度基础。所以，今后农村失能照护服务体系的建设中，应当将失智人群的照护预防和基本照护服务需求满足作为重点内容，积极探索相应的改进政策创新。

第五，各地都存在地方法规条例与实践探索的动态协调问题。一个值得注意的问题是，仍然有部分地区没有区域性的养老服务条例，部分城市在应对养老服务体系建设方面往往缺乏足够的法律约束力，特别是对于部分城市所开展的政策探索，往往面区域性临法律支持不足的窘境，可能有被问责的风险。地方民政部门，特别是基层民政部门的一些政策探索和做法，在区域性的养老服务条例或者相关法律法规中没有明确体现和条款支持，这也给这些政策探索带来了一定的风险，在某种程度上也影响了地方治理精英们在建设养老服务体系，包括应对贫困失能老年人的照护问题时，往往选择较为保守的措施，或者出现应对不足的问题。

基于上述几个典型的经验梳理和对比分析，可以看出，及时建立与政策实践相对应、相匹配的区域性法律法规和条例是极为必要的。另外，地方应当做好法律法规和政策设计的衔接，包括做好前瞻性政策实验和区域性法规条例之间的动态匹配预测，从而协调好实践当中的政策探索和区域性法律法规之间的匹配性矛盾。同时，相应条例中应当包含容错、纠错的相应条款，要给基层政策和实践部门创新留足空间，尽职免责、容错纠错应当为政策创新和实践创新保驾护航。

第三节　政策实验：东部引领地区政策探索的深度观察

政策实验是中国实验主义治理范式的重要实现形式，在我国农村养老服务体系建设过程中，地方政策实验探索是模式探索、形成和复制、扩散的重要基础。本节将主要通过深度观察的形式来反映东部引领典型地区的地方政策实验探索效果，之所以选择通过深度观察而非严格的标准实验方式，是由于多种原因造成的，最核心的是研究时间限制和实验条件的局限，大人群规模、长时段跟踪的政策实验并不现实。所以，选择了小范围、小人群、深度化、混合性的评估方式，综合了深度观察和调查研究的方式，来呈现地方政策实验的实际效应，进而对东部引领地区的政策实验探索进行了深入比较分析。

具体而言，本节的研究方式是基于对东部典型地区实验探索的深度观察，分析东部地区相关政策实验的实施效果，进而对政策探索的可行性和相关经验进行阐释。本节将对东部引领性地区包括山东省青岛市、山东省日照市、浙江省桐庐县、浙江省常山县四地区的政策实验探索进行介绍与分析，特别是结合深度观察、调查分析等研究方式，对地方政府在农村贫困失能老年人照护服务方面的实践探索进行评价，从而归纳我国在农村贫困老年人失能照护服务方面的实践进展，也为其他地方推广、复制东部地区的政策探索经验奠定基础。

一、东部引领地区政策实验探索的基本说明

本部分将对报告选取的东部引领地区政策实验探索进行基本的说明，主要包括四个部分，第一部分，基于实验主义治理范式，对政策实验进行阐释，实验的实质上是一种地方政策创新，是对政策构建、改革、优化的系列活动组合；第二部分，对实验方法进行阐释，主要介绍实验的基本要素、类型、原理等，由于地方政策实验条件限制和能力局限，本文在进行理念阐述时则重点侧重准实验理念，在实验评估结果中则重视与混合研究方法联合使用；第三部分，对深度观察进行阐释，结合现实条件，重点介绍研究团队在政策实验中的局限与定位；第四部分，对实验内容进行阐释，是基于四地区政策创新的深度观察，并对具体工作方式展开阐述。

（一）政策实验阐释：基于实验主义治理的地方政策创新

正如前文所述，政策实验的目的在于为正式制定政策提供多项选择，主要是基于政策实验所产生的各类效应，地方政府的政策创新和自发探索是其中的一种重要类型。通常，某项政策，只要对于采纳它的政府而言是新的、未被出台过的政策，就属于政策创新和探索。在中国单一制和中央权威的政治结构下，中央决策通过“官员晋升竞标赛”等晋升激励机制，极大地激发了地方政府的政策创新热情（杨宏山，2013）。地方政府开展政策实验，推动新政策的出台，如果这些政策实验的地方“试点”的创新政策被证实有效，即会从中提取“典型经验”，并加以推广，从而形成政策扩散（韩博天，2010）。在中国制定政策的方法中，地方政府的政策实验具有重要的意义，大范围持续开展的地方政策实验带来了行政和经济制度的创新，为中国经济发展提供了有效的制度配置。

政策实验属于实验主义治理范畴，实验主义治理体现在四个环节之中：第一，中央政府与地方政府往往会设立一个具有引领性的、开放式的框架性目标，并设定目标的评估体系；第二，较低层级的地方政府被赋予较大的自由裁量权，因地制宜设置政策；第三，自主权存在前提，即地方政府必须定期汇报治理绩效，并与其他地区进行比较；第四，开展政策实验的地方政府如果没有取得预期中的良好进展，则要提出改进意见，进行反复修订。实验主义治理采取的是“摸着石头过河”的渐进性探索方式，在应对治理复杂性的挑战中具有优势，也是促进治理现代化的需要（刘太刚、邓正阳，2020）。

在政策制定中，我国的独特之处在于，由点及面，允许各地地方政府根据实际情况探索和创新，开展各种解决问题的政策实验，这是独具特色的中国经验。“通过这种中央和地方互动的方式，地方的创新精神被有机地融合到中央主导的政策制定过程中，从而提高了中国政府整体的创新能力和适应能力”，这种地方政府的政策实验和“试点”模式也被称为“分级制政策试验”（韩博天，2010）。就学理而言，地方政策实验可能并不是标准的实验，但是，地方的政策试验依然可以通过政策的直接干预与其他组群的对照来获取制定政策的信息和效果，因此，要重视并鼓励地方政府的政策创新，并可以以实验的角度，通过实验的方法来对其进行评估和分析。

（二）实验方法阐释：准实验理念与混合研究方法的使用

下文将以风笑天（2009）为基础来阐述理论的实验方法，特别是标准实验的概念和准实验的特征，从而为后文东部引领地区政策实验探索的分析奠定理论基础。正如上文所述，中国的地方政府实验不能简单的理解为标准的学术实验，可能具有分级性、地方性等特征，不能简单的以标准学术实验的框架进行限定和套用，应当既尊重政策实验的现实价值，同时意识到实验的既有局限，即综合看待和评价。

风笑天（2009）将实验定义为：“一种经过精心的设计，并在高度控制的条件下，通过操纵某些因素，来研究变量之间因果关系的方法。”实验的基本目的就是确定某两个变量之间是否存在因果关系。以下将从实验基本要素、实验分类两个方面阐释实验方法。[1]

1. 实验研究基本要素

作为一种特定的研究方法，实验研究具有三对基本要素：（1）自变量与因变量（2）前测与后测（3）实验组与控制组。任何一项实验研究，一般都会涉及这三对要素。

其中，“自变量常被称为实验刺激（experimental stimulus），是研究者对实验组进行前后测之间通过操纵引入的变量；而因变量则往往是研究所测量的变量，实验研究的基本目的就是探讨变量之间的因果关系，基本内容就是考察自变量对因变量的影响；在实验过程中，通常需要对因变量进行前后两次相同的

---

〔1〕 下文有关实验研究方法的阐释，参考了风笑天，社会学研究方法（第三版）［M］．北京：中国人民大学出版社，2009。此处统一说明，具体引用位置不再重复脚注说明。

测量。第一次在给予实验刺激前，称作前测（pretest），第二次在给予实验刺激后，称作后测（posttest）。研究者通过比较前后测的结果，来衡量因变量在实验刺激前后的变化；实验组（experimental group）是实验过程中接受实验刺激的一组，控制组各方面条件与实验组大致一致，但在实验中不给予实验刺激”（风笑天，2009）。

2. 实验类型划分：标准实验和准实验

以实验完整度来划分实验类型，可分为标准实验和准实验。标准实验具备了实验所需要的必备的条件和步骤，只有条件充足、步骤完整的实验才被称作标准实验。然而，在社会学领域，开展类似于自然科学或心理学中常见的标准实验室实验可能性较小（风笑天，2009）。标准实验虽然精确，但对环境要求苛刻，需要耗费较多的人力、无力去控制变量和环境。对于社会学、经济学等领域，实验研究对象往往是人而非物，不可能进行严格的控制。这就导致在实验设计中，有时不能良好的控制实验刺激；有时仅仅只能进行后测；有时不能完全将样本随机分配到不同的实验条件中……各种实验设计中，缺乏一个或多个“条件”或“部分”的实验，就被称作“准实验设计”（quasi - experimental designs）。“准”是类似于、接近于、几乎是的意思，因此准实验又可称为半实验，有以下常见三种类型：

第一类，具有不同组，但仅有后测的设计。如下图所示。

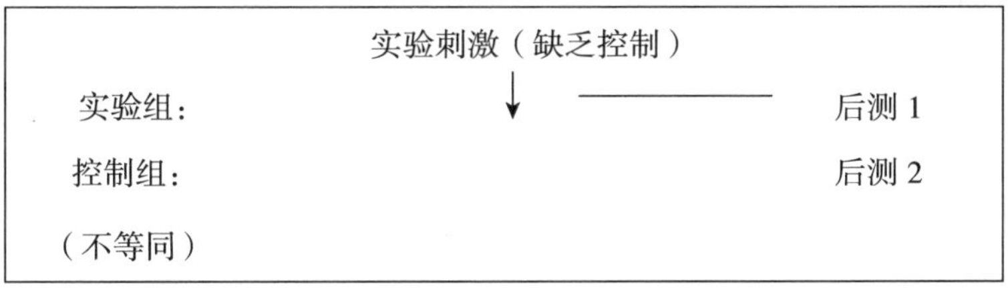

图 5 - 1　准实验设计第一种类型

第二类，有前后测，但只有单组的设计。如下图所示。

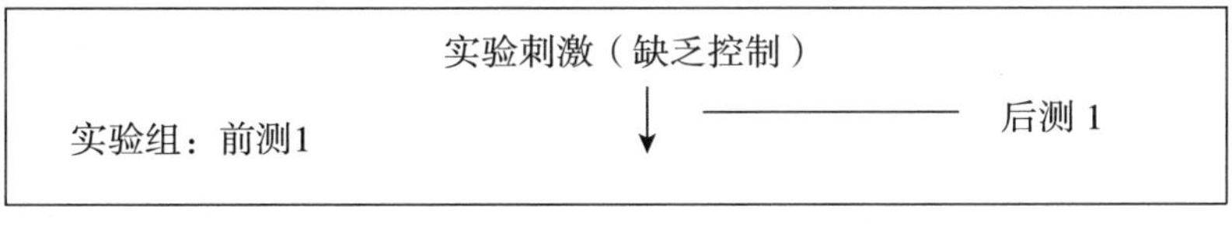

图 5 - 2　准实验设计第二种类型

第三类，仅有后测的单组设计。如下图所示。

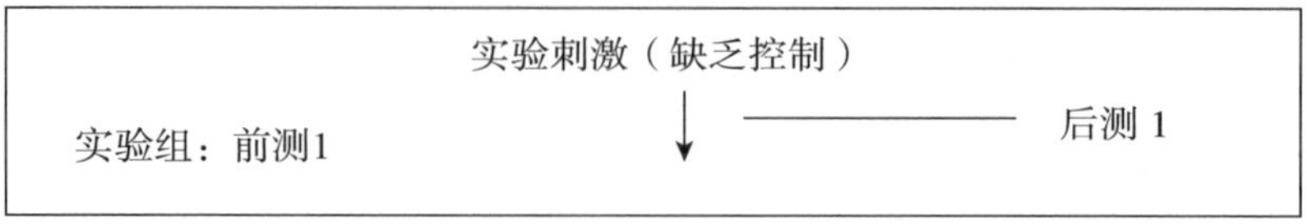

图 5－3　准实验设计第二种类型

而从实验原理来看，现实中的实验或准实验，很难对其进行控制而保持所有的条件不变，即使不对干预组进行任何干预和处理，干预组在不同时期（指项目启动前后）也可能具有变化，即下图中的虚线部分，因此，真正的处理效应应该是“干预组在项目启动前后的平均变化”减去“干预组在没有启动项目时自身的平均变化”，才能得出干预效果的预估值。这种方法也被称为倍差法，如下图所示。

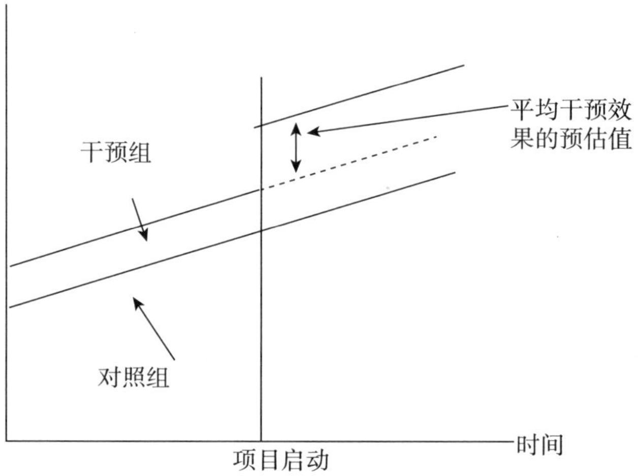

图 5－4　倍差法实验原理

基于现实条件，本研究针对不同地区的实际政策开展和执行情况，以及各地区的具体条件，同时开展标准实验和准实验的观察。同时，本研究还从实验法的原理出发，基于实验法的视角，使用混合研究方法，重点使用案例分析、访谈分析、观察分析等方法，以及基于质性分析的量化分析方法，基于混合分析方法来开展研究。

（三）深度观察阐释：研究团队在政策实验中的局限与定位

正如前文所述，本研究使用深度观察的方式开展对地方政策实验探索的评估和分析工作。之所以采用深度观察方法而不是具体的实验测量方法，主要是由于地方政策实验的各类条件限制导致的。正是由于各类条件限制，本研究采用了深度观察的方法，综合了调查、访谈、观察等多维方法，混合开展地方政策实验的评估评价工作。下文将对政策试验的深度观察进行一些必要的、客观条件上的阐释，主要包括研究团队的政策干预局限、深度观察时间与条件限制、研究团队在政策实验中的定位三个方面。

第一，研究团队的政策干预局限。本研究主要分析的是地方在农村养老服务体系创新方面的政策探索，而政策探索是典型的公共政策行为，只有政府才能推动此类探索行动。作为第三方的研究团队，不具备行政权威，不能通过制定政策、利用权力开展政策实验，本质上无法开展政策实验。研究团队可以开展基于个体或家庭、社区的微观层面的实验，但是，有关养老服务体系建设此类的公共政策探索，绝非第三方研究团队可以独立推进和实施。基于上述原因，研究团队自身定位为地方政府政策创新的智力支持，为地方政府政策探索和实践提供建议，并通过深入、持续的观察，来反映地方农村养老服务体系政策探索实践的实际状况和效果。

第二，深度观察时间与条件限制。一方面，由于项目时间较短，导致研究团队缺乏足够的时间来进行实验观察，特别是通过更长时间的观察了评估政策探索的效果，以及效果的时间变动趋势，所以，由于研究时间的局限，一定程度上也限制了政策实验观察的完整性和持续性。另一方面，政策实验探索的观察需要地方政府的充分重视和配合，特别是，地方政府要有“不怕出丑”的胸襟和气魄，所以，上述开放的特质的限制导致只有少数地方政府愿意与第三方合作来进行深度观察和评价，本研究中东部引领地区的四地就是具备上述胸襟和气魄的地方。

但是，部分地方的政策实验在第三方研究机构介入进去之前已经开始，地方政府希望得到第三方研究机构支持进而对政策实践进行完善，所以，这也导致了部分地区的政策实验在观察之前已经开始，研究很难呈现实验前的完整状态，也正是在这种背景下，准实验成为了本研究的重要研究方式选择。在本研究选择的东部引领地区的四个地方中，桐庐县、常山县、五莲县是在第三方研究机构介入之前就已经开始了政策实践探索，而胶州市农村纵向养老服务联合体的政策探索是刚刚启动，实验前和初期的情况得到了较好的观察，不过，研究时间限制了实验效果的后续观察的持续性。

第三，新冠疫情影响客观上限制了观察的深度。新冠疫情在2020年上半年的蔓延，也进一步压缩了深度观察的时间和范围，影响了深度观察的环境和条件，使部分深度观察变得不具备或不可行，限制了本研究对地方政策实验的深度观察。特别是，由于疫情蔓延导致的出行限制，影响了研究团队的现场观察，而地方在养老院封闭、农村社区方面的封闭，也限制了地方调查员开展观察工作，观察和调查工作无法开展。当然，在疫情期间，研究团队与地方相关部门仍然保持充分沟通，通过网络等多种形式弥补现场调查、观察不可行的局限。另外，在2020年下半年疫情好转后，研究团队开展了积极的实地走访、观察、调查工作，并组织地方调查人员开展深度观察和实地调研工作。

第四，研究团队在政策实验中的定位。正是基于上述原因，研究团队在整个研究过程中定位于政策智力支持者、政策实验观察者，对地方政府的相关政策进行深度观察，观察的方式包括实地调查、深度访谈、实地观察、资料整理等多种方式，是典型的混合型深度观察。

综上所述，本研究中所提到的政策实验，本质上是研究团队基于实验思维与视角，在为基层政府提供智力支持的条件下，对地方政策相应政策创新的深度、持续观察，进而呈现地方政策实验创新的条件、过程和成效，为分析地方探索经验、提出更广泛意义的政策建议提供参考。

（四）实验内容阐释：基于四地区政策创新的深度观察

基于引领性、代表性，同时综合考虑地方政策实验深度观察的可能性，特别是地方政府配合的积极性，最终确定桐庐县等四个地方的政策创新作为政策实验的深度观察内容。关于典型地区选择的内容见导论第一章中关于数据说明部分。具体而言，本研究政策实验的深度观察主要在日照五莲县、青岛胶州市、杭州桐庐县和衢州常山县四个区县展开，四个区县开展了各有特色、各有侧重的农村贫困老年养老与服务政策创新，相关详细信息见下表，以及下文叙述。[1]

---

〔1〕 由于贫困失能老年人的照护服务内嵌于整个农村养老服务体系建设，本研究在观察东部引领地区经验时，分析的经验主要是地方有关养老服务体系建设，而无法完全聚焦于农村贫困失能老年人照护问题。

在工作方式上，主要包括：第一，团队成员与外聘社会组织合力开展的典型调查、深度访谈和观察；第二，与民政部门合作获得机构及机构内老年人总体状况和相关数据；第三，来自各观察地民政局、扶贫办、社会组织、养老机构等的综合资料收集、归纳与使用。总体而言，是一种综合了调查数据、深度访谈、案例分析、实地观察、政策（实验）分析的综合研究方法。同时，由于研究时间和其他条件的限制，在部分观测指标分析时，本研究部分采取了回溯性调查数据进行对比分析，从而更好地反映实验效果。

表 5-1　农村贫困老年人照护政策创新：地方实验支持与深度观察

	地方政策实验创新	干预层级	角色定位 1	角色定位 2
青岛胶州市	基层纵向养老服务联合体模式	中观层面	政策创新智力支持	政策创新观察与评价
日照五莲县	互助养老 + 扶贫模式	中观层面	政策创新智力支持	政策创新观察与评价
杭州桐庐县	农村社区小微机构养老模式	中微观层面	政策创新智力支持	政策创新观察与评价
衢州常山县	孝善文化建设引领模式	中微观层面	政策创新智力支持	政策创新观察与评价

二、地方政策实验探索的深度观察与评价

下文将围绕引领地区上述四个典型县市的政策实验探索，逐次论述相应政策探索状况，并基于相关数据和资料，对上述四地政策实验探索的效果进行评价。

在开始分析之前，有两件事情仍然需要再次强调。第一，本研究中深度观察的政策实验影响的对象为何会超出贫困失能老年人范畴。本研究分析的对象是农村贫困失能老年人，由于贫困失能老年人照护内嵌于整个农村养老服务照护之中，所以，本研究在评估时会评估政策对所有失能失智老年人的影响。现有的养老服务或失能照护政策，很少有仅仅围绕贫困失能老年人的专门政策，所以，往往是对整个农村老年人或农村失能失智老年人，政策影响的对象并不仅仅局限于农村贫困失能老年人。第二，本研究在政策评估部分所述的贫困失能老年人，更多强调的低保、失能老年人，不强调特困人员。在贫困失能老年人当中，本研究的政策效应又将集中于低保失能老年人，而不将特困老年人作

为分析重点。我国农村特困老年人供养制度发展较为完善，特困老年人在生活和失能照护都得到了相对较好的保障，真正困难的是低保、低收入家庭中的失能老年人照护问题。所以，本研究在进行分析的时候，贫困失能老年人多指的是低保和低收入老年人，不包括特困老年人。当然在现行的政策设计当中，经济困难老年人往往包括特困和低保两类，所以，现有的一些补贴政策往往只是局限在低保老年人，而不包括低收入老年人，这也一定程度体现在本研究的分析和表述之中。

（一）基层养老服务联合体政策：基于胶州市政策实验的深度观察

1. 政策创新实践探索

（1）青岛市“1 +10”政策体系。

本案例相关数据及资料内容来源于青岛市民政局等相关部门提供的资料，以及青岛日报网、青岛新闻网等相关网页。具体来源见脚注，关于此案例的相关信息，正文中其他地方不再标注来源。[1]

青岛市养老服务体系建设的政策创新主要体现为青岛市公布实施的“1 +10”养老服务领域政策文件，其中，“1”指的是《青岛市人民政府关于深化养老服务改革全面提升养老服务水平的实施意见》（青政发〔2019〕32 号），这是近年青岛市养老服务体系建设“1 +10”的核心政策文件，明确了“养老机构增质、居家社区养老服务转型、养老服务市场增效、养老服务监管增能”的工作目标，同时确定了 6 项重点任务，分别是进一步明确“转型”升级居家社区养老服务中心，进一步明确居家社区养老服务中心运行模式，进一步明确居家社区养老服务床位补贴，进一步明确居家社区养老服务法人登记，进一步明确建立养老服务时间银行，进一步明确建立养老护理员岗位综合补贴制度。其最大的创新点在于对居家社区养老服务体系的构建。

而“10”指的是 10 个养老服务配套政策文件，分别是《青岛市人民政府办公厅关于印发青岛市居家社区养老服务建设行动计划（2020 -2021 年）的

---

〔1〕 青岛日报网：http：//news. qingdaonews. com/qingdao/2020 -07/13/content_ 22011325. htm；http：//finance. qingdaonews. com/content/2020 -07/13/content_ 22013004. htm；http：//ep-aper. qingdaonews. com/html/qdrb/20210326/qdrb1391498. html； http：//www. dailyqd. com/epaper/html/2020 -01/15/content_ 272754. htm；青岛新闻网：http：//news. qingdaonews. com/qingdao/2020 -07/08/content_ 21987533. htm；http：//news. qingdaonews. com/qingd-ao/2017 -10/08/content_ 20027169. htm；

通知》、《青岛市民政局　青岛市自然资源和规划局　青岛市住房和城乡建设局　青岛市行政审批服务局关于加强新建住宅小区配建养老服务设施用房规划、建设和移交管理的通知》《青岛市民政局　青岛市财政局关于健全完善各类养老服务补贴的通知》《青岛市民政局关于印发〈青岛市街道（镇）级居家社区养老服务中心等级评定暂行办法〉的通知》《青岛市民政局关于印发〈青岛市家庭养老床位服务规范〉的通知》《青岛市民政局　青岛市财政局关于健全完善各类养老服务补贴的通知》《青岛市民政局关于印发〈青岛市养老服务时间银行实施方案（试行）的通知》《青岛市养老机构公建（办）民营实施办法〉的通知》《青岛市医保局　青岛市民政局　青岛市卫健委关于印发〈青岛市失能失智人员照护需求等级评估实施办法〉的通知》。

"1＋10"政策体系的要点在于，在每个街道、乡镇建设一处功能齐备的街道级居家社区养老服务中心，将社区原有的社区日间照料中心同步转型为街道级居家社区养老服务中心的服务站，无偿划转至街道级居家社区养老服务中心组织运营；将农村镇办敬老院供养的老人集中到区市级社会福利中心供养；将镇办敬老院转型为镇级居家社区养老服务中心；将农村幸福院转型为镇级居家社区养老服务中心的服务站，构建起城乡统筹协调的居家社区养老服务发展机制，实现居家社区养老服务城乡全覆盖。

此外，还有一个重要的探索是家庭养老床位探索。青岛提出"家庭养老床位"概念，由居家社区养老服务中心与周边社区的居家失能、失智以及部分失能老人签约，为居家老年人提供康复护理、医疗保健、助餐送餐、精神慰藉、生活照料等专业照护服务，享受"家庭养老床位"待遇，签约家庭养老床位享受运营补贴及老人意外伤害责任险，居家养老服务从业人员享受雇主责任险。

"1＋10"政策体系加强了青岛养老服务体系和网络建设，特别是进一步夯实了"养老联合体"建设，推进机构养老、社区养老和居家养老融合发展，优化养老服务体系，实现养老服务区域化、品牌化发展。此外，养老服务联合体的建设，使得乡镇/街道和村/社区两级的养老服务设施充分互联，形成了养老服务网络。同时，服务网络与家庭养老床位紧密连接，为专业服务延伸至家庭，直接服务于失能、失智老年人创造了直接条件。

所以，青岛市养老服务联合体并不仅仅是养老机构和设施之间的联合，而是通过乡镇/街道层级的居家社区养老服务中心，村/社区级的养老服务站，以及家庭层面的"家庭养老床位"，形成了县域内的显性专业化服务网络，即纵向社会养老服务联合体，实现了居家、社区、机构相融合。一方面，将专业服务递送到了家庭，解决了原有居家养老和专业化服务相分离的问题；另一方面，解决了居家社区专业化服务质量不高、供给不稳定的问题，是解决农村区域内养老服务专业化的重要理念突破。青岛市养老服务体系建设突破了居家社区养老和机构养老政策设计的边界，是养老服务体系和网络建设的重要政策探索，对于城市和农村养老服务体系建设而言极为重要，同时，对于农村贫困失能老年人的照护服务也至关重要。

（2）胶州市政策实施情况。

本案例相关数据及资料内容来源于胶州市民政局等相关部门，以及青岛新闻网、半岛网等相关网页。具体来源见脚注。[1]

2020 年，青岛市政府将建设 90 处街道级居家社区养老服务中心和 12000 张养老床位列为市办实事任务，全力推进居家社区养老服务改革，让更多的居家失能失智老年人享受到医养结合的专业养老服务。截止到 8 月 31 日，已建成并开业运营 82 处街道级居家社区养老服务中心，建成养老床位 10163 张，吸引了维普、九如城、中康、福山等 40 家知名养老服务品牌参与运营。2020 年 8 月 31 日，青岛市内 60 家街道级居家社区养老服务中心集中开业，拉开了青岛市养老服务体系快速建设和发展的大幕，其中市南区 8 处，市北区 16 处，李沧区 9 处，崂山区 4 处，城阳区 3 处，即墨区 2 处，胶州市 12 处，平度市 3 处，莱西市 3 处。

从政策实施情况来看，胶州市农村地区的居家社区养老服务中心、服务站已经基本建立起来，从机构设施方面基本实现了全面覆盖，政策推动进展情况良好。当然，整个政策实施仍然处于初期，后续在签约人数方面还有有进一步的增长。

值得一提的是，截止到 2020 年 11 月，胶州市已经实现了街道/乡镇级居家社区养老服务中心全面覆盖，不仅覆盖了城镇地区，也覆盖了农村地区。农村地区家庭床位签约数量达到 2300 人，这是政策执行的重要突破。同时，胶州市的政策实践，在内部不同乡镇间也设计了推动的时间差，部分乡镇已经全部建立中心、服务站、家庭养老床位纵向服务网络，并开展了签约服务递送，

---

〔1〕 青岛新闻网：http：//news. qingdaonews. com/qingdao/2020 – 08/31/content_ 22234942. htm；http：//news. qingdaonews. com/qingdao/2020 – 09/01/content_ 22235349. htm；半岛网：http：//bddsb. bandao. cn/content/20200901/ArticelA03002YQ. htm；

而部分乡镇仅仅建立了中心、服务站的网络，家庭养老床位和签约服务提供仍然尚未开始或刚刚起步。正是由于胶州市内部不同乡镇在政策推进方面的时间差异性设计，也客观上形成了“实验组”地区和“对照组”地区，为通过政策实验视角来观察胶州市的政策实验效果奠定了重要基础。

服务机构案例：青岛云大姐康养居家社区服务中心

青岛云大家康养居家社区服务中心是一家具有智慧健康养老服务丰富经验和设有专业互联网的连锁型养老服务机构，目前已在胶州市洋河镇居家社区养老服务中心和胶东街道居家社区养老服务中心两处开展智慧健康养老服务。机构实行“中心－站－点”三级管理，以居家养老服务中心为站点，在农村下设多个居家社区养老服务驿站，实现农村地区养老服务全覆盖，目前洋河镇居家社区养老服务中心能够辐射1.3万人。居家养老服务实行养老护理员与老人配比1∶15，家庭医生与老人配比1∶100，提供助医、助餐、助乐、助浴、助行、助洁“六助”服务。

2. 政策实验设计基本说明

（1）实验目标说明。

地方公共政策设计和实施的目标，可以视为相应政策实验探索的目标。胶州市农村地方纵向养老服务联合体政策探索的目标是实现专业照护服务的居家递送，回应中重度失能失智老年人（包括贫困失能老年人）的居家照护服务需要。本研究将通过深度观察和综合评估来展现地方政府的相应政策实践探索，以及对应产生的效果（见表5－2）。

表5－2　纵向养老服务联合体政策干预要素

实验要素	具体内容
政策干预	区域内纵向养老服务联合体政策
政策结果（前后差异）	老人与家庭方面的影响：专业服务可及性、可负担性； 服务机构方面的影响：服务成本收益； 地方政府方面的影响：政策实施总体效果；
实验对象	胶州市洋河镇农村（普遍建立中心、服务站、家庭床位纵向网络）
对照对象	胶州市铺集镇农村（尚未/初步建立中心、服务站、家庭床位纵向网络）

（2）实验要素说明。

实验要素包括干预、结果、实验组、对照组、前测、后测。下文将进一步对青岛市纵向养老服务联合体政策干预的实验要素进行说明。

第一，政策干预为区域内（青岛胶州市农村地区）养老服务联合体政策实施。青岛市出台了的“1＋10”的政策文件涵盖一系列政策内容，但从养老服务体系来看，一个重要的内容就是夯实农村养老服务网络建设，提出在县区内建立养老服务指导中心，重点在乡镇区域空间内建立覆盖乡镇、村、家庭层面的养老服务供给网络，具体为乡镇级居家社区养老服务中心、村级服务站、家庭养老床位三个设施层次，形成了清晰的专业服务递送网络。需要强调的是，虽然青岛市在全市范围内都开展了上述政策改革，特别是在城市范围内大幅实施了纵向养老服务联合体建设，但是，仅在胶州市农村率先实施了该政策。由于胶州市内部不同乡镇在执行和实施该项政策过程中，出现时间时点不一致，这就一定程度上形成了政策的时间差，进而为政策干预的实验评估创造了条件，可以将已经充分实施该项政策改革的乡镇作为实验组，未展开实施该项政策的乡镇作为对照组。

第二，实验组和对照组的划分。在充分与胶州市地方政府部门协商基础上，选择洋河镇作为A组，选择铺集镇作为B组。之所以选择洋河镇作为实验组，即A组，主要原因是洋河镇在农村养老服务纵向联合体建设方面走在了胶州市前列，中心、服务站和家庭养老床位三级网络实施早且较为健全，家庭养老床位签约率高且服务开展较早，整体运行状况相对较好。铺集镇在人口结构、经济社会发展状况等方面与洋河类似，但是，其内部开展纵向养老服务联合体建设进度相对较晚，与洋河镇存在时间差，目前基本上处于尚未开展服务的状态。正是基于上述原因，本研究深度观察将洋河镇和铺集镇分别作为实验探索评估的实验组和对照组。

此外，本研究分析的对象是农村贫困失能老年人，由于贫困失能老年人照护内嵌于整个农村养老服务照护之中，所以，本研究在评估时会评估政策对所有失能失智老年人的影响。另外，在贫困失能老年人当中，本研究的政策效应又将集中于低保失能老年人，而不将特困老年人作为分析重点。我国农村特困老年人供养制度发展较为完善，特困老年人在生活和智失能照护都得到了相对较好的保障。此外，在青岛市大力推动特困老年人集中供养，着力将特困老年人集中在县区级福利中心集中供养，为他们提供更为良好的生活和服务条件。

所以，本研究在进行分析的时候，此处的贫困失能老年人主要指的是低保和低收入老年人，不包括特困老年人。当然在现行的政策设计当中，经济困难老年人往往包括特困和低保两类，所以，现有的一些补贴政策往往只是局限在低保老年人，而不包括低收入老年人，这也一定程度体现在本研究的分析和表述之中，这也是应当特殊说明的。

（3）政策影响的对象。

该政策的主要影响对象包括老年人及家庭、服务机构和地方政府，从政策结果角度而言，三类主体所关注的内容并不相同。

其一，由于该政策的主要影响对象是居家的失能失智老年人，这个政策主要解决专业服务供给有无的问题，所以，在政策结果的测量方面，主要关注专业服务可及性、专业服务可负担性两个方面。针对农村失能失智老年人的效应评估，本研究将主要通过调查研究和实地观察等研究方式体现。

其二，对于机构而言，将专业服务延伸到农村失能老年人的家庭，主要考虑的递送服务成本是否可以承受的问题，本质上也就是成本与收益对比是否划算，服务供给是否具有可信性和可持续性。所以，从结果来看，机构方的政策结果主要是服务成本收益分析，将以机构的成本收益比较为主要方式。

其三，对于地方政府而言，政策实施的结果主要关注总体效果，也就是制度实施是否解决了农村（贫困）失能老年人的照护难题，这是一个综合性的评价和判断，是基于需方和供方总体状况，以及整个照护难题的解决程度而言的。针对政府的评价将主要通过个案访谈等方式呈现。

（4）数据与资料获取说明。

第一，基于访谈。主要访谈青岛市市级、区县级、乡镇级民政部相关工作人员，访谈内容主要集中于政策实施运行情况、政策运行情况和对应效果，包括政策对需求方的影响和对供给方的影响。同时访谈对应区县相关机构、设施的负责人（工作人员），其中，包括养老机构、照料中心、服务站的主要负责人和工作人员。最后，还基于入户调查，访谈了农村（贫困）失能老年人家庭，了解了生活现状、失能照护需求和服务供给情况。上述访谈调查覆盖了胶州市，以及对应的洋河镇和铺集镇。

其中，包括民政系统工作人员，青岛市级工作人员 5 人，胶州市 4 人，乡镇级工作人员 6 人（洋河镇 3 人，铺集镇 3 人）；机构工作人员 6 人（洋河镇 3 人，铺集镇 3 人）；老年人及家庭共计 14 人（户）（洋河镇 7 人，铺集镇 7

人）。

第二，基于实地观察。一方面，基于研究团队实地观察，走访了多家街道/乡镇级居家社区养老服务中心、服务站；另一方面，以胶州市洋河镇为观察案例，重点在了解典型养老服务中心成本收支和收益基础上，收集政策评价的相关信息。

第三，基于数据调查。在胶州本地邀请社会组织开展合作调查，分别在洋河镇和铺集镇开展问卷调查，调查对象为选中农村内的中重度失能失智老年人，问卷调查包括老年人基本信息、生活状况、照护需求与供给情况、照护总体评价等。其中，洋河镇调查和深度观察中重度失能失智老年人样本规模为95人（A组），主要来自张家村、曲家炉村、李子行村、冷家村、山寺村；铺集镇调查和深度观察中重度失能失智老年人样本规模为118人（B组），主要来自牛沟一村、天台寺村、殷家庄村、邢家岭村等。A、B两组深度观察和调查样本共计213人，对比A组样本和B组样本老年人，发现老年人的性别、年龄、经济状况没有显著差异，具备作为对照组的基本条件。

3. 政策实验探索成效评价

政策探索的目标是探索农村失能老年人的照护解决方案，评估主要是从深度观察的视角来综合分析。理想的政策干预效果评估，应当基于前测、后测以及实验组、对照组的双重差分，通过两次差分制度，来得到纵向养老服务联合体政策干预的“净效应”。但是，如前文所述，在政策干预情况方面，胶州市农村地区的居家社区养老服务中心、服务站已经基本建立起来，从机构设施方面基本实现了全面覆盖，同时，签约的农村家庭养老床位（失能失智老年人）也超过了2300人。但是，由于深度观察时间段的限制，研究团队无法长期跟踪政策实验效果，所以，一方面，通过调查和观察反映老年人当前照护状况和生活质量状况，进行实验组与对照组之间的对比，本质上属于准实验的逻辑范畴；另一方面，基于回溯性问题和变动性问题，分析政策实施前后的效果差异，也作为重要的评估分析变量。

基于胶州市区域内纵向养老服务联合体政策内容，本部分对政策效果的评估主要从以下四个一级指标展开，分别是针对老年人及家庭的专业服务可及性和可负担性、针对养老机构的服务成本收益、针对地方相关部门的政策实施总体效果。如表5－3所示，专业服务可及性涉及镇内所有失能失智老年人家庭养老床位签约比例一个客观指标，以及获得专业的上门照护服务是否方便、自评照护状况与半年前相比的变动情况、获得服务老年人评价服务质量三个主观指标；专业服务可负担性涉及自评可以负担入住机构情况、自评两年前与现在入住机构费用负担变化情况两个主观指标；服务成本收益涉及服务机构总体成本/收入结构及收支对比一个客观指标，对机构可持续性和可推广的主观评价一个主观指标；政策侧实施总体效果涉及政府给供方、需方的各类政策补贴及结构，对照价格和支付能力，评估可能负担性、可持续运营一个客观指标，对小微机构养老模式可持续可推广的主观评价一个主观指标。

表5－3　纵向养老服务联合体政策效果评估指标

评估对象	评估维度	政策效应 （当前状况和建设家庭养老床位之前）
老年人（家庭成员或照料者可代答）	专业服务可及性	客观指标：镇/村内所有失能失智老年人家庭养老床位签约比例； 主观指标：获得专业的上门照护服务是否方便、快捷； 主观指标：您感觉您的照护状况与半年前相比的变动情况； 主观指标：获得服务的老年人评价服务站的服务质量（打分）；
	专业服务可负担性	主观指标：针对上门专业照护服务，老人自评可以负担情况； 主观指标：与一年前比，老人自评负担变化情况；
服务机构	服务成本收益	客观指标：机构总体成本及结构，总体收入及结构，收支对比缺口/盈余； 主观自评：对模式可持续性、可推广的主观评价
地方相关部门（工作人员）	政策实施总体效果	客观指标：政府给供方、需方的各类政策补贴及结构，对照价格和支付能力，评估可能负担性、可持续运营； 主观自评：对胶州市农村基层养老服务网络/基层纵向养联体模式可持续、可推广的主观评价；

如表5－4所示，根据调查分析结果，从针对老年人及家庭的指标上看，胶州市区域内纵向养老服务联合体政策的实施不仅提升了农村失能失智老人的专业服务可及性，还一定程度上减轻了获取专业服务的经济负担，得到了较好的政策效果。

第一，专业服务可及性得到了提升。从客观指标看，实验村内养老服务站的覆盖率达到了百分百，而对照组养老服务站的覆盖率仅为11.02%，这表明政策在实验组即洋河镇已经完全铺开。与铺集镇相比，洋河镇政策建设较为健全，且政策的实施大大提高了当地老人获取养老服务的可及性。此外，从主观指标来看，相较于对照组铺集镇，实验组洋河镇更多老人表示政策实施后，在家里获得专业的养老服务比之前更方便，占比达到了64.21%。同时，实验村有一大半的老人表示，和两年前相比，现在与入住专业机构变得更加方便，占比达到了75.79%。在对服务的打分上，与对照村相比，实验村老人（家庭或护理员）对于养老服务占提供的上门服务业有比较高的评价，在0到100分的打分中，实验组得分均值为73.3分，而对照组为67.3分。这都表明胶州市区域内纵向养老服务联合体政策的实施使得政策范围内的老人及家庭获得专业服务的可及性大大提升。

第二，专业服务可负担性提升。从客观指标来看，实验组的实际上门服务价格为516.67元，而对照组的实际价格为678.33元，且从主观指标来看，相较于对照组8.42%的占比，实验组有26.27%的老人表示基本能够负担或可以负担养老服务站的上门服务，而对照组占比不足10%。因此，不仅从客观指标还是主观评价，胶州市区域内纵向养老服务联合体政策的实施都减轻了老人及家庭入住机构的经济负担，提升了专业服务的可负担性。当然，仍然有相当数量的老年人感觉不能负担购买养老服务，这表明现有纵向养老服务联合体政策在提升老年人实际可负担性方面还有不小改进空间，特别是要综合多种途径和政策措施，优化和完善现有筹资政策体系，进一步提升老年人养老服务的可负担性。

JZQ1：“现在村里有养老站了，不需要去养老机构就有专人上门给老人提供服务了，实在是太方便了，我们还不用花多少钱，不得不说现在的政策实在是太好了。”（来自洋河镇某村老人家属的深度访谈）

JZQ1：“以前就是不想去养老机构，觉得去养老机构不就是把我给抛弃了吗，家里人都不在身边当然不好了，现在不错，我需要什么服务就可以直接到家里来给我提供，我也不用跑老远到机构去，就在家里就能享受服务了，方便了，近了。”（来自洋河镇某村老人的深度访谈）

表 5－4　胶州市老年人评估指标双变量统计分析结果（A＝洋河）

变量	A 组平均值	B 组平均值	显著度
村里是否有养老服务站（是）	100%	11.02%	***
在家里获得专业化的养老服务是否方便（1＝很方便　2＝方便　3＝一般　4＝不方便　5＝很不方便）	1＝17.89 2＝46.32 3＝34.74 4＝1.05 5＝0.00	1＝11.02 2＝7.63 3＝80.51 4＝0.85 5＝0.00	***
和一年前比，在家里获得专业化的养老服务的方便程度（1＝更方便　2＝不变　3＝更不方便）	1＝75.79 2＝24.21 3＝0.00	1＝21.19 2＝77.97 3＝0.85	***
对养老服务站的上门服务的质量打分（0－100）	73.333	67.333	0.259
是否能够负担养老服务站的上门服务（1＝可以负担　2＝基本负担　3＝不能负担）	1＝0.85 2＝25.42 3＝73.73	1＝0.00 2＝8.42 3＝91.58	**
实际上门服务价格（月）	516.666	678.333	0.596

注：* 代表显著度 p 值小于 0.05，** 代表显著度 p 值小于 0.01，*** 代表显著度 p 值小于 0.001。

第三，提供足额照护服务养老机构仍然有资金缺口，如所有政策落实则大体可以平衡。在对养老服务中心的服务提供成本收益指标上，养老机构表示目前农村重度失能失智老人照护成本与政策补贴中仍存在一定的缺口，在一定程度上影响农村老人的服务选择和意愿。以胶州市洋河镇某养老服务中心为例，分别模拟估算居家和机构养老两种形式提供服务可能存在的收支缺口。在对成本的核算上，分为为居家老人提供上门照护以及老人在机构享受集中照护两种方式，成本估算方面涵盖了护工费、医护费以及管理成本和一定的利润空间。估算明细可参见下表，估算结果为居家上门照护成本为每位老人每月 1512 元，机构集中照护成本为非取暖季 2436 元/月，取暖季 2636 元/月。在机构可以获得运营补贴、照护服务提供补贴等加总之后，居家照护的低保、失能老年人照护补贴和服务成本基本持平，可以满足最为基本的照护服务需要，但是，由于农村巡护照护的局限，每位失能老年人并不能得到 24 小时的集中照护，是特定服务时段的巡回照护服务，照护服务质量相对远远低于机构集中照护（本研究测算是按照 1 位护工可以分散上门服务 4 位完全失能老年人，相应专业服务时间较短，因为也要考虑扣除路途方面的时间消耗，所以，分散上门提供照护服务的强度是不充分的）。而在机构集中照护服务方面，由于照护提供24小时照护服务，服务的时段和专业性都有大幅改善，所以，服务成本相对较高，在扣除各类补贴之和后，还有大约276－476元/月的缺口（缺口在冬季会相对更大）。当然，机构集中照护的服务质量会显著高于分散的巡回服务供给。

此外，上述测算仅为理论上的政策测算，部分风险成本为被充分考虑在内，同时，也存在部分补贴和支持政策尚未完全到位的情况，所以，在现实当中，资金仍然存在一定缺口，这在一定程度上会影响老年人实际的服务利用。但是，如果所有政策都充分落地，胶州市的专业服务递送至老年人床前的纵向养老服务联合体政策探索，仍然是大体可以收支平衡的，老年人长期护理保险、护理服务补贴、机构运营补贴等政策资源整合后，老年人的服务购买和支付能力仍然是大幅提升的。

表5－5 胶州市养老服务站服务提供收支情况表（以低保、完全失能老年人为例，特困老年人不包括在内）

	居家上门照护（元/月）	机构集中照护（元/月）
重度失能失智照护成本估算（服务成本的构成和合计）	（1）护工费：按护工和老人1∶4计算，护工3000元/月，12小时工作制，共需1位护工，每位老人护工费750元/月； （2）医护费：按医保要求，一医一护照护30人，医师：6000元/月，护士4000元/月（均含五险），每位老人医护费333元/月。目前一档居民医疗费用包干250元/月。 综上计算，为1080元/人月。管理成本（参照机构）须加25%，利润15%。最终每位失能老人收费：1512元/月。 （其他生活、取暖、水电等费用家庭自付）	（1）护工费：按护工和老人1∶8计算，护工3000元/月，12小时工作制，共需2位护工，每位老人护工费750元/月；（2）生活费：600元/月（食材和加工费）； （3）医护费：按医保要求，一医一护照护30人，医师：6000元/月，护士4000元/月（均含五险），每位老人医护费333元/月。目前一档居民医疗费用包干250元/月； （4）水电费：60元/人月；（5）冬季取暖费：200元/人月，取暖季5个月。 综上计算，为1740元/人月，取暖季1940元/人月。管理成本（管理员3人，门卫2人，会计1人，医保负责人1人，房屋设备维修）须加25%，利润15%。最终每位失能老人收费：非取暖季2436元/月，取暖季2636元/人为成本。

续表

	居家上门照护（元/月）	机构集中照护（元/月）
重度失能失智照护收入估算（服务的补偿/筹资来源）	（1）政府机构运营补贴：350元/月/人（失能半失能）； （2）农村护理保险（巡护）：208元/月/人（2500元/年/人，完全失能）； （3）困难老年人护理补贴60小时＊15元/小时＝900元/月；（完全失能） 合计每位完全失能老人：1450元/月（半失能约1200元/月）。	（1）政府机构运营补贴：350元/月/人（失能半失能）； （2）农村护理保险（巡护）：208元/月/人（2500元/年/人，完全失能）； （3）困难老年人护理补贴60小时＊15元/小时＝900元/月；（完全失能） （4）低保金560元/人/月 （5）基础养老金142元/人/月 合计每位完全失能老人：2160元/月
政策缺口	资金略有缺口、大体平衡	资金缺口约276－476元/月（包含取暖季费用差）
补充评价	分散上门照护的时间限制，一定程度影响照护质量，照护需要未充分满足	集中照护，照护质量高于分散照护，照护需要基本满足

注：以上成本收益核算来自胶州市洋河镇某养老服务中心粗算结果，相关数字为大概估计；相应政策整理自青岛市和胶州的相关文件，仅考虑服务补贴费用，未低保老年人得到的非服务补贴；卫健系统的公卫等补贴、残疾系统的补贴等金额未计算在内。

上述分析不包括特困老年人，因为，当前的特困老年人供养制度基本上可以较好的解决特困老年人生活服务和失能照护需要，而是将分析重点集中在低保失能老年人，不包括低收入失能老年人。事实上，缺乏各类补贴支持的低收入人群，可能比低保人群更缺乏照护服务的支持，现有困难老年人护理补贴等制度无法覆盖到低收入失能老年人，可能也会产生在失能照护领域的“悬崖效应”，产生低保和低收入群体的照护待遇悬崖性差异。

表5－6　胶州市特困老年人补贴水平（单位：元/月）

		照料护理费	生活费	老年人年龄补贴	物价联动	电费补贴	合计
60－79岁	自理老人	300	735	80	50	8.2	1173.2
	失能/失能老人	675	735	80	50	8.2	1548.2
	残疾老人	900	735	80	50	8.2	1773.2

续表

		照料护理费	生活费	老年人年龄补贴	物价联动	电费补贴	合计
80－89岁	自理老人	300	735	120	50	8.2	1213.2
	失能/失能老人	675	735	120	50	8.2	1588.2
	残疾老人	900	735	120	50	8.2	1813.2
90－100岁	自理老人	300	735	220	50	8.2	1313.2
	失能/失能老人	675	735	220	50	8.2	1688.2
	残疾老人	900	735	220	50	8.2	1913.2

备注：数据由胶州市养老机构整理、提供。

通过上表可以看出，胶州市特困老年人的各类补贴和生活水平相对较高，远高于低保老年人。虽然在照料护理费用方面，低保失能老年人也能够得到900元的照护服务费用（60小时＊15元/小时），但是对于低保失能老年人而言，这个数字仅仅是上门照护费用。对于特困老年人而言，如果失能后基本去机构集中供养，享受公益性养老机构的集中供养服务，特别是在集中到县区福利中心供养之后，其得到的照护服务实质上远高于900元在社会上所能购买到的服务。特困老年人和低保老年人之间的照护服务质量可能会存在一定程度的“悬崖效应”，当然，这种“悬崖效应”可能也存在于低保和低收入老年人之间。通过上表，可以进一步确认，农村贫困失能老年人照护问题，应当重点将低保和低收入失能失智老年人作为重点人群。这一点在特困老年人集中供养问题得到改善之后变得更加凸显。

在针对地方有关部门的政策总体实施效果指标上，目前地方民政工作人员表示政策实施较为满意，势头良好，但也存在一定问题。一方面，一年来胶州市的区域内纵向养老服务联合体政策的推广范围不断扩大，覆盖的行政村数量不断增多，可见政策得到诸多乡镇及行政村的支持，其政策效果得到了肯定，一定程度上有效推动了机构专业服务递送到农村，特别是递送到农村失能失智老人家中，能够在一定程度上解决当地农村养老问题。另一方面，由于胶州市的区域内纵向养老服务联合体政策实施时间较短，且在推进中遇到新冠肺炎疫情的影响，对政策的进一步推进造成不小的影响，致使一些中心和服务站建立之后未能有效开展服务。尽管如此，以青岛市胶州为代表的纵向社会养老服务联合体政策仍然取得了积极成效，政策带来的成效是显而易见的，虽然疫情等外在环境一定程度上影响了这一政策在农村的推进进度，但是当地民政工作人员和养老服务机构均对政策有很高的信心和期望。

JZQ1："目前洋河镇的政策已经全面铺开，已经实现了洋河镇养老服务中心、服务站的全覆盖，签约率也在逐渐上升，下一步会在周围乡镇逐渐铺开，政策的效果会慢慢显现出来。"（来自青岛市某民政工作人员的深度访谈）

JZQ2："从目前来看，养老服务站还是得到了不少老人和家属的肯定，政策效果是比较明显的，但是不凑巧的是，在推进的前期就遇到了疫情，所以对政策造成了不小的打击，为了配合疫情防控工作，中间有段时间这边的工作的停滞了的，所以也影响了工作，但是现在已经逐渐恢复正常，工作也在有序铺开了。"（来自胶州市某民政工作人员的深度访谈）

JZQ3："我们机构的网络已经都基本铺开和建立起来了，中心、服务站都铺开了，和不少农村失能失智老年人都签订了家庭养老床位协议，也开展了一些服务。目前的政策支持比较好，当然，现在一些政策刚开始实施，还需要看后期持续推行情况，如果政策里面的一些补贴等有效落实，对于机构来讲是好事，服务的成本部分就可以得到补偿了。当然，如果提供更好的服务质量，这些补贴水平可能还是不够的，政策还需要加大力度，或整合。"（来自胶州市某机构负责人）

JZQ4："不过，也要看到，一个行政村，在一般1000－2000人左右的人口规模下，大概只有5－6个失能失智老年人，其中，符合特困和低保标准的，大约只有一半。如果部分补贴只针对特困和低保老年人，由于特困老年人大多失能后已经集中供养，分散供养的较少，所以，最终一个村子中可以服务的贫困失能失智老年人数量很少。在加上农村分散，形不成规模效应，服务成本还是很高。如果老年人完全失能，还是应该鼓励机构集中供养，一方面，综合照护成本低，另一方面，照护质量也会更高。当然，机构集中照护也必然提高了直接费用支出。"（来自胶州市某机构负责人）

JZQ5："从现在政策支持来看，家庭养老床位运营补贴350元，这是来自民政的，还有来自医保的护理保险最高250元一个月，大概1年分为3000元和2500元两档（都是针对居民的护理保险巡护政策），此外，还有针对低保失能老年人的护理服务补贴，大概60小时，每小时15元，如果服务量够的话有900元，所以，针对一个低保、失能老年人，上述补贴加到一起会有1500元/月，这个额度来应对农村居家的失能护理服务需要，应该问题不大。当然，普通老年人没有这个900元补贴。另外，这个金额是按照最高算的有些半失能老年人没有这么高的补贴额度，加总之后会低于1500元，不过，应该也差不多够的。我们对将来农村养老，特别是失能的护理服务，还是很有信心的。”（来自胶州市民政局工作人员）

JZQ6：“从目前农村贫困失能老年人的照护来看，可能比较迫切的不是特困老年人，特困老年人这么多年来政策不断完善，保障水平不断提高，已经可以基本保障的比较好了。相反，低保户，还有低收入家庭，如果失能之后，相应的照护保障还不完善，这两个群体是今后农村照护的重点人群。对于特困老年人而言，重点是如何提供集中供养率，减少分散供养而导致的照护质量不高的问题；而对于低保失能老年人，重点是落实相应的护理服务补贴政策，以及进一步扩大护理保险覆盖范围和补贴水平（现有护理保险的巡护过于严格，覆盖范围小、保障水平低）。当然，低收入家庭的失能老年人没有更多的政策支持，这可能还需要一个过程。”（来自胶州市民政局工作人员）

综上所述，基于政策探索评估的指标体系以及具体基于调查、观察得到的评估结果总结如下表所示。

表5－7　胶州市政策实验评估结果汇总

<table>
<tr><th>评估对象</th><th>评估维度</th><th>评估结果</th></tr>
<tr><td rowspan="2">老年人（家庭成员或照料者可代答）</td><td>专业服务可及性</td><td rowspan="2">第一，提升了可及性和可负担性。胶州市区域内纵向养老服务联合体政策的实施提升了农村失能失智老人获得专业服务的可及性，取得了较好的政策效果。护理保险和各类补贴政策显著支持了贫困失能老年人获得照护服务。
第二，特困老年人照护状况较好。作为纵向养老服务联合体的政策内容之一，特困老年人以集中照护为主，且基本集中于（胶州市）区县一级，照护状况较好。低保和低收入失能老年人的失能照护应是政策重点；现有各类补贴政策如果充分落地，低保失能老年人的照护服务可及性和可负担性也会大为改善。</td></tr>
<tr><td>专业服务可负担性</td></tr>
<tr><td>服务机构</td><td>服务成本收益</td><td>第一，服务收支略有缺口，但理论上大体平衡。以低保失能老年人为例，如果长期护理保险、护理服务补贴、运营补贴等政策均落实，服务收支略有缺口，但大体平衡。
第二，服务规模效应低。虽然理论上政策补贴可以很大程度上回应了贫困失能老年人照护需要，但是，由于特困和满足条件的低保人数少，机构在农村难以形成服务规模效应。</td></tr>
</table>

续表

评估对象	评估维度	评估结果
地方相关部门（工作人员）	政策实施总体效果	第一，政策总体设施势头良好，前途有信心。虽然在推进中受到新冠肺炎疫情的影响，但其政策积极效果已经显现，能够在一定程度上解决当地农村养老问题，对贫困失能老年人照护问题有较好回应。 第二，重点是落实政策，并将低保和低收入失能老年人作为照护重点，以及提升特困（失能）人员的集中供养率。

（二）互助养老＋扶贫模式：基于五莲县政策实验的深度观察

1. 政策创新实践探索

（1）五莲县互助养老＋扶贫模式。

本案例相关数据及资料内容来源于五莲县民政局等相关部门提供的材料，以及中国经济网、日照日报网等相关网页。具体来源见脚注，关于此案例的相关信息，正文中其他地方不再标注来源。[1]

立足农村养老社会难点焦点，五莲县探索建立互助养老＋扶贫模式，通过政府购买服务、社会爱心捐赠等方式，聘请有劳动能力的居家贫困妇女与贫困失能老人结对帮扶，初步探索出了农村留守老人养老的新路径，同步解决“贫”和“困”两个难题。这种在扶贫过程中形成的“扶贫＋养老”路子，通过政府提供资源和政策支撑，村里群众结对互助，既发扬了邻里间互帮互助的传统美德，又体现了市场经济条件下的劳务价值，为农村留守老人养老问题提供了一条可推广、可借鉴的新路子，成为农村养老的一个范本。

五莲县是山东省日照市下辖县，是典型的山区县，下辖 12 处乡镇（街道），其中有 3 个省定贫困乡镇，91 个省市定扶贫工作重点村，2018 年，全县常住人口五十一万人，居民人均可支配收入 20383 元，农村居民人均可支配收入 15361 元，GDP 总量在山东 150 个县区中排名 112。

2019 年，五莲县享受政策的建档立卡贫困人口 10960 户，共计 19599 人，

---

〔1〕 中国经济网：http：//tuopin. ce. cn/zg/202007/23/t20200723_ 35382560. shtml；日照日报网：http：//epaper. rznews. cn/shtml/rzrb/20210105/506037. shtml；http：//epaper. rznews. cn/shtml/rzrb/20201224/40491. shtml；http：//epaper. rznews. cn/shtml/rzrb/20201105/561427. shtml 农村大众报网：http：//paper. dzwww. com/ncdz/content/20200623/Articel07005MT. htm；联合日报网：https：//wap. cnki. net/touch/web/Newspaper/Article/LHRB202012300040. html；齐鲁网：http：//rizhao. iqilu. com/rzyaowen/2020/1027/4683756. shtml；

60岁以上老年人占60.8%，其中，患有长期慢性病、大病和残疾的占比65.8%，高龄独居困难户达23%。对老年贫困人口而言，一方面，生理、社会等各种劣势的集合决定了他们是具有显著脆弱性的弱势群体，更容易陷入贫困；另一方面，贫困也加剧了老年人的脆弱性，并且使老年人应对各类风险及从风险中恢复的能力不足，往往缺乏基本生活保障（胡宏伟、蒋浩琛，2020），有着对基础生活照料、生活护理、精神慰藉等服务的依赖和需求，但囿于现实条件和经济限制无法得到满足。这部分贫困（失能）老年群体也往往成为脱贫攻坚和农村养老服务的“硬骨头”。

五莲县在实践工作中发现，尽管在扶贫工作的有序开展下，贫困（失能）老年群体得到了足以保障其基础生活的钱或物，但出于身体条件限制、节俭的传统观念等种种原因，贫困（失能）老年群体基本生活依然无法得到切实保障，在一日三餐上体现尤为明显。同时，各村对于贫困（失能）老年人的慈善捐款因为无法确切使用而经常性闲置，或是没有“用在刀刃上”发挥切实作用。为了盘活现有资金和资源，切实保障贫困（失能）老年群体的基本生活条件，经过实践走访和反复论证，五莲县结合现实条件，出台《五莲县农村互助养老工作管理办法》等文件，将互助养老作为解决农村贫困（失能）老年人养老与照护服务问题的主要路径，将老年助餐作为主要内容，同时结合扶贫工作，通过公益性岗位、聘用经济困难留守妇女成为护理员等方式，一手抓养老，一手抓扶贫，实现了农村养老与扶贫工作的有机结合，推动互助养老扶贫制度化、规范化运转。

五莲县的互助养老+扶贫模式需要经过“两审一评”，即乡镇初审、村级评议、民政审批，让最合适的人来照顾最需要帮助的人。脱贫攻坚期间互助养老扶贫护理对象原则上是建档立卡贫困户，无子女或子女无赡养能力，且日常生活需要照料护理的失能半失能老人。护理员则优先聘请身体健康、品德良好、尊老敬老、勤恳奉献的建档立卡贫困妇女及低保困难家庭妇女。对符合条件的服务对象和护理员，严格实行“两审一评”结对程序，即乡镇管区主任、扶贫办主任、包村干部三人评估组入户审查，党员和村民代表会议民主评议，民政部门审批，坚持全程公平、公正、公开。

同时，五莲县立足每个村庄的实际情况，依村施策，实行“一村一策”：人数较少的村，开展“一对一”“一对多”上门分散服务；贫困老人多、村集体经济相对较好的村，则建立“互助养老服务站”，由护理员集中为老人做饭，称为“多对多”的模式。目前，五莲县共在152个村聘请贫困护理员225人，照料失能半失能贫困老年人1314名。

（2）五莲县石场乡政策实施情况。

石场乡是五莲县“互助养老＋扶贫”模式的典型代表乡镇。石场乡针对本乡老年人脱贫任务重、难度大特点，结合当前养老问题日益突出这一实际，将互助养老工作作为全乡重点工作，持续推进，灵活探索互助养老运营模式，打出系列组合拳，通过独立运营式、企业援建式、联合运营式、连锁配餐式四种模式，实现了全乡34个村互助养老全覆盖，让全乡327名孤寡贫困老人、重病重残人员吃上热乎饭，切实保障贫困（失能）人群的基本生活。

具体而言，独立运营式互助养老，指的是由各村独立开办，在本村内建设互助养老院，集中供养本村内孤寡、贫困及重病重残等贫困老人，统一在院内就餐、娱乐。这也是石场乡最普遍的一种互助养老模式，本模式覆盖李旺疃村、马家山庄村等21个村。

企业援建式互助养老。霞客院村互助养老院是全乡唯一企业援建式互助养老院，由霞客院民宿旅游开发有限公司赞助运营。该公司投资2万余元为村互助养老院购买米面油等日用品及桌椅、厨具等配套基础设施。为提供更好的就餐环境和文体活动场所，公司计划另投资100万元在村南空闲场地新建一处互助养老院，目前该工程已完成地基建设。

连锁配餐式互助养老。石场、岳疃、林家沟、中万家沟、梁家庄等8个村距敬老院较近，结合这一实际，同时减少运营成本，连锁配餐式互助养老通过五莲县恒德颐养中心进行统一配餐、送餐到村，在石场乡敬老院投资扩建中心食堂，由恒德颐养中心运营，各村搭建场地、分餐，石场村等8个村共有77名老人通过连锁配餐式互助养老解决了吃饭难的问题。每名老人的用餐标准是5元钱，老人只需交1元钱，剩余部分由村集体、社会捐助和政策拨款来承担。

联合运营式互助养老。岔家沟、单家村、上石屋、下石屋四个村的互助养老院属于联合运营式互助养老，4个村直线距离较近，可充分利用岔家沟村互助养老院已经运营、设备齐全的有利条件，辐射带动周边的单家村、上石屋、下石屋村“低成本”参与互助养老。以上三个村只需各派遣一名护理员到岔家沟互助养老院做饭，并由护理员将午餐带回本村互助养老院，让集中供养老人就餐，既有效利用了资源，也节省了物力、财力。

总体而言，通过互助养老＋扶贫模式，石场乡运行互助养老幸福院覆盖率达100%，同步解决了老年人养老和贫困人员脱贫两大难题。

互助养老案例：五莲县石场乡霞客院村互助养老院

石场乡霞客院村互助养老院是全乡唯一企业援建式互助养老院，由霞客院民宿旅游开发有限公司赞助运营。该公司投资2万余元为村互助养老院购买米面油等日用品及桌椅、厨具等配套基础设施。为提供更好的就餐环境和文体活动场所，公司计划另投资100万元在村南空闲场地新建一处互助养老院，目前该工程已完成地基建设。

2. 政策实验设计基本说明

（1）实验目标说明。

本研究是通过深度观察来评估地方政府的政策创新（视为地方的干预性实验），目标是通过深度观察方法（包括深度访谈、案例分析、对比分析等多种方法），来对地方政府的政策创新给予评估评价。日照市五莲县“互助养老＋扶贫”模式探索创新，“让老年人吃上热饭”作为最大目标，将互助养老与扶贫工作相结合，既作为解决农村贫困（失能）老年人养老与照护服务问题的主要路径，也同步推动扶贫工作。五莲县的政策探索并不是以解决农村（贫困）失能老年人服务照护为主要目标的，而是以提供日常的吃饭、巡护服务为目标，所以，本研究在进行政策评价时，评价范围将超出（贫困）失能老年人的范畴。

（2）实验要素说明。

实验要素包括干预、结果、前测、后测。下文将进一步对日照市五莲县“互助养老＋扶贫”模式政策干预的实验要素进行说明。

第一，政策干预为区域内（日照市五莲县）“互助养老＋扶贫”模式政策实施。日照市五莲县“互助养老＋扶贫”模式最大的特点在于，将互助养老与扶贫工作相结合，既作为解决农村贫困（失能）老年人养老与照护服务问题的主要路径，也推动扶贫进程，通过公益性岗位、聘用成为护理员等方式，解决村内留守妇女经济困难问题，是典型的组合性政策创新。在具体实践中，“互助养老＋扶贫”模式将老年助餐作为主要内容，通过独立运营式、企业援建式、联合运营式、连锁配餐式等模式，以“让老年人吃上热饭”作为最大目标，切实保障了贫困（失能）老年群体的基本生活得到满足。

五莲县于2019年开始探索并逐渐推广“互助养老＋扶贫”模式，出台《五莲县农村互助养老工作管理办法》提供政策支持，因此，五莲县实施“互助养老＋扶贫”模式政策的前后效果之差，即是“互助养老＋扶贫”模式的实验评估结果，由于缺乏对照组，所以，观察和评估的思路隶属准实验范畴。具体而言，通过回溯性调查，政策实验对象为实施“互助养老＋扶贫”模式之后的五莲县农村地区（老年人及家庭、护理员及机构、政府相关部门），对照对象为实施“互助养老＋扶贫”模式之前的五莲县农村地区（老年人及家庭、护理员及机构、政府相关部门）。

（3）政策影响的对象。

该政策的主要影响维度包括运营情况、运营结果两个方面，主要影响对象包括老年人及家庭、护理员、机构、地方政府，从政策结果角度而言，两个方面和各主体的政策效果侧重不同方面。

其一，“互助养老＋扶贫”模式的运营情况主要涉及地方政府和服务提供者两类主体，在政策结果的测量方面，主要关注运营资源、运营筹资和运营可持续三个方面。

其二，“互助养老＋扶贫”模式的运营结果主要涉及其作为养老服务政策的结果和作为扶贫政策的结果，对象分别是农村贫困（失能）老年人和护理员两类主体。

第三，本部分的资料获取主要基于实地访谈。通过研究团队的实地走访观察与访谈，主要访谈对象包括五莲县民政局相关工作人员（1位），石场乡民政部门相关工作人员（2位）、运营机构负责人（2位）、村内享受助餐的贫困、孤寡、残疾老年人（6位）、村民（10位）、护理员（4位），具体访谈内容结合政策实验内容和维度进行。

表5－8　“互助养老＋扶贫”模式政策干预要素

实验要素	具体内容
政策干预	“互助养老＋扶贫”模式政策
政策结果（前后差异）	运营情况：运营资源、运营筹资和运营可持续； 运营结果：养老服务政策效果、扶贫政策效果；
后测	实施“互助养老＋扶贫”模式之后的五莲县农村地区（相关方面）
前测	实施“互助养老＋扶贫”模式之前的五莲县农村地区（相关方面）

3. 政策实验探索成效评价

五莲县"互助养老 + 扶贫"模式的政策目的在于探索农村贫困（失能）老年人的养老与照护问题，从深度观察的视角来看，可以被视为一个准实验，政策实施前后的效果和感受之差，就可以被视为五莲县互助养老 + 扶贫模式的政策效果。

基于五莲县"互助养老 + 扶贫"模式的政策内容，本部分对政策效果的评估主要从运营情况和运营结果两个一级评估维度展开，具体而言，运营情况部分关注运营资源、运营筹资、运营可持续三个二级评估维度，主要涉及地方政府、村委会、运营机构三类主体；运营结果部分关注养老服务政策效果，服务对象是农村贫困（失能）老年人，以及扶贫政策效果，主要对象是作为护理员的留守妇女。

从运营资源上看，除部分机构参与提供配餐、送餐、助餐服务外，人力资源充分结合扶贫工作，通过聘用留守妇女作为护理员来解决，是五莲县"互助养老 + 扶贫"模式的主要创新之处（WLQ1、WLQ2 部分）。而在物力资源上，充分利用和盘活敬老院等现有资源，改造敬老院为养老食堂；链接社会资源搭建企业援建模式，由公司进行投资运营；并结合实际情况，整合村际资源为"中央厨房"，联合运营村级互助养老幸福院以充分发挥效率。"互助养老 + 扶贫"模式开展前，资源闲置现象存在，使用效率不高，直接给钱给物的资源使用方式效果不佳，而在"互助养老 + 扶贫"模式开展后，通过资源整合和盘活，达到实效，总体而言，在运营资源方面，五莲县的互助养老 + 扶贫模式变"大水漫灌式"地为老年人送钱、送物，为"精准滴灌式"地送服务、送关爱、送岗位，较好地整合和运营了现有和闲置资源，政策实验效果较好。

WLQ1："我们是针对脱贫任务重、难度大的特点，还结合当前养老问题日益突出的实际，全县孤寡、贫困老年人众多。通过这种互助养老 + 扶贫模式，可以双管齐下，从而构建互助养老长效运转机制，同步解决"脱贫"和"解困"两个难题，扎实助力脱贫攻坚。"（来自五莲县民政局工作人员的深度访谈资料）

WLQ2："为切实做好贫困老年人、重病重残人员的养老服务工作，着力提升养老服务水平。我们本着脱收入之'贫'，解生活之'困'的目标，经过四年的努力，在脱贫攻坚的决战决胜之年，实现了全乡 34 村互助养老全覆盖。"（来自石场乡民政局工作人员的深度访谈资料）

从运营筹资上看，主要通过四个“一点”，即上级拨一点、村里出一点、社会捐一点、子女交一点，来解决资金问题，五莲县民政局相关工作人员的深度访谈也显示了这四个一点对于资金筹集的重要性（WLQ3 部分）。县财政分别于 2019 年、2020 年统筹 50 万元和 100 万元，用于发放村级互助养老扶贫公益岗位补贴，用于发放村级互助养老扶贫公益岗位补贴，解决了互助养老开支的“大头”；县扶贫办每年统筹整合扶贫资金 100 万元，主要用于互助养老场所改造、配套购买生活设施等。2020 年，五莲县进一步加大互助养老开发力度，列入县委、县政府为民办实事项目，共整合资金 315 万元，用于护理员补助和日常开支。而在镇村层面，乡镇街道通过开展强村帮弱村、向贫困村倾斜帮扶等方式，优先保障互助养老资金支出；村级坚持抓党建促进集体经济发展，通过村集体开办创收项目，提升集体经济实力，从根本上保障互助养老正常运营。

深度访谈资料显示，在当前阶段，无论是政府部门、村集体还是村民，都对养老食堂和护理员的设置十分支持，（WLQ4 部分）政府部门和村集体积极链接和整合资金，村民在养老食堂设立之初，也通过慈善捐款的方式提供资金支持。以连锁配餐模式为例，每餐餐费标准是 5 元，其中，老人子女每天只需要交一元的费用，其余费用由村集体和上级政府部门补贴。政府、村集体、社会、子女共同出资，体现了幸福院建设中的多元主体参与和责任共担，然而，政策实验也需要注意长效性，也需要注意的是，随着扶贫工作的完成，扶贫资金将不再能够成为幸福院运营的资金来源，如何补齐这部分资金维持幸福院运转将成为运营筹资方面的问题之一。并且，如何保持社会慈善捐赠对幸福院筹资的持续支持，也是政策实验和实践中需要具体考虑的问题。

WLQ3：“上级拨一点、村里出一点、社会捐一点、子女交一点的四个一点是我们解决资金问题的四大法宝，体现了在养老当中大家的责任，也让我们的模式能够运转起来，能够长期做下去。”（来自五莲县民政局工作人员的深度访谈资料）

WLQ4：“根据各个村吃饭人数，我们事先把每个村的热菜、主食分配好，配送车到达村里后，两三分钟就能把热菜、汤、主食端上桌。老人欢喜、老人的子女欢喜、一些虽然还没有享受到福利的村民也欢喜，大家都说好，实惠，经济上完全负担得起，也愿意以后参加。”（来自石场乡敬老院院长的深度访谈资料）

从运营可持续上看，因村制宜能够在最大程度上降低成本，实现资源的运营可持续。考虑老年人分布集中情况、人数情况、村经济条件，有“一对一”“一对多”“多对多”的模式，可依据村庄实际情况进行选择。其中，“一对一”邻里结对帮扶模式简单实用，多在300口人以下或贫困失能老人3名以下的村采用；“一对多”服务模式扩大帮扶范围，适合在300至1000口人、贫困失能老人3至6名的村采用；“多对多”实现集中服务、集体关爱，在村集体经济较好，有村幸福院、日间照料中心或闲置房屋，人口超过1000、贫困失能老人超过6名的大村推行。

石场乡民政局相关工作人员的深度访谈资料也表明石场乡（WLQ5部分）对这一模式的持续运营有充分的信心，主要原因在于，互助养老+扶贫模式对于各村实际情况的充分考虑，石场乡实践的四类模式就是结合实际进行探索的，其中，独立运营式是主要模式，并且结合各村实际情况进行选择。然而，需要注意的是，五莲县互助养老+扶贫模式将助餐当作最为主要的内容，尚未涉及老年人的助浴、医疗、护理、精神慰藉等其他方面的养老服务需求，尽管保障了最确切的一日三餐，基础生活问题得到了解决，但依然是不足够的，对整个养老服务而言，依然是很有限的。因此，从运营内容和发展来看，为了政策实验持续扩散，形成有效的模式，还需不断扩展运营内容，提高运营可持续性。

WLQ5：“具体各个村采取什么模式都要根据当地的实际情况来决定，这是我们的特点，也是我们模式能够运转良好的主要原因。比如说，岔家沟、单家村、上石屋和下石屋四个村比较近，我们就搞了个联合运营式互助养老，这样就可以充分利用岔家沟村互助养老院已经运营、设备齐全的有利条件，辐射带动周边的单家村、上石屋、下石屋村“低成本”参与互助养老。以上三个村只需各派遣一名护理员到岔家沟互助养老院做饭，并由护理员将午餐带回本村互助养老院，让集中供养老人就餐。既有效利用了资源，也节省了物力、财力。”（来自石场乡民政局工作人员的深度访谈资料）

从养老服务政策效果来看，目前，五莲县共在152个村聘请贫困护理员225人，照料失能半失能贫困老年人1314名。再以石场乡为例，石场乡实现了全乡34个村互助养老全覆盖，让全乡327名贫困（失能）人员受到助餐服务的覆盖。一方面，助餐服务是养老服务中最基础，也是获得感较强的服务，以助餐服务为主要服务内容性价比较高且因专业化水平低而操作方便；而从另一方面来看，如上所述，养老服务政策应当是一个一揽子服务方案，应当内涵医疗、精神慰藉以及其他基础生活照料等一系列养老服务，因此从长远来看，应当对助餐服务内容进行扩展和延伸。总体而言，互助养老 + 扶贫模式从无到有，农村贫困（失能）老年人覆盖率达 100%，一日三餐能得到切实的保障，养老服务政策效果明显且切实，深度访谈资料显示，贫困（失能）老年人对这一模式的获得感很强，对护理员、饭菜搭配、送餐服务等各方面的满意度都很高，可以说，从当前角度来看政策实验效果是明显的，互助养老 + 扶贫模式是比较成功的（WLQ6 – WLQ8 部分）。

WLQ6："以前我跟老伴在家自己做饭吃，经常是一锅粥一盘咸菜吃一天。现在在家门口花一元钱就能吃上这么美味的热乎饭，真是太温暖了！"（来自五莲县贫困老年人的深度访谈资料）

WLQ7："已经吃了好多天了，一顿饭只交一块钱。菜天天不重样，顿顿菜里都有肉。"（来自五莲县孤寡老年人的深度访谈资料）

WLQ8："我这把年纪了，赶上了好时候。现在在这个养老院里吃，都是热乎的，有肉也有菜，真是太好了。而且吃饭也便宜，一顿饭 5 块钱，村里给补贴 4 块，自己只需要掏 1 块钱，感谢党和国家！"（来自五莲县贫困老年人的深度访谈资料）

从扶贫政策效果来看，五莲县互助养老 + 扶贫模式改变了传统扶贫模式，成功破解了"脱贫 + 解困"难题，以相对较少的投入取得了较好的效果，符合精准扶贫精准脱贫方略要求，有利于激发贫困群众内生动力。通过政策开展，聘用经济困难的留守妇女为护理员，在岗护理员大多是年龄在 50 岁以上的额贫困户，每人每天可获得 10 元到 40 元的工资，共覆盖护理员 225 人，在家门口每人每年稳定增收 2000 元以上。针对护理员的深度访谈资料显示，护理员对这一模式的认可度也很高，很大程度上解决了其经济困难的问题，从政策实验的视角来看，互助养老 + 扶贫模式作为扶贫政策的效果也是明显的（WLQ9 部分）。

WLQ9："从前我在家里没有收入，家里非常困难，因为家里有生病的婆婆，我也没办法出去打工。但现在我在村里就有事情做了，而且这个工作对我来说不耽误照顾家里，不用出去打工也能有收入，解决了我家里很大的困难，对我家庭来说是很大的帮助，非常感谢政府！"（来自五莲县助餐护理人员的深度访谈资料）

表 5－9　互助养老＋扶贫模式政策实验评估

	一级评估维度	二级评估维度	评价
现实政策干预模拟分析	运营情况	运营资源	资源的整合，闲置资源的充分利用与调动；
		运营筹资	正效应：上级拨一点、村里出一点、社会捐一点、子女交一点，筹资体现多方主体责任； 局限性：扶贫工作结束后扶贫资金的不可持续； 局限性：社会捐赠的可持续性是另一难题；
		运营可持续	正效应：四类运营模式，因村制宜，低成本运营； 局限性：服务内容局限于助餐的运营不可持续；
	运营结果	养老服务政策效果	正效应：贫困失能老年人全覆盖、切实解决最基础生活需求； 局限性：养老服务政策应当是内涵医疗、精神慰藉以及其他服务的一揽子方案，服务内容有局限；
		扶贫政策效果	带动经济困难留守妇女就业；

（三）农村小微机构养老模式：基于桐庐县政策实验的深度观察

1. 政策实验设计与实施

（1）桐庐县“微型机构＋X”政策体系。

本案例相关数据及资料内容来源于桐庐县民政局等相关部门提供的材料，以及中国社会报网、日照日报网等相关网页。具体来源见脚注，关于此案例的相关信息，正文中其他地方不再标注来源。[1]

桐庐县小微机构养老模式的政策创新主要体现为桐庐县大力推动的“微型机构＋X”模式。“微型机构”是指：拥有 10－30 张床位，规模较小、成本

〔1〕中国社会报网：http：//www. mca. gov. cn/article/xw/mtbd/201905/20190500017391. shtml；杭州杂志网：https：//www. sohu. com/a/418375251＿100020953；每日商报网：https：//mdaily. hangzhou. com. cn/mrsb/2018/04/28/article＿detail＿3＿20180428A066. html；

较低、功能全、费用低、具有独立法人资格，兼有居家养老和照料服务功能，通过与地方医疗部门、居家养老服务照料中心、老年食堂、社工等进行组织融合、信息融合、功能融合、情感融合构建起来，就近为老年人提供专业化、多样化养老服务，实现“垂暮不离亲，养老不离家”的全新服务模式。

经过几年的实践，桐庐县大力推动“微型机构 + X”模式，推动了一系列政策和实践创新。如开展微型机构 + 慈善基金，引导社会力量建立公益性基金，减轻微机构运营压力。如百江镇慈善人士为百江镇联盟村捐献 200 万元，建立慈善基金，每年收益直接补助微机构。如微型机构 + 村建民营，整合农村居家养老服务照料中心资源，引入第三方运营微机构，实现村建民营、市场化运作，促进服务升级。再如微型机构 + 居家养老服务，将养老服务辐射周边村（社区），建立起区域性养老服务中心，提供和承接本村及周围老年人的日间照料、照护的服务；实现机构养老和居家服务的有机统一；减少成本、满足老人需求、政府减少压力等，实现多赢，截至目前已建成的如分水塘源村阳光养老服务中心、百岁坊村老年公寓等。还有微型机构 + 长期护理保险。融合长期护理保险制度，将微机构认定为长期护理保险服务定点单位，拓展服务范围，只要经过民政部门登记或备案的微型养老机构都被确定为定点服务单位。大力推动微型机构 + 连锁化运营，构建完善的连锁化养老服务体系，打造出桐庐特色的养老服务品牌，实现微机构养老连锁化、全覆盖。目前，正积极探索与网络平台、乡镇村、社会组织和微型养老机构共同构建智慧养老服务连锁化运营服务体系，预计到明年各机构将承接 20 家微型养老机构。

为了推动“微型机构 + X”模式的发展，小微机构打出了一套政策“组合拳”，在组织、经济与运行方面都为小微机构的规范和发展提供了有力的保障。首先，在组织保障上，提供了有力的组织支持。2016 年，为了规范发展微型养老机构，在桐庐县委县政府的大力支持下，由县民政局牵头，联合行政服务中心、消防大队、市场监管局、发展和改革局、住建局等八多家单位联合发文，制定了《关于进一步优化部门服务促进微型养老机构规范发展的指导意见》（以下简称《指导意见》）。《指导意见》的出台使桐庐的各种微型养老机构的成立与发展有据可依，有标准可循，极大地推动了养老行业的发展。2018 年，又在 2016 年《指导意见》的基础上新增两个部门，共十个部门联合发文重新修改并制定了指导意见，细化了微型养老机构许可条件，明确了准入门槛、服务标准、主要功能、考核机制等，这也让桐庐的微型养老机构进一步走向规范化。此外，桐庐县政府加大对微机构运行的管理和监督力度，对微机构进行星级评测并根据评测结果进行等级补贴，大大鼓励了优质微机构的发展。

其次，除了出台了一系列的扶持性文件和政策来保障养老服务业的发展外，桐庐县财政每年安排1000余万元专项资金，用于民办养老机构的发展、村（社）养老服务体系建设、政府购买服务、助推智慧养老服务等方面的支出。另外在全省率先推出微型养老机构扶持政策，每年安排100万元资金，专门用于微型机构的发展，为全县的养老服务业持续发展提供有力的资金保障。此外，桐庐县积极引导社会力量建立公益性基金，减轻微型养老机构运营压力。如百江镇慈善人士为百江镇联盟村捐献200万元，建立慈善基金，每年收益直接补助微机构；钟山乡大市村由企业老板筹集250万元基金，由村老年协会负责运作，每年受益直接用于老年事业，是“微型养老机构慈善基金”的代表。

最后，长护险的试点推出微机构的长远发展提供了运营保障。2016年底，桐庐县推行了长期护理保险试点方案，根据试点方案，将经过民政部门登记或备案的微机构都认定为长护险服务定点服务单位，对于选择入住养老机构享受护理服务的参保人员，给予30元/天的定额补助。以阳光养老服务中心的为例，入住费用每人每月为2400元，长护险支付后个人只需支付1500元，入住成本大大降低，机构入住率也随之提高。

（2）实施情况。

截止到2018年底，桐庐县60周岁以上老人有100282人，占总人口的24.04%；70周岁以上有40469人，占老年总人数的40.4%；80周岁以上高龄老人有14669人，占老年总人数的14.7%。其中农村老年人70190人，占老年人口的70%。目前，桐庐县累计建立居家养老服务照料中心216个，老年食堂188个，实现行政村全覆盖；政府购买养老服务人数7500余人（含长护险），占老年人总数的7.5%，居家养老服务专职护理人员600余人；全县建有养老机35家，其中公办养老机构8家，公建民营3家，民办养老机构24家，总床位数3262张。其中微型养老机构12家。

服务机构案例：桐庐县阳光养老服务中心

桐庐县阳光养老服务中心位于县城以西分水镇塘源村，是桐庐县第一家家庭式微型养老院。该院建筑面积520平方米，室外活动区300平方米，同时拥有养殖区绿化区348平方米，全院拥有床位40张，单人间双人间以及多人间，室内配备液晶电视、空调、壁柜。目前院内一共入住40位老人，均为中度、重度失能失智老年人。院内共有14名专兼职工作人员，其中，专职工作人员12名，兼职人员2名，有各类资质、证书的人员4名，护工10名。

2. 政策实验设计基本说明

（1）实验目标说明。

正如上文所述，地方公共政策设计和实施的目标，可以视为相应政策实验探索的目标。桐庐县小微机构养老服务模式的重要目标在于通过小型、嵌入的养老服务机构，为农村中重度失能老年人（包括贫困失能失智老年人）提供专业照护服务，本质上也是为了解决专业照护服务供给问题。本研究将通过深度观察和综合评估来展现地方政府的相应政策实践探索，以及对应产生的效果。

（2）实验要素说明。

实验要素包括干预、结果、实验组、对照组、前测、后测。下文将进一步对桐庐县农村社区小微机构养老模式政策干预的实验要素进行说明见表5－10。

表5－10　“微型机构＋X”政策干预要素

实验要素	具体内容
政策干预	“微型机构＋X”政策（小微机构服务）
政策结果（前后差异）	老人与家庭方面的影响：专业服务可及性、可负担性； 服务机构方面的影响：服务成本收益； 地方政府方面的影响：政策实施总体效果；
实验对象	桐庐县建设有小微机构的农村（母岭村、塘源村、东辉村、上峰村、百岁坊、何宋村、百江村、新龙村、大路村、横村后岭村共10个村）
对照对象	桐庐县没有建设小微机构的农村（横村横村村、上泗村、东琳村、东辉村、儒桥村、后岩村、后岭村、大路村、天英村、孝门村、富源村、武盛村、瑶琳永安村、江南珠山村、皇甫村、江南石阜村、联盟村、里湖村共15个村；随机抽取）

第一，政策干预为区域内（桐庐县农村地区）“微型机构 + X”政策实施。桐庐县出台的包括《关于进一步优化部门服务促进微型养老机构规范发展的指导意见》以及一系列关于推进小微机构规范与发展的政策文件，重要内容是推动全县形成一个能够覆盖农村以小微机构为主要攻击主体的养老服务供给网络。但是，由于政策设计和实施存在时间间隔，桐庐县内不同农村中的小微机构养老服务覆盖也是存在先后差异的，主要体现为，小微机构在部分农村中建立起来，而在另外一部分农村中则未能及时建立起来。这就在实质上建立起了政策实验，形成了实验组和对照组。

此外，由于桐庐县小微模式最终的受益对象是农村内失能失智的老年人（包括贫困失能失智老年人），这是最为核心的受益主体，所以，在进行政策探索分析的时候，也将以农村内失能失智老年人的状况分析和评价作为最重要的依据。所以，此项政策实验探索的干预被界定为一个综合干预，即农村内小微机构建立的影响，即观察村内有小微机构和没有小微机构对村内失能、失智老年人的照护对象差异。

（3）政策影响的对象。

该政策的主要影响对象包括老年人及家庭、服务机构和地方政府，且从政策结果角度而言，三类主体所关注的内容并不相同。当然，正如上文所述，考虑到农村失能失智老年人（包括贫困失能失智老年人）是最终的受益对象，所以，本研究在政策探索评价时将农村失能失智老年人的感受和评价置于核心地位。

其一，由于该政策的主要影响对象是选择入住机构的失能失智老年人，这个政策主要解决专业服务供给有无的问题，所以，在政策结果的测量方面，主要关注专业服务可及性、专业服务可负担性两个方面。针对农村失能失智老年人的效应评估，本研究将主要通过调查研究和实地观察等研究方式体现。

其二，对于机构而言，政策实施的结果主要关注服务成本收益，本质上是机构运行所需的各种成本的总和与收益对比是否划算，专业服务延伸到农村失能老年人的家庭是否具有可行性和可持续性。所以，从结果来看，机构方的政策结果主要是服务成本收益分析，将以机构的成本收益比较为主要方式。

其三，对于地方政府而言，政策实施的结果主要关注总体效果，是基于对需方和供方总体状况作出的综合性评价和判断，也就是制度实施是否解决了农村（贫困）失能老年人的照护难题以及整个照护难题的解决程度。针对政府的评价将主要通过个案访谈等方式呈现。

（4）数据与资料获取说明。

第一，基于访谈。通过研究团队的实地走访观察与访谈，主要访谈桐庐县区县级、乡镇级民政部相关工作人员，访谈内容主要集中于政策实施运行情况、政策运行情况和对应效果，包括政策对需求方的影响和对供给方的影响。同时，访谈对应相关机构、设施的负责人（工作人员），其中，主要包括小微机构主要负责人和社区相关工作人员。最后，基于入户调查，访谈了农村（贫困）失能老年人家庭，了解了生活现状、失能照护需求和服务供给情况。上述访谈、调查覆盖了7个乡镇，分别是瑶琳镇、分水镇、百江镇、横村镇、江南镇、富春江镇、旧县街道（镇）。

第二，基于实地观察。一方面，基于研究团队实地观察，走访了多个农村和多家机构；另一方面，以其中一家养老服务机构为典型案例，重点在了解典型机构成本收支和收益基础上，收集政策评价的相关信息。

第三，基于问卷调查。本研究还使用了调查研究方法，调研了桐庐县7个乡镇共计24个农村，其中，实验组农村包括10个农村，分别是母岭村、塘源村、东辉村、上峰村、百岁坊、何宋村、百江村、新龙村、大路村、横村后岭村，共有中重度失能失智老年人105位，即为A组样本；对照组农村包括15个农村，分别是横村横村村、上泗村、东琳村、东辉村、儒桥村、后岩村、后岭村、大路村、天英村、孝门村、富源村、武盛村、瑶琳永安村、江南珠山村、皇甫村、江南石阜村、联盟村、里湖村，对照组农村是在村内未设小微机构的农村中随机抽取，共有中重度失能失智老年人95位，即为B组样本。A组和B组样本在老年人性别、年龄和经济状况方面不存在显著差异，具备作为对照组的基本条件。

3. 政策实验探索成效评价

政策探索的目标是探索农村失能老年人的照护解决方案，从深度观察的视角来看，政策干预的效果的评估应当基于前测、后测以及实验组、对照组的双重差分，通过两次差分制度，来得到纵向养老服务联合体政策干预的“净效应”。但是，由于深度观察时间段的限制，研究团队无法长期跟踪政策实验效果，所以，一方面，通过调查和观察反映老年人当前照护状况和生活质量状况，进行实验组与对照组之间的对比，本质上属于准实验的逻辑范畴；另一方面，基于回溯性问题和变动性问题，分析政策实施前后的效果差异，也作为重要的评估分析变量。

基于桐庐县“微型机构 + X”政策内容，本部分对政策效果的评估主要从以下四个一级指标展开，分别是针对老年人及家庭的专业服务可及性和可负担性、针对养老机构的服务成本收益、针对地方相关部门的政策实施总体效果。

如表 5 - 11 所示，专业服务可及性涉及村内所有中度、重度失能失智老年人入住小微机构比例一个客观指标，以及自评入住专业机构是否方便、自评个人健康状况和自理能力、入住老年人评价服务质量三个主观指标；专业服务可负担性涉及自评可以负担入住机构情况、自评两年前与现在入住机构费用负担变化情况两个主观指标；服务成本收益涉及机构总体成本及结构，总体收入及结构，收支对比一个客观指标，对机构可持续性、可推广的主观评价一个主观指标；政策侧实施总体效果涉及政府给供方、需方的各类政策补贴及结构，对照价格和支付能力，评估可能负担性、可持续运营一个客观指标，对小微机构养老模式可持续可推广的主观评价。

表 5 - 11 桐庐县”微型机构 + X”政策实验效果评估指标

评估对象	评估维度	二级评估指标
老年人（家庭成员或照料者可代答）	专业服务可及性	客观指标：村内所有失能失智老年人入住小微机构比例； 主观指标：自评入住专业机构是否方便； 主观指标：自评个人健康状况和自理能力； 主观指标：入住机构老年人评价服务质量（打分）；
	专业服务可负担性	主观指标：自评是否可以承担入住本村或邻村（镇上）小微机构费用； 主观指标：自评两年前与现在承担入住机构负担变化情况；
养老机构	服务成本收益	客观指标：机构总体成本及结构，总体收入及结构，收支对比； 主观自评：对机构可持续性、可推广的主观评价
地方相关部门（工作人员）	政策实施总体效果	客观指标：政府给供方、需方的各类政策补贴及结构，对照价格和支付能力，评估可能负担性、可持续运营； 主观自评：对小微机构养老模式可持续、可推广的主观评价；

如表 5 - 12 所示，根据调查分析结果，从针对老年人及家庭的指标上看，“微型机构 + X”政策的实施提升了农村失能失智老人的专业服务可及性，减轻了老人及其家庭的经济负担，得到了较好的政策效果。

表 5-12　桐庐县老年人评估指标双变量统计分析结果

变量	A 组占比或均值	B 组占比或均值	显著度
入住机构是否方便（1 = 非常方便　2 = 方便　3 = 非常不方便）	1 = 61.05% 2 = 21.05% 3 = 17.89%	1 = 5.71% 2 = 48.57% 3 = 45.71%	***
和两年前比是否更方便（1 = 更方便　2 = 方便　3 = 更不方便）	1 = 67.37% 2 = 25.26% 3 = 7.37%	1 = 18.10% 2 = 67.62% 3 = 14.29%	***
自评两年前健康状况（0 - 100）	50.768	46.575	*
自评今年健康状况（0 - 100）	50.347	41.670	***
自评健康得分变化	-0.421	-5	**
和两年前比自评健康状况变化情况（1 = 变好了　2 = 不变　3 = 变差了）	1 = 36.84% 2 = 17.89% 3 = 45.26%	1 = 7.62% 2 = 23.81% 3 = 68.57%	***
入住机构总体评价（0 - 100）	89.89	-	-
是否能够负担当前机构入住价格（1 = 可以负担　2 = 基本能负担　3 = 不能负担）	1 = 9.47% 2 = 51.58% 3 = 38.95%	1 = 4.76% 2 = 35.24% 3 = 60.00%	*
和两年前比入住机构负担变化情况（1 = 更能负担　2 = 不变　3 = 更不能负担）	1 = 47.37% 2 = 50.53% 3 = 2.11%	1 = 13.33% 2 = 53.33% 3 = 33.33%	***

注：* 代表显著度 p 值小于 0.05，** 代表显著度 p 值小于 0.01，*** 代表显著度 p 值小于 0.001。

第一，专业服务可及性得到了提升。从客观指标看，实验村内所有失能失智老年人入住小微机构比例远远高于对照村入住比例，这表明政策的实施使得老人的专业服务可及性大大提升。此外，相较于对照村，实验村有超过一半的的老年人及家庭表示政策实施后，特别是小微机构建成后，入住专业机构非常方便，占比达到了 61.05%；实验村有超过一半的的老年人及家庭表示和两年前相比，现在与入住专业机构变得更加方便，占比达到了 67.37%。与对照村相比，实验村老人（家人或护理员）的自评健康变化更小，且差异具有显著性，这体现出入住机构后老人的身体状况更多地得到了较好的维持或改善。入住机构的老人（家人或护理员）对于机构提供的专业服务也有比较高的评价，在 0 到 100 分的打分中，得分均值约为 90 分，这都表明“微型机构 + X”政策的实施使得政策实施范围的老年及家庭的专业服务可及性大大提升。

第二，专业服务可负担性提升。“微型机构 + X”政策对于供方的运营补贴加上长护险的补贴使得老人入住机构费用大大减少。且相比对照村，实验村的老人及家庭更多表示自己能够负担入住本村或邻村小微机构的费用，不仅有更大占比的实验村老人表示能够负担当前机构的入住价格，并且，相对于对照村13.33%的占比，有接近一半的实验村老人表示和两年前相比现在更能负担机构价格。因此，不仅从客观指标还是主观评价，“微型机构 + X”政策的实施都减轻了老人及家庭入住机构的经济负担，提升了专业服务的可负担性。

TLQ1：“我不知道养老院原来这么好，早知道的话，我早就来了！之前，自己动不了，影响了子女，也影响了亲朋好友，但是，照护的不够好，家里照顾不了”（来自桐庐县某入住老人的深度访谈）

TLQ2：“让老人住在这里，我们都很放心，以前因为老人身体情况不好，在家里住起码需要一个人照护他，现在好了，有政策，老人住进来也花不了多少钱，还有专人照护他，我们都省心省力，很满意。”（来自桐庐县某入住老人家属的深度访谈）

TLQ3：“在农村，冬天农闲的时候，大家就喜欢聚在一起烤火聊天，很多老人都习惯了这样的生活，因为养老院里是不能有明火，所以我们就把楼上的活动室做为老人们晒太阳、聊天的根据地。以前，一些失能老年人的体征都不好，自打住进来，整个人的饭量和精神状态都好了，脸上也有笑容了。”（来自桐庐县某小微机构工作人员的深度访谈）

第三，小微机构大多可以盈亏平衡，总体运营较好。在对养老机构的服务成本收益指标上，虽然有部分机构表示机构短期内盈利状况欠佳，但大部分小微机构表示机构运营状况良好，且都对机构的可持续性和作用作出了正面的评价。以桐庐县分水镇某小微机构2019年收支情况为例，全年收入70万元，各项成本支出为63.7万元，全年营利6.3万，具体各项明细可参见下表。

一方面，虽然小微机构多是建立在村庄内部的闲置资源上，与新建机构相比前期投入成本较低，当然，由于适老化改造和消防改造带来的成本也不小，在后期设施完善和空间扩展方面面临很多限制和成本。由于养老机构一般前期投入较大，收益回收期较长，因此虽然有政策补贴，但是运营时间较短的小微机构短期内盈利状况欠佳，对于大多数机构来说，能够实现盈亏平衡就是很大的一个进步。另一方面，虽然从收支结构的客观指标来看盈利状况欠佳，但是从主观自评来看，小微机构的负责人和工作人员大多表示机构在当地的为老服务中，特别是对（贫困）失能失智老人的服务提供中发挥了重要了作用，能够满足服务对象的基本养老需求和提供一定的专业服务，对机构的未来发展也充满信心。

TLQ4："我是一个少小离家的游子，在外漂泊了三十多年。年轻时，我总以为有大把的时间去孝敬父母，而现在老人都过世了，连装孝子的机会都没有了。所以，感同身受，必须身体力行做好这个小型机构。在农村干机构，就要有公益性，要本着服务，而不是挣钱，为了挣钱就不进养老行业了，更不要来农村开养老机构。"（节选自桐庐县某小微机构负责人的深度访谈）

TLQ5："机构目前总体发展状况还是比较好的，虽然建设前期投入资金量较大，但是我们都知道养老服务行业比较特殊，收益回收期比较长，而且当地的补贴政策也比较好，所以现在暂时性的收益欠佳，我们心里还是有数，特别是看到老人住得安心我们就更加有信心了。"（节选自桐庐县某小微机构工作人员的深度访谈）

TLQ6："从我们的经验来看，机构一开始两年肯定是要亏损的，这个要做好心理准备。不过，由于房子是自己家里的，成本还是低多了，基本上一两年就可以盈亏平衡了。向我们大概第四年就开始盈利了。其实，只要盈亏大体相当，我们就有信息。毕竟，我们的小微机构，比在限时里面购地建设成本低多了。从我们的经验来看，我们对于小微机构在农村的发展有信心。"（节选自桐庐县某小微机构负责人的深度访谈）

表 5－13　桐庐县某小微机构 2019 年度收支情况表

<table>
<tr><th></th><th>收入情况</th><th>支出情况</th><th>收支</th></tr>
<tr><td>全年总计</td><td>70 万元</td><td>63.7 万元</td><td rowspan="2">+6.3 万元</td></tr>
<tr><td>全年分类</td><td>入住总收费：46.2 万元
床位运营补贴：3.8 万元
失能护理补贴：1.4 万元
长期护理保险：18 万元</td><td>护工费：27.5 万元
生活费（食材、加工）：16.5 万元
医护费：3.7 万元
水电气费：1.8 万元
冬季取暖费：1.5 万元
管理成本：7.2 万元
其他：5.5 万元</td></tr>
</table>

注：上表机构收支明细情况由桐庐县分水镇某小微机构提供；其他小微机构情况大体类似，不再赘述。

研究团队还计算了低保失能老年人在入住农村小微机构的承受能力，分析结果见下表。从下表可以看出，小微机构收入本村和附近农村失能老年人的价格为3000－1500元/人/月，针对低保失能老年人还可以享受300元的优惠，大概为2700－3000元/人/月。[1] 同时，低保失能老年人的筹资结构和能力显示，桐庐县失能老年人护理保险、低保金、基础养老金收入合计约为2541元（不包括高龄津贴和其他补贴），入住价格与筹资金额差额约为159—659元/人/月。如果老年人享有高龄津贴和其他补贴，那么，老年人的筹资支付能力还将进一步提升。从下表的对比可以看出，桐庐县的小微机构养老模式大幅降低了老年人获得专业机构服务的门槛，现有各类政策的筹资能力之和，基本上可以满足低保失能老年人的机构入住门槛，大大提升了失能老年人获得专业照护服务的能力和可及性。

表5－14　桐庐县某小微机构价格与低保失能老年人承受能力

小微机构入住价格	低保失能老年人筹资能力	差额
失能老年人每人每月3000－3500元（低保或者家庭比较困难的，优惠300元，每人每月2700元—3200元）；	失能老年人长期护理保险报销1500元； 低保金每人每月882元； 农村基础养老金160元； （另有80岁高龄津贴50元） 共计2541元/人/月。	159—659元/人/月

注：桐庐县地方长期护理保险制度文件规定，享受护理保险，不能再享受民政、残联部门补贴重叠项目。

在针对地方有关部门的政策总体实施效果指标上，目前当地民政工作人员对政策实施较为满意，认为政策实施势头良好，但也存在一定问题。一方面，两年来“微型机构＋X”政策的推广范围不断扩大，覆盖的行政村数量不断增多，可见政策得到诸多乡镇及行政村的支持，其政策效果得到了肯定，有效推动了机构养老功能的发挥，能够在一定程度上解决当地农村养老问题。另一方面，小微机构也面临一些额外的政策风险和负担。由于小微机构微机构建设初期需要对用房进行适老化改造，随着机构服务对象的增多，所需的室外活动空间逐步增加，对室内外场地的功能性需求也增多，建设初期所拥有的养老服务设施常常无法满足后续需求。而由于现有的城市建设和规划方面对微机构的考

[1] 之所收费为费用段，主要是因为失能老年人照护也会存在难度和成本的差异，部分老年人需要处理压疮、尿管、鼻饲等服务，所以，大约会有上下500元的幅度变化。

虑少，没有相关独立改造政策，缺乏稳定的政策支持，因此改造困难重重。部分小微机构在改扩建，以及增加一些设施方面，就遇到了规划等方面的困境。

TLQ6："面对大部分生活在农村的农村老人，为破解农村养老难题，桐庐通过微型养老机构等创新方式，走出了一条'接地气、成本低、可复制'的农村养老新模式。真正让桐庐老人'垂暮不离亲，养老不离家'。当然，在农村利用以前的旧房子来搞养老，肯定也会遇到各种各样的问题，毕竟房子之前设计是自住的，现在还是有很多方面的限制，我们突破了一些，但还是有一些。"（节选自桐庐县民政工作人员的深度访谈）

TLQ7："我们是很肯定这个政策的，很多老人都跟我反映过，说这个政策很好，小微机构很好，以前想住机构住不起，现在政府给补贴了就能住进去了，机构服务也不错，很满意。所以政策效果是肯定不错的，只是由于前期规划缺少规划，现在想改建，消防那关很难通过，比较影响机构改进设施，在这方面还是存在一些问题。"（节选自桐庐县民政工作人员的深度访谈）

"我们也是利用多种渠道，促进小微机构消防通关，这个方面我们做了很多工作，一些政策的突破和创新真的不容易。当然，还有一些挑战没有破题，有些的确不是地方可以协调解决的，更多还是要顶层设计，要上层统一考虑和改革政策，部门之间也要协调好，围绕农村养老问题，出台一些更适用于农村实际情况的政策，包括在农村小微机构发展方面的政策突破。"（节选自桐庐县民政工作人员的深度访谈）

综上所述，基于政策探索评估的指标体系以及具体基于调查、观察得到的评估结果总结如下表 5－15 所示。此外，需要补充和强调的是，桐庐县在小微机构养老模式的探索过程当中，非常重要的探索是重视整合政策和资源，通过"微型机构＋X"的政策探索，有效的将各类资源、各类政策和各类支持性条件进行整合，最大限度的对小微机构形成支持，为小微机构在农村的发展和铺开创造了条件，这也是桐庐县小微机构养老服务模式能够快速推开并取得显著成效的重要原因。

桐庐县的政策实践探索经验，给我国农村养老服务体系建设提供了重要的政策参考，特别是农村在提供专业化服务供给方面，以及在养老服务机构发育和发展方面，应当重视借鉴桐庐县的经验，在政策整合和资源整合上下足功夫，千方百计的把现有的政策用好用足，从而能够为专业服务机构的发育和发展，以及专业服务向农村向老年人家庭延伸，创造支撑性条件。与此同时，针对贫困失能老年人积极的利用与之相关的各类政策和各类资源，充分将民政、卫健、残联、医保等政策系统的各类政策性资源进行整合、集中利用，可以有效的解决和缓解农村养老服务资源不足的问题。事实上，把各类“芝麻盐”式的政策集中起来，形成规模化、体系化、规范化资源，能够在更大程度上回应农村老年人失能照护需要（包括贫困失能老年人）。

表 5－15 桐庐县”微型机构＋X”政策实验效果评估结果汇总

评估对象	评估维度	评估结果
老年人（家庭成员或照料者可代答）	专业服务可及性	第一，提升了专业服务的可及性和可负担性。“微型机构＋X”政策的实施提升了农村失能失智老人的专业服务可及性，减轻了老人及其家庭的经济负担，得到了较好的政策效果； 第二，贫困失能老年人专业服务可及性大幅提升。将各类服务补贴政策进行叠加，农村贫困失能老年人入住小微机构费用收支大体平衡、略有缺口。政策、资源整合，以及机构给予更多价格优惠（公益性价格歧视），有助于显著提升专业服务可及性。
	专业服务可负担性	
养老机构	服务成本收益	机构短期内盈利状况欠佳，但长远来看机构运营状况良好，大多数机构对可持续性方面有信心，认为由于节约了大量的建设成本，所以，小微机构成本收益容易平衡。
地方相关部门（工作人员）	政策实施总体效果	政策总体实施效果良好，取得了不小的成效，基本实现了“垂暮不离亲、养老不离家”，“接地气、成本低、可复制”。

（四）孝善文化建设引领模式：基于常山县政策实验的深度观察

1. 政策创新实践探索

本案例相关数据及资料内容来源于常山县民政局等相关部门，以及钱江晚报网、今日常山网等相关网页。具体来源见脚注。[1]

常山县总人口数 34.4 万人，其中 60 岁以上老年人 6.9 万人，老龄化程度较高，亟需建设养老服务体系。常山县素有“好人之城”的美誉，“善良”是

〔1〕 钱江晚报网：http：//news. eastday. com/s/20180521/u1ai11448274. html；今日常山网：http：//jrcs. zjol. com. cn/html/2019－02/16/content_ 213805. htm；

常山最好的代名词，俗话说“百善孝为先”，常山县政府深耕传统文化，确立了以“孝文化”为牵头的养老服务体系的发展方向，被评为“浙江省民生获得感示范工程”。

为推动孝文化的贯彻实施，常山县公布实施了一系列政策文件，包括《常山县“幸福爷爷　快乐奶奶”行动方案》（常委办〔2018〕18号）、《2019年“5.20”常山敬老日活动方案》（常幸办字〔2019〕2号）、《2019年“九九重阳节”系列敬老活动方案》（常幸办字〔2019〕6号）等。这些政策文件规定了具体的实施细则和孝文化内容，使敬老孝老真正落到实处。总体而言，常山县的孝善文化工程包括：一套标准、十件实事、百村孝榜、千人结对和万众尊老。

第一，一套标准。从2018年起，常山县政府推出了一套“常山孝老标准”，这是在全国首推孝老量化标准，推动了家庭尽责的回归。政府在物质与精神两方面规定了量化指标：在物质方面，倡导子女每年给每位老人不低于3600元的赡养费，经济困难的家庭每年给每位老人的赡养费不低于1800元；在精神赡养方面，倡导子女每半月看望老人或每周联络老人不少于1次。以此，让老年人在家庭层面上真正实现老有所养、老有所依。

第二，十件实事。常山县设立“5.20”为常山敬老日，动员社会力量关爱老年人。每年为老年人开展一次上门免费体检，并建立个人健康档案。除此，还建立了“孝老公益律师”制度，为每个乡镇（街道）至少聘请一名律师，免费为老人提供权益保护方面的司法救助。另外，还包括为老龄老人发放高龄津贴、为老人祝寿等活动，不一而足。通过落实十件实事，使老年人能够真正享受到政府、社会、家庭对他们的关爱和帮扶，满足他们日常生理、安全归属等多层次的需求。

第三，百村孝榜。为保障孝老政策的有效落实，常山县全县村居开展“评孝立榜”活动，围绕孝顺家庭老人，设立孝老敬老“红黑榜”，选树一批“孝星”，评选孝星上红榜，进行宣传奖励，对于未尽到赡养责任的子女则放到黑榜上公开，以此来进行监督，扬德曝恶，引导广大民众见贤思齐、尽孝行善。“红黑榜”政策通过激励与惩戒机制，对子女养老、孝老、敬老产生了强烈的促进作用，对于全县孝老文化的改善起到了立竿见影的效果。

第四，千人结对。千人结对是指整合县村乡级党员干部资源，以“部门包村”为基础，延伸工作内容，整合县乡村三级党员干部力量，与困难、孤寡、失能、空巢老人进行“一对一”“一对多”的结对帮扶。规定党员干部每年至少上门看望结对老人一次，以此督促、引导子女履行赡养义务（张静，2021）。

第五，万众尊老。万众尊老目的是在全社会形成“像孩子一样爱老人”的社会风尚。常山县通过编撰《常山孝经》、建设常山孝老文化馆、设立“幸福爷爷 快乐奶奶”关爱基金等等，让孝经进校园、进社区、进农村，使之成为弘扬社会主义核心价值观的鲜活教材，在全社会弘扬孝老文化。

同时，为推动社会孝善氛围的形成，常山县加强政策宣传。开设“孝行天下”电视栏目，加强孝老敬老正面宣传和反面曝光，增强社会舆论对孝善社会风气的引导推动。除此之外，围绕孝老敬老和老有所为，统筹开展“十大孝星”、“最美媳妇”、“最美爷爷奶奶”、“慈孝村”等“最美”系列评选表彰活动。通过塑造生动鲜活的“常山偶像”，把弘扬孝善文化作为提升乡风文明的“牛鼻子”，让树家风、淳民风、正乡风从孝老开始。

2. 政策实验设计基本说明

（1）实验目标说明。

正如上文所述，地方公共政策设计和实施的目标，可以视为相应政策实验探索的目标。常山县孝善文化引领养老服务体系模式，本质上就是通过孝善文化打造和引领，引导和发扬孝善文化精神、形成孝善文化氛围，进而改善家庭关系、促进老年友好型社会文化，提升老年人生活状况和失能照护状况，提升老年人（包括贫困失能老年人）的幸福感和获得感。常山孝善文化引领模式的一个重要特征是通过孝善文化引领，特别是确定和引导家庭责任，为更好的厘清政府、社会和家庭的养老照护责任奠定条件。

（2）实验要素说明。

下文将对常山县孝善文化建设引领模式政策干预的实验要素进行说明，具体包括干预、结果、实验组、对照组、前测和后测。如下表 5 – 16 所示。

第一，在政策干预上，常山县以孝善文化为引领，制定一系列政策制度。考虑到孝善文化建设侧重的区域内整体社会氛围的政策影响，属于非强制、弱干预的政策方案，其影响范围覆盖了整个县域，无法在县域内区分实验组和对照组。考虑到常山孝善文化引领模式是一个体系性的建设，也包括一些更具强制性、有形性的政策干预方案，所以，本研究确定通过将具有强干预特征的农村养老“红黑榜”作为政策干预的操作化变量，将其视为常山孝善文化引领的代理变量。所以，实施了农村养老“红黑榜”的农村（老年人）将被视为实验组，没有实施农村养老“红黑榜”的农村（老年人）将被视为对照组。

表 5-16　常山县孝善文化建设引领模式政策干预要素

实验要素	具体内容
政策干预	常山县孝善文化引领政策（农村养老“红黑榜”）
政策结果（前后差异）	老人与家庭方面的影响：老年人的家庭关系、家庭矛盾次数、家庭幸福感等； 村/社区方面的影响：整体的孝善文化氛围； 地方政府方面的影响：政策实施总体效果；
实验对象	常山县实施养老“红黑榜”政策的乡镇（芳村镇、青石镇）
对照对象	常山县尚未实施养老“红黑榜”政策的乡镇（金川街道、白石镇）

第二，在政策影响结果上，“红黑榜”政策对家庭的孝老意识和行为产生深刻影响，并最终助推社区整体孝善文化的形成和政策整体实施效果的评估。根据研究需要，政策干预结果从三个层面来进行衡量。具体而言，在家庭层面上，“红黑榜”政策影响了子女对老人的物质支持水平和精神慰藉程度，对于家庭关系的改善、家庭矛盾次数的减少以及老年人的家庭幸福感的提升产生很大的影响；在社区层面上，“红黑榜”政策有助于社区、村庄形成良好的孝善文化氛围，推动社会和谐；在政策层面上，“红黑榜”政策的覆盖范围和实施程度，对于常山县整体孝善文化制度的推行产生了不小的影响，决定了政策的实施效果。

第三，在政策实验组与对照组上，本实验选取常山县部分已经实施“红黑榜”政策的农村为实验组，对村内老年人进行调查；选取常山县尚未实施“红黑榜”政策的农村作为对照组，采用同样原则调查其中的部分行政村老人。

第四，在前测和后测上，由于常山县自 2018 年 11 月开始在县域内着力推进孝善文化，因而本实验采用两年前与当前的孝老敬老状况作为前测和后测，从而对实验效果进行对比。但是，由于深度观察时间段的限制，研究团队无法长期跟踪政策实验效果，所以，一方面，通过调查和观察反映老年人当前生活状况、家庭关系等方面的情况，进行实验组与对照组之间的对比，本质上属于准实验的逻辑范畴；另一方面，基于回溯性问题和变动性问题，分析政策实施前后的效果差异，也作为重要的评估分析变量。

（3）数据及资料获取说明。

本实验的数据及资料主要来源于问卷调查和实地调研观察两种。

第一，基于访谈。主要访谈常山县县级、乡镇级民政部相关工作人员，访谈内容主要集中于政策实施运行情况、政策运行情况和对应效果，包括政策对需求方的影响和对供给方的影响。同时访谈对应区县相关机构、设施的负责人（工作人员）。最后，还基于入户调查，访谈了农村老年人家庭（包括贫困失能老年人）。

其二，基于问卷调查。本实验主要调研了常山县4个乡镇下的206位老人。调查内容主要包括政策的实施现状、运行情况及对应效果，涉及“红黑榜”政策实施前后以及是否实施对当地尊老敬老氛围和老年人幸福感等方面的影响。其中，将推行了“红黑榜”政策的猷阁口江家村（分别在芳村镇、青石镇）作为实验组（即A组），将未推行“红黑榜”政策的十里山村、新塘岭村（分别在金川街道、白石镇）作为对照组（即B组）。采用随机抽样原则，在A组中共抽取到95位老年人，在B组中共抽取到111位老年人。对比A组样本和B组样本老年人，发现老年人的性别、年龄、经济状况没有显著差异，具备作为对照组的基本条件。

其三，基于实地观察。通过研究团队的实地走访观察，了解常山县孝善文化的推行情况，并对各县“红黑榜”政策的实施情况和实施效果进行了解评估，收集相关信息。

3. 政策实验探索成效评价

常山县实施的养老“红黑榜”政策，目的是推动县域内孝善文化氛围的形成，发挥家庭养老的作用。从深度观察的视角来看，可以被视为一个实验，政策干预的效果的评估应当基于前测、后测以及实验组、对照组的双重差分，通过两次差分制度，来得到“红黑榜”政策干预的“净效应”。

基于常山县养老“红黑榜”政策，本部分对政策效果的评估主要从以下三个一级指标展开，分别是针对老年人及家庭的子女尊老孝老程度、针对社区/村的孝善文化氛围、针对地方相关部门的政策实施总体效果。具体而言，子女尊老孝老程度涉及子女对老人的物质支持（给老人的钱和物）和精神支持（与老人联系次数）、老年人一个月内的家庭矛盾次数三个客观指标，老人家庭关系、家庭幸福感和子女关心或照顾老年人的状况改变情况三个主观指标；社区/村的孝善文化氛围包含受访老年人周边家庭的家庭关系状况、社区/村整体的孝善文化氛围两个主观指标；政策实施总体效果涉及“红黑榜”政策的推广范围、覆盖的行政村数量这个客观指标和对孝善文化养老模式可持续、可推广的评价这个主观指标（见表5－17）。

表5－17　常山县孝善文化建设引领模式评价指标

评估对象	一级评估维度	二级评估维度
老年人	子女尊老孝老程度	客观指标：子女一年内给老人的钱和物的总折合金额
		主观指标：子女关心或照顾老年人的状况改变情况
		客观指标：子女一个月内与老人联系或见面的次数
		客观指标：老年人家庭去年内的家庭矛盾次数
		主观指标：老人的家庭关系
		主观指标：老人的家庭幸福感
社区/村	孝善文化氛围	主观指标：受访老年人周边家庭的家庭关系状况
		主观自评：社区/村整体的孝善文化氛围
地方相关部门（工作人员）	政策实施总体效果	客观指标：“红黑榜”政策的推广范围、覆盖的行政村数量
		主观自评：对孝善文化养老模式可持续、可推广的主观评价

在针对老年人的子女尊老敬老程度的指标上，其政策实施效果符合预期，较为成功。根据下表5－18数据，可以得出如下结论。

第一，在子女给老人的物质支持方面，常山县倡导子女每年给每位老人不低于3600元的赡养费，经济困难的家庭每年给每位老人的赡养费不低于1800元。数据显示，养老“红黑榜”政策在子女给予老人物质支持方面具有一定的约束力，实验组受访老人获得的子女物质支持较两年前增加明显，与对照组差异显著。

第二，在子女给老人的精神支持方面，常山县倡导子女每半月看望老人或每周联络老人不少于1次，从实验效果来看，实验组老年人获得的子女精神支持提高的更多，在实施“红黑榜”政策后，绝大多数子女看望老人的频率都高于规定的最低要求。具体来看，实验组有16%的家庭，子女看望老人的频率较两年前出现了明显提高，而这一比例在对照组中仅为1%左右，差异显著。另外，从“子女或配偶对老人关心照顾情况”这一变量来看，实验组有超过一半的被访者认为照顾情况好（包含“比较好”和“很好”的家庭），而对照组则不足40%。因此，综合各方面，养老“红黑榜”政策，有效的改善了老年人的精神需求状况，提升了家庭孝文化氛围。

表5－18　常山县调查分析结果

变量	A组	B组	显著度
对“红黑榜”开展情况的评价（1＝很好　2＝比较好　3＝一般　4＝比较差　5＝很差）	1＝3.13% 2＝9.38% 3＝87.50% 4＝0.00% 5＝0.00%	–	–
与两年前比，子女给的钱和物变化情况（1＝变多　2没变　3＝变少）	1＝32.35% 2＝62.75% 3＝4.90%	1＝24.30% 2＝75.70% 3＝0.00%	*
子女及其配偶的关心或照顾情况（1＝很好　2＝比较好　3＝一般　4＝比较差　5＝很差）	1＝16.00% 2＝40.00% 3＝36.00% 4＝5.00% 5＝3.00%	1＝1.87% 2＝37.38% 3＝57.01% 4＝2.80% 5＝0.93%	**
一个月内与子女联系或碰面次数变化情况（1＝变多　2没变　3＝变少）	1＝13.73% 2＝86.27% 3＝0.00%	1＝1.87% 2＝98.13% 3＝0.00%	**
与两年前比，社会参与情况变化（1＝变多　2没变　3＝变少）	1＝47.00% 2＝53.00% 3＝0.00%	1＝3.74% 2＝96.26% 3＝0.00%	***
与两年前比，家庭成员产生矛盾次数变化情况（1＝变多　2没变　3＝变少）	1＝1.96% 2＝92.16% 3＝5.88%	1＝0.00% 2＝100.00% 3＝0.00%	–
与两年前比，家庭关系变化情况（1＝变好　2没变　3＝变差）	1＝26.00% 2＝73.00% 3＝1.00%	1＝3.74% 2＝96.26% 3＝0.00%	***
与两年前比，家庭幸福感变化情况（1＝变好　2没变　3＝变差）	1＝22.00% 2＝77.00% 3＝1.00%	1＝2.80% 2＝97.20% 3＝0.00%	***
与两年前比，身边老人家庭关系情况变化（1＝变好　2没变　3＝变差）	1＝51.00% 2＝49.00% 3＝0.00%	1＝2.80% 2＝97.20% 3＝0.00%	***

续表

变量	A 组	B 组	显著度
享受到村里组织的助老服务的频率（1 = 每周 1 - 2 次　2 = 每月 1 - 2 次　3 = 几乎不使用）	1 = 0.98% 2 = 30.39% 3 = 68.63%	1 = 0.00% 2 = 35.51% 3 = 64.49%	***
对村里助老服务开展情况的评价（1 = 很好　2 = 比较好　3 = 一般　4 = 比较差　5 = 很差）	1 = 29.41% 2 = 13.73% 3 = 54.90% 4 = 1.96% 5 = 0.00%	1 = 0.00% 2 = 13.08% 3 = 85.05% 4 = 1.87% 5 = 0.00%	***
与两年前比，村内助老服务变化情况（1 = 变好　2 没变　3 = 变差）	1 = 38.24% 2 = 61.76% 3 = 0.00%	1 = 15.89% 2 = 84.11% 3 = 0.00%	**
与两年前比，村/社区整体的孝老氛围变化情况（1 = 变好　2 没变　3 = 变差）	1 = 40.20% 2 = 59.80% 3 = 0.00%	1 = 17.76% 2 = 82.24% 3 = 0.00%	***

注：* 代表显著度 p 值小于 0.05，** 代表显著度 p 值小于 0.01，*** 代表显著度 p 值小于 0.001。

第三，在老年人家庭矛盾次数方面，实施“红黑榜”政策的地区，家庭矛盾次数在一定程度上减少，孝善文化的贯彻落实有效化解了家庭纠纷，促进了老人与子女之间的相互理解和包容程度。

第四，家庭矛盾次数的减少，也促进了家庭关系的和谐，在老人对两年前与当前家庭关系的评价中，超过 1/4 的实验组老人直言家庭关系变好，这一数字远超过对照组 3.74% 的比例，这充分说明养老“红黑榜”政策使得家庭和谐的氛围正在不断形成与拓展。

第五，养老“红黑榜”政策提高了老年人的家庭幸福感，强化了养老服务中的家庭责任，家庭在养老中的不可替代的作用正在凸显，以家庭为单位的养老服务深深迎合了老年人的养老需求。从数据中可以看出，实验组受访老人中有 22% 认为家庭幸福感比两年前有了长足的改善，而对照组老人的比例仅为 2.80%，养老“红黑榜”政策效果显著。

CSQ1：“自从村中实施养老‘红黑榜’政策以来，明显感觉到（村里）整个状态都变了，子女对老人都变得更好了，大家之间关系也比以前更好了，自己的生活质量比之前有了很大的提高。子女比以前更加孝顺了，以前可能一个多月回家看我一次，现在只要工作有时间都会带着孙子回来一趟，中间还会经常给我打电话。（作为）一个老人，子女能够多花时间陪伴比任何东西都好。”（来自常山县芳村镇老年人的深度访谈）

CSQ2：“自从推行孝老活动以来，对自己、家庭成员和身边的老人都产生了很好地影响，在家庭关系上矛盾少了，相互之间更能相互理解和包容。平时跟邻居家老人唠嗑的时候都说子女比以前更孝顺了，政府的孝老政策非常好，真正顾及到了我们老年人的切身感受。”（来自常山县青石镇老年人的深度访谈）

CSQ3：“我明显感觉到家庭关系明显比以前变好了，我与我老伴、儿子之间几乎不再吵架了，吵得少了，少了。”（来自常山县青石镇老年人的深度访谈）

在针对社区/村的孝善文化氛围的指标上，养老“红黑榜”政策也取得了立竿见影的效果，政策作用显著。首先，不仅受访老年人自身家庭关系有了显著提高，受访老年人周边家庭的家庭关系状况也得到了改善，这就形成了一种和谐孝老的社会氛围，孝善文化的推行呈现出整体向好的趋势。具体到数据中，在对实验组的调查中，有一半的受访老人能深切感受到周边老人家庭关系的不断改善，与两年前相比，他们的家庭关系明显变好；而对照组却仅有2.80%，差异显著。

其次，通过主观自评指标来看，实验组社区/村整体的孝善氛围更加浓厚，达到了比较高的水平，这是对养老“红黑榜”政策效果的一种肯定。从实验结果来看，实验组有超过40%的受访老人认为所在社区/村的孝善文化氛围浓厚，与两年前相比明显变好，对照组这一数字为17.76%。另外，从村内助老服务开展情况来看，实验组有29.41%的老人认为助老服务开展效果很好，另有13.73%的受访者认为效果比较好；对照组则只有13.08%的老人认为效果比较好，几乎没有老人对助老服务的效果表示十分满意的。综合各类因素，可以发现：养老“红黑榜”政策对于整体社区/村的孝善文化氛围的提高具有明显作用，极大地推动了社会的尊老敬、老孝老爱老行为。

CSQ4：“自从常山县开始推行孝善文化以来，村内开展的助老志愿服务活动次数明显增多。在重阳节、中秋节、敬老日等重要节日，都会有志愿者前往孤寡、失能老人家中，给老人带来食品、衣服等一些其他生活用品，还帮助老人打扫卫生、陪老人聊天。总体而言，孝善氛围明显浓厚了。”（来自常山县

青石镇民政人员的深度访谈）

CSQ5：“养老‘红黑榜’政策起到了很强的激励和惩戒作用，通过张榜公示，社会中的虐老事件明显少了，子女和老人的关系更加融洽了，年轻人对老人也更加有礼貌了。”（来自常山县芳村镇民政人员的深度访谈）

在针对地方有关部门的政策总体实施效果指标上，目前政策实施较为满意，势头良好。一方面，两年来养老“红黑榜”政策的推广范围不断扩大，覆盖的行政村数量不断增多，可见政策得到诸多乡镇及行政村的支持，其政策效果得到了肯定。另一方面，孝善文化是建立在我国儒家“孝文化”的基础上的，符合我国的文化价值观，同时该政策通过有效发挥家庭的养老功能，能够在很大程度上缓解政府和社会的养老资金压力，因而具有较强的可持续与可推广性。

CSQ6：“今年5月20日，是我们第三个‘5·20’敬老日活动，为此，我们开展了一系列‘八个一’推广活动，以“孝善文化”为导向，开设‘礼在春秋’等孝老志愿服务活动，并从人文美、洁序美、文明美、形象美、发展美五大维度，将孝善文化融入有礼指数‘八个一’内容，推出了通俗易懂、言简意赅的七字言有礼公约，将‘孝’渗透到每个家庭当中。通过一系列的孝老敬老活动，满足了许多生活不便的老人的物质与精神需要，老年人的幸福感有了很大的提升，常山孝老之城彰显了活力，政策的推广范围不断扩大，获得了普遍的支持与好评。孝善文化政策丰富了孝的内容、夯实了善的根基，符合我国传统文化的诉求，值得进行大力推广。”（来自常山县芳村镇民政人员的深度访谈）

综上所述，基于政策探索评估的指标体系以及具体基于调查、观察得到的评估结果总结如下表所示。

表 5－19　常山县孝善文化建设引领模式评估结果

评估对象	一级评估维度	总体评价
老年人	子女尊老孝老程度	第一，养老“红黑榜”政策实施以来，老年人获得的子女物质支持在一定程度上出现增加，养老“红黑榜”政策改善了老年人的物质需求状况； 第二，子女对老年人的照料时间增加，老年人对照料效果的满意度高；实验组老年人获得的子女精神支持提高的更多，绝大多数子女看望老人的频率有所提高； 第三，家庭矛盾次数在一定程度上出现了减少，政策有效化解了家庭纠纷； 第四，较对照组，实验组的家庭关系出现明显的变好迹象； 第五，老年人的家庭幸福感提升，养老“红黑榜”政策强化了养老服务中的家庭责任；
社区/村	孝善文化氛围	第一，和谐孝老的社会氛围逐渐形成，孝善文化的推行呈现出整体向好的趋势； 第二，老年人享受到的助老服务频率明显提高，养老“红黑榜”政策效果明显；
地方相关部门（工作人员）	政策实施总体效果	第一，政策的推广范围不断扩大，覆盖的行政村数量不断增多； 第二，符合我国的文化价值观，具有较强的可持续与可推广性；

第四节　研究结论汇总

本部分基于实地调研的结论，对东部四地区实地调研数据分析的主要结论进行汇总。

为有效回应农村（贫困）失能老年人照护服务需求，我国各地方开展了多样化的实践探索，其中，作为国内养老服务的引领性地区，鲁、浙两省为我国（贫困）失能老年人照护服务问题的应对提供了部分先进经验，主要结论汇总如下。

表 5-20　东部典型地区农村养老与照护服务解决方案结论汇总

	特色模式	主要做法
山东青岛	以养联体为骨干的农村县域养老服务体系	重点建设县域内纵向养联体，整合签约家庭床位、社区级居家养老服务站、街道级居家社区养老服务中心，形成以纵向养联体为骨干的县域养老服务网络基本架构。
山东日照	以服务多元化为核心的农村养老服务模式	着重创新养老服务模式，规范建立“互联网+服务递送”模式建立失能失智养护中心、定制个性化服务包、推动区域连锁运营。以五莲县、莒县为代表的农村幸福院发展较好，开创了农村互助养老的新格局和新模式。
浙江杭州	以小微机构为特色的农村养老服务模式	以小型化、分散化、中端化、融合化发展理念，通过经济保障、运行保障、组织保障提供支持，重点打造以家院一体、就地养老为特色的小微机构。
浙江衢州	以孝善文化为引领的农村养老服务模式	深度挖掘传统孝善文化，通过推动孝善文化引领，明晰家庭、国家、社会的责任边界，推进整个农村养老服务体系建设。

第一，山东青岛探索以养联体为骨干的农村县域养老服务体系。青岛市重点建设县域内纵向养联体，整合签约家庭床位、社区级居家养老服务站、街道级居家社区养老服务中心，形成以纵向养联体为骨干的县域养老服务网络基本架构。青岛为支持养联体建设出台了一系列政策措施，包括各类资金支持、补贴等，并融入互联网因素，推动专业服务向家庭延伸，为县区内农村（贫困）失能老年人专业照护服务供给奠定了基础。专业服务递送到家庭是纵向养老服务联合体政策创新的重要目标，从青岛胶州的政策实验来看，地方政策探索取得了部分成效，专业服务的可及性和可获得性都有较大幅度提升。此外，现有政策组合（特别是护理保险制度和服务补贴等制度）大幅提升了老年人获得相应专业服务的能力，来自胶州市东部地区引领性经验表明，通过完善政策组合可以基本满足农村贫困失能老年人的专业照护服务获得，而政策整合和资源整合是推动供需均衡的重要基础。东部引领地区专业照护服务延伸至家庭的成功经验，为我国其他地方推动专业照护服务延伸到家庭增强了信心，也提供了政策未来发展的方向。

第二，山东日照探索以服务多元化为核心的农村养老服务模式。日照市着重创新养老服务模式，建立失能失智养护中心、定制个性化服务包、推动区域连锁运营，同时，着重提升社区居家养老服务平台功能，规范建立“互联网+

服务递送”模式，探索农村贫困失能老年人照护服务模式，提升老年人群生活质量。此外，作为日照农村互助照护的重要创新，日照市五莲县的“互助养老+扶贫”模式政策创新，立足农村养老社会难点焦点，五莲县探索建立互助养老+扶贫模式，通过政府购买服务、社会爱心捐赠等方式，聘请有劳动能力的居家贫困妇女与贫困失能老人结对帮扶，初步探索出了农村留守老人养老的新路径，同步解决“贫”和“困”两个难题。日照市五莲县“互助养老+扶贫”模式探索创新，“让老年人吃上热饭”作为最大目标，将互助养老与扶贫工作相结合，既作为解决农村贫困（失能）老年人养老与照护服务问题的主要路径，也同步推动扶贫工作。五莲县的政策探索并不是以解决农村（贫困）失能老年人服务照护为主要目标的，而是以提供日常的吃饭、巡护服务为目标。五莲县作为具有全国平均经济社会发展水平的县，其在幸福院和互助养老方面的实践经验，为全国其他地方提供了非常好的参考，相应模式具有相对良好的可复制性和可扩散性。

第三，浙江杭州探索以小微机构为特色的农村养老服务模式。杭州市桐庐县探索出了小微机构养老为特色的农村养老服务模式，重视小型化、分散化、中端化、融合化发展理念，以家院一体、就地养老为特色，以弥补市场失灵、解决照护服务问题为目标；同时，出台各类支持政策和保障措施，为小微机构发展保驾护航，推动小微机构不断向专业化、规范化方向发展。桐庐县小微机构养老模式为相对发达地区农村专业照护服务供给积累了宝贵经验，成为回应农村（贫困）失能老年人照护服务需求的重要模式探索，为我国未来农村范围内供给专业照护服务提供了重要的模式参考。随着我国经济社会发展，东部引领地区的先进经验，会逐步扩散到中部和西部地区，桐庐县的小微机构养老服务模式也是未来中国农村失能专业服务供给的重要方向。

第四，浙江衢州探索以孝善文化为引领的农村养老服务模式。衢州市常山县深度挖掘传统孝善文化，通过推动孝善文化引领，明晰家庭、国家、社会的责任边界，推进整个农村养老服务体系建设。衢州市 2018 年出台政策批准子女陪护假期，特别是常山县，出台“幸福爷爷 快乐奶奶”行动政策，包括规范孝老标准、设立“520”常山敬老日、设立“百孝榜”（红黑榜）、开展“千人结对、万人尊老”等活动，通过深度发掘传统孝善文化，倡导明晰家庭责任，并发挥基层党组织、政府带头作用推动孝善文化的形成，建立了特有的常山农村养老服务体系建设模式，成为回应农村（贫困）失能老年人照护服务需求的重要模式探索。从经济社会发展水平来看，常山县具有典型的中部县区特征，常山的经验模式探索适合于全国绝大部分地区，相应政策探索有良好的文化基础和社会基础，政策实施成本不高，政策的综合效应较好，具有良好的扩散性和可复制性。

当然，需要再次强调，由于研究时间短，对地方政策探索的观察时间比较短，很多问题和效应未能充分观察到；此外，由于时间短，影响了数据收集的长期性，在缺乏追踪数据基础上的评估效应存在一定局限。但是，考虑到疫情影响和研究时间限制，上述评估结果已经是在现有条件下可以取得的最好数据状态、最好访谈资料情况下做出的评估和分析。当然，期待未来条件具备时，可以对地方政策创新做更长时间的观察和分析，特别是通过长时期的追踪数据，能够更加精准的评估政策探索的实际效应，同时，也能够对地方政策探索的状况和效应有更为深入的分析。

下　篇

农村贫困老年人照护服务政策创制

本部分关注农村地区养老和照护需求最迫切的经济困难失能老年人群，其身体自理能力处在失能或失智的状态，并且来自农村特困家庭、低保家庭、低收入家庭。农村经济困难失能老年人作为最弱势的老年人群体，基本养老和照护服务得不到满足，亟需政府和社会各界的关注和帮扶。同时，基于东部地区调查结果，以及东部地区的案例经验，本篇为农村养老与照护的制度建设提供政策启示与思考，特别是提出本研究认为可以回应农村经济困难失能老年人照护问题的关键性制度安排。具体而言，本研究从统领性、基础性、关键性和支持性的角度出发，对农村县域养老服务体系、基本养老服务清单、照护救助制度以及三维能力识别的逻辑与设计进行论述，从而为我国农村养老照护制度安排的改革与发展提供借鉴。

第六章　农村贫困老年人照护服务政策创新理念

共识和理论是研究的出发点，特别是提出政策建议时，往往需要有相应的理论和理念作为支撑的基础。所以，对政策理念和理论基础更加依赖，只有将相关理论和理念梳理清楚，并很好的支撑思辨思考，才能有利于提出完整、有逻辑的政策建议。

在本部分，相关理论基础主要包括如下几个方面，如导论中提出的脆弱性理论、贫困理论、失能理论、福利多元主义、需求溢出理论、积极国家理论等，这些相关理论是调查研究的重要基础；同时，考虑到上述篇章中涵盖了东部引领地区的政策实践探索，本部分将实验主义治理和政策扩散两个理论作为重要的分析框架基础。

在本篇中，理论与理念基础的主要使命是为政策建议提出奠定基础，而农村养老服务政策体系建设的核心，是处理好各主体之间的关系，特别是针对农村贫困失能老年人的照护服务而言，更关键的是讨论家庭和国家之间的关系，包括各自角色定位、责任排序和责任逻辑，只有上述理论和理念梳理清楚后，才能为建立农村贫困失能老年人照护服务提供理论基础。

一、基本理念：基本公共服务均等化

基本公共服务指的是，与民生问题密切相关的纯公共服务，“除去基本公共服务以外的服务，都属于一般公共服务，如行政、国防、高等教育、一般应用性研究等”（周明海，2008）。进一步，基本公共服务的均等化，通常包含着对“均等化”的几种理解。

第一种理解被称为最低标准说，认为政府应当保证最低限度的公共供给，“一个国家的公民无论居住在哪个地区，都有平等享受国家最低标准的基本公共服务的权利（刘明中，2006）。”最低标准说强调的基本公共服务的均等化，强调的是生存和发展中最基本的条件的均等（项继权、袁方成，2008）。

第二种理解被称为机会（结果）均等说。在这类学说下，“均等”的内容包含两个方面：一方面是居民享受公共服务的机会均等，另一方面是居民享受公共服务的结果均等（周明海，2008）。有学者认为结果均等更加重要（安体富、任强，2007），但更多学者认为，基本公共服务均等化的“均等”更多还是在强调，全体公民都能够公平地获得在数量和质量上大致均等的基本公共服务，其核心应当是“保障机会均等的前提下，使全体国民公平享有基本公共服务的权利，而不应当只理解为简单的平均化”（姜晓萍、郭宁，2007）。因此，归纳而言，基本公共服务均等化应当是全体公民的机会均等、结果大体相同，其实质在于，政府应当为全体社会成员提供基本的、有保障的公共产品和公共服务。在我国，实现基本公共服务均等化的终极目标是“最终实现地区之间的均等，城乡之间的均等和人与人之间的均等”（刘薇，2010）。

基本公共服务均等化的理念，主要基于福利经济学和公共财政的重要特征。在福利经济学理论下，庇古提出，国民收入分配均等化程度越高，社会经济福利也就越大；也有学者提出的社会福利函数理论也指出，公共服务均等化更有利于增加社会福利、促进经济社会发展，这些学说都对我国基本公共服务均等化具有启示意义（Chen et al.，2017）。同时，公共服务均等化的理论基础还源于公共财政的公共性。也就是说，“政府的财政收入来自于全体社会成员，因此公共财政支出也必须用于全体社会成员，这就要求政府必须对所有经济主体和社会成员提供“一视同仁”的基本公共服务”（刘薇，2010）。

在此理念和理论基础上，各级政府积极推进基本公共服务均等化，加快城乡基本公共服务制度一体化建设也成为其中的重点之一。《国家基本公共服务体系“十二五”规划》指出，促进城乡基本公共服务均等化，加大公共资源向农村、贫困地区和社会弱势群体倾斜力度；《“十三五”推进基本公共服务均等化规划》再次强调，要求缩小城乡服务差距、提高区域服务均等化水平等。养老服务属于基本公共服务范畴，农村养老服务事业发展也是城乡公共服务均等化的重点，因此，基于基本公共服务均等化理念，应当重点关注农村养老服务事业发展，切实落实中央关于实现城乡基本公共服务均等化的要求，有计划地推进农村养老服务事业发展并加大政策投入和资金投入，从而保证农村老年人同城市老年人享有机会公平和结果大体公平的、均等的公共养老服务（赵强社，2016）。

二、家庭角色：家孝文化理论的阐释

满足老年人养老服务需求，提升养老服务质量，形成家庭、社会、政府等多元主体协同参与的老龄社会治理机制和社会氛围，家孝文化是隐藏其后的关键因素，可以说，养老本质上是一种文化现象（董红亚，2020）。不同于西方文明，对于东亚儒家文化圈而言，受自给自足小农经济的影响，家族、家庭等血缘关系的和谐有序被视为是人类生存和发展需要的第一前提，这一前提最初反映在观念上的——即儒家文化的价值原点——就是“孝”文化：晚辈关爱父母长辈，尊敬、爱戴老人的一种文化传统。作为中国人最初的哲学思考和文明构建的价值原点，孝文化孕育了中国人独特的生命意识、历史意识和道德意识，是中华民族最深层的精神追求，也是构建中国现代文明不可忽视的文化基因（唐凯麟，2019）。

孝文化是传统中国“家国天下”的重要支撑，其形成存在两个最基本的前提和原因。其一，农业社会结构下，以血缘为纽带的大家庭共同居住，共事生产，家庭是分散风险的基本单元，并且子女对父母的赡养和照料可及可得（董红亚，2020）；其二，出于血亲关系及相应的人力资源，赡养年迈父母是子女应尽的义务，这其中既包括物质上的给予和照料服务的提供，也包括精神慰藉。费孝通将中国的家庭模式归结为“反馈模式”，而非西方的“接力模式”，当父母老去时，子女要承担赡养父母的责任，既是道德要求也是义务（费孝通，1983）。在上述两个方面的基础上，孝文化支持家庭开展综合性的、子女对父母的养老保障，涉及物质、精神和照料等各个方面（董红亚，2015）。

尽管随着快速推进的现代化和城市化进程，孝文化和家庭照料在农村社会受到了一定冲击，家庭养老服务功能弱化，但不可否认的是，血缘、人情、孝德等仍在很大程度上维系着乡村社会的公共道德秩序，家庭也仍在农村地区发挥着重要的养老和照护作用，农村地区老年人的照料服务仍主要依靠家庭获得（米莉、顿德华，2020）。基于家庭养老具有扎实的孝文化根基，同时基于家庭在养老中的亲情价值和社会养老发展的不充分，应当重视支撑家庭养老的孝文化的作用和传播，尤其对于社会养老发展更不充分、孝文化根基更深、对养老服务需求更旺盛的农村地区（黄健元、贾林霞，2019；Thijs et al. ，2017）。

三、政府角色：积极国家理论的阐释

在积极国家观之下，“国家担负着实现公民自由与社会发展的重要任务”，“被摆在极其重要的位置上”（霍建国，2012）。积极国家观倡导个人与国家的和谐、个人权利与公共利益的统一，同时重视国家能力的积极作用。与之相对，消极国家观则“把国家的合法性建立在对个人自由的保障和为他们实现各自的理想提供充分的条件上”，认为市场这只“无形的手”可以完全取代国家和政府在资源配置的过程中发挥决定性作用（霍建国，2012）。

我国在贫困治理和养老服务领域始终坚持积极国家的政府观和角色定位。长期以来，人们对于国家和政府在公共事务领域的角色定位这一问题的认识和理解不断嬗变，由最初大包大揽的“无限政府”“全能政府”发展到边界收缩，权力、职能在很大程度上受限的“被动政府”“消极政府”，再到如今的，在经济社会发展过程中扮演主导者角色的“积极国家”“有为政府”。积极国家介于两种极端之间，主张国家与市场的有机结合，从而更好地发挥协同作用，释放效能。积极国家强调国家的积极干预，国家对社会政策、社会生活、基础设施建设及生产环节的介入程度较深，强调一个有积极作为的国家才能有效地促进社会和个人自由（余少祥，2017；Franklin，1967）。但应当注意的是，积极国家并不与“消极民众”完全对应，国家干预并不意味着对民众努力的影响，反而，民众的努力能够借助政府力量获得最大程度的发展，这才是有效的干预和有效的努力（邓大才，2021；Green，2012）。

在养老服务领域，同样需要发挥积极国家的作用，此时积极国家的职责在于发挥好制定规划、健全制度、出台政策、引导投入、规范市场、提供信息、营造环境等方面的主导作用，着力增加面向老年人的基本养老服务供给（王建军，2018）。政府的有形之手要在制定规划和标准、实施培训和基础设施建设、公共平台搭建、市场秩序维护等方面提供赋能支持（朱丽君，2019）。而在市场有效的领域，尽管是积极国家，也要减少不必要的干预，放手让市场主体去做。

四、责任顺序：需求溢出理论的阐释

公共产品的供给应当以需求溢出为依据，遵循差别化原则。需求溢出理论作为公共管理学理论，由刘太刚教授提出，其理论主要是在讨论和反思公共物品理论，并将讨论的范畴集中在民生公共物品和民生政策。

需求溢出理论的主要思想和观点认为，民生公共服务和物品的需求不应当采取无差别化的公共政策解决理念，这种无差别化、具有普惠特点的公共物品供给理念，并不是最符合公平和效率标准的选择，而应当采取差别化的原则来应对。而差别化的标准或者依据，就是需求溢出，即以个人或家庭在民生服务中是否无法在家庭内部完成供给和满足，存在需求溢出到社会的问题，应当基于需求溢出以及溢出的程度，来确定按需供给、差别化供给的民生政策策略。同时，在这样一个差别化的民生策略中，政府应当走向关注和补偿弱势人群，来纠正市场和其他领域导致的不公平问题（刘太刚，2011）。需求溢出的思想不断发展，对于需求的类型和溢出程度，也不断细化，刘太刚进一步将个人需求分为人道需求、适度需求和奢侈需求三个等级，主张基于需求溢出的更为精准的差别化的服务供给政策，从而促进政府在公共物品和服务过程中更为精准的提供服务（刘太刚，2019）。

养老和照护服务供给同样属于公共产品供给范畴，也应当遵循需求溢出的原则。具体来看，在养老和照护领域，个人和家庭是第一责任人，政府和社会则是第二责任人，对养老和照护中的需求溢出和责任归属问题而言，政府需要解决的需求优先是人道需求，且应是个人和家庭都无法满足的、溢出的、保基本的需求。换言之，在养老和照护服务上，个人与家庭应当首先承担起主体责任，只有当需求溢出个人和家庭，政府和社会才出面，承担维护和弥补作用（雷咸胜，2019）。

五、责任逻辑：家国共责的基本逻辑

福利多元主义是20世纪70年代中期以来社会政策宏观研究的新范式。有别于对政府、市场或社会等某一主体的具体指向，福利多元主义强调福利来源主体的多元化，福利的筹资和提供应当由不同的部门共同负责和完成，而不是局限于政府这一单一主体。具体来说，在各方之间的关系上，“国家是最主要的福利生产者，但不应是唯一的来源，市场是重要的福利的来源，个人和家庭都要从市场中购买福利，而家庭是福利的基本提供者”（金虹等，2020）。

具体到养老服务领域，在福利多元主义的视角下，应由单一的政府提供养老服务逐步转变为由政府、市场、家庭和社会组织等共同来提供养老服务（王立剑等，2019；唐健、彭钢，2020）。换言之，这同时也意味着养老服务供

给将逐渐改变为多支柱主体协同提供，从而改变过去由单一主体负担养老造成的困境。单一主体负担养老造成的困境指的是，如果仅依靠家庭来提供养老服务，在当前家庭结构小型化和核心化、社会流动带来的空巢老年人数量上升、家庭观念和赡养理念变化的背景下，家庭养老功能弱化，既给家庭的经济、心理等方面造成过重压力，也造成老年人养老需求无法得到充分满足。同理，仅依靠政府的养老服务社会效益和效率都不高，当前的养老服务市场发育尚不成熟，结构性短缺，也无法为老年群体提供适配的养老服务。

因此，在福利多元主体的理论基础上，同时结合我国政府、市场和家庭作为单一主体负担养老的现实困境，在养老服务领域应当提倡家国共责，由国家和家庭共同承担养老服务责任。其中，家庭是第一责任人，我国《中华人民共和国老年人权益保障法》和2021年实施的《中华人民共和国民法典》（婚姻家庭编），都规定了夫妻之间、父母子女之间在经济和生活上相互照料的权利和义务，家庭应当首先为老年人的养老和照护提供物质、精神、社会等一系列支持和服务（胡宏伟、蒋浩琛，2020）；还需明晰和区分养老服务政府责任边界，政府职能需要从直接提供养老服务转变为规范和监管养老服务市场、提供社会化养老制度保证和政策支持，并积极承担承担社会保障兜底责任，保障老年人最基本的养老和照护需求得到满足（唐健、彭钢，2020）。

第七章　农村养老服务的三大支柱支撑与三维能力识别

2020年11月，全国农村养老服务推进会议在江西召开，对我国未来农村养老服务体系发展的路径方向进行了明确，强调了农村养老发展的“四梁八柱”和“三社联动”的运行机制；突出了布局完善、功能互补、统筹衔接的县乡村三级养老服务网络；阐述了以家庭养老为基本方式，以特殊困难老年人为服务保障重点，以互助养老服务为创新方向，面向全体农村老年人不断拓展服务的农村养老服务愿景。

会议指出，农村养老问题事关亿万农村老年人及其家庭幸福生活，事关农村社会和谐稳定，事关党在农村执政根基的加强与稳固。发展农村养老服务，是贯彻习近平总书记有关重要指示批示精神，践行“两个维护”的具体体现；是贯彻党的十九届五中全会精神，实施积极应对人口老龄化国家战略的重要举措；是解决“三农”领域有关突出问题，实施乡村振兴战略的重要要求；是坚持以人民为中心，满足广大老年人及其家庭对美好生活向往的应有之义。各级民政部门要充分认识发展农村养老服务的重要意义，进一步增强使命感、紧迫感。[1]

会议强调，“十四五”时期是开启全面建设社会主义现代化国家新征程、实施积极应对人口老龄化国家战略的第一个五年。要认真落实习近平总书记关于养老服务工作重要指示精神，深入贯彻党的十九届五中全会部署，紧紧把握脱贫攻坚与乡村振兴战略有机衔接的历史性机遇和“十四五”时期积极应对人口老龄化的窗口机遇，以促进城乡基本养老服务均等化为着力点，以筑牢底线补齐短板为突破口，推进城乡养老服务统筹发展，着力打造农村养老服务发

〔1〕 资料来源：中华人民共和国民政部，《全国农村养老服务推进会议在南昌召开》，http：//www. mca. gov. cn/article/xw/mzyw/202011/20201100030516. shtml

展的“四梁八柱”，争取到2025年基本建立城乡融合发展的基本养老服务制度，形成布局完善、功能互补、统筹衔接的县乡村三级养老服务网络，构建居家社区机构相协调、医养康养相结合的农村养老服务体系，为实现2035年中国特色养老服务体系成熟定型，全体老年人享有基本养老服务的远景目标奠定坚实基础。[1]

会议还进一步传达了我国农村养老服务体系建设的五个重点：第一，巩固家庭养老基础地位，支持家庭承担养老功能，加强对家庭的服务指导与帮扶，弘扬敬老孝老美德，营造良好的家庭养老环境；第二，围绕居家社区主阵地，大力发展互助型社区养老服务，推进互助设施和平台建设，加强互助服务的组织引领；第三，针对服务体系短板，着力增强县级特困供养服务机构的失能照护服务能力，拓展乡镇敬老院的区域养老服务中心功能，发挥村级互助养老服务设施前沿阵地作用；第四，着眼培育乡村新动能，因地制宜发展农村养老服务产业，激发农村养老服务市场活力；第五，坚守服务质量与安全红线，狠抓隐患整治，强化农村养老服务综合监管，切实保证服务质量，提升抗击风险能力。[2]

总结而言，全国农村养老服务推进会议所阐释的观点，包含了环境、政策、供方、需方四维要素的互动关系，并以此为基点论述农村养老服务体系建设的发展方向。首先，在环境维度，会议指出了养老服务发展的因地制宜方针和立足乡村新动能的战略，是一种基于农村特殊经济、社会、文化环境的考虑；其次，在政策维度，会议强调了养老服务制度城乡融合发展的重要价值，以及通过政策对供需双方进行整合协调的关键作用；再次，在供方维度，会议强调了在县域体系内，构建县、乡、村三级养老服务网络并强化纵向联合互动的必要性，并不断优化服务供给质量，同时突出了社会互助和家庭养老的重要作用；最后，在需方维度，会议强调了对特殊困难老年人的关注，尤其是要注重对其失能照护问题的应对策略。

正是基于上述背景，本章以本研究确定的基本理念和理论为基础，结合当前我国农村失能失智老年人照护实际状况和地方实践探索经验，并结合全国农

---

〔1〕 资料来源：中华人民共和国民政部，《全国农村养老服务推进会议在南昌召开》，http://www.mca.gov.cn/article/xw/mzyw/202011/20201100030516.shtml

〔2〕 资料来源：中华人民共和国民政部，《全国农村养老服务推进会议在南昌召开》，http://www.mca.gov.cn/article/xw/mzyw/202011/20201100030516.shtml

村养老服务推进会议的会议精神和要求，提出应对农村经济困难失能老年人照护难题的制度框架。具体而言，本研究从统领性、基础性、关键性和支持性的角度出发，对农村县域养老服务体系、基本养老服务清单、照护救助制度以及三维能力识别的逻辑与设计进行论述，从而为我国农村养老照护制度安排的改革与发展提供借鉴。首先，本研究提出了农村养老服务体系的统领性制度框架——农村县域养老服务体系。在县域养老服务体系的框架和县域的空间范围内，同样强调环境、政策、供方、需方四维要素的良性互动与整合。在此基础框架下，本研究进一步提出农村养老服务的三大支柱支撑与三维能力识别，其中，三大支柱支撑包括农村县域养老服务体系、基本养老服务清单，以及照护救助制度，三维能力识别则主要指失能状况、经济状况和家庭照护能力状况。

在本研究提出的政策体系框架中，三大支柱支撑与三维能力识别之间相互关联、层层嵌套、逐渐深入。县域养老服务体系被作为统领性制度框架，农村养老服务应当以县域作为最基本的单元，构建县域内供方、需方、政策和环境的综合场域空间，优化农村养老服务，实现养老服务的空间正义性和可及性（详见第一节）。

具体到农村县域养老服务体系中，应当以基本养老服务清单作为基础性制度安排。基本养老服务清单清晰界定了政府在农村养老服务中的责任与边界，是基本养老服务的基本操作形式，也应当是农村县域养老服务体系的基础表现形式和重要构成（详见第二节）。

进一步，在基本养老服务清单中，兼有经济困难和失能特征的“双困”老年人应当得到政府更多的关注，应被视为整个体系的关注核心群体，所以，照护救助制度应被作为基本养老服务清单中的核心制度安排，通过照护救助制度率先兜住“双困”老年人的民生底线，照护救助体系建设应被视为关键性制度安排（详见第三节）。

而在照护救助中，则要以三维能力进行老年人照护需求的类型和等级划分。从一维经济维度识别（如特困、低保制度），到二维经济与失能维度识别（如当前一系列养老、照护津补贴制度），再到三维经济、失能与家庭照护能力识别，救助制度中对象识别的愈发精准与我国社会救助转型升级的要求相契合（第四节）。

具体有关三大支柱与三维能力的相互关系关系及各节安排如下图 7 - 1 所示。

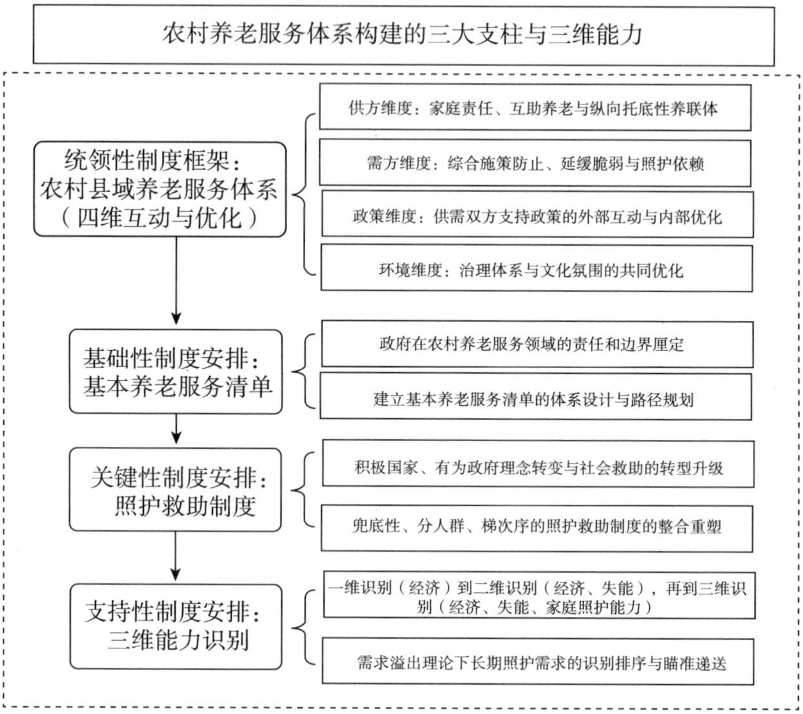

图7-1　第七章逻辑框架与思路

第一节　统领性制度框架：农村县域养老服务体系的逻辑与设计

第一节将对我国农村县域养老服务体系进行概述，包括：农村县域养老服务体系的四维互动；供方维度：家庭责任、互助养老与纵向托底性养联体的上下协同；需方维度：多重脆弱与照护依赖的兜底保障；政策维度：供需双方政策体系的整合完善；环境维度：治理体系与文化氛围的共同优化五个部分，通过对供方、需方、政策、环境四维要素互动关系的逻辑阐述和各部分内容的具体分析，来为我国农村养老服务界定基本的场域空间并提出统领性的制度框架。

一、农村县域养老服务体系的四维互动

以下，将包括农村县域养老服务体系的概念提出和农村县域养老服务体系的内容与四维互动两部分。在阐述县域养老服务体系理念的基础上，对其建立的必要性、包含的内容及各部分间的关系进行论述，以构建农村县域养老服务体系的基本框架，从而为下文具体内容的剖析提供便利。

（一）农村县域养老服务体系的概念提出

养老服务体系是指老年人在生活中获得全方位服务支持的系统，既包含家庭、政府和社会提供的各种形式的养老服务，又包括相关制度、政策、机构等运行要素构成的综合场域（李旭初、刘兴策，2016）。农村县域养老服务体系是针对农村养老服务问题而提出的，它对农村养老服务供给的场域空间进行了更加明确的界定与规范，充分考虑了农村老年人的养老意愿和县域养老资源，是基于可及性视角下供需匹配的最佳选择。

县域养老服务体系聚焦基层，对县域范围内的养老服务资源进行整合。它遵循政府主导、多元主体参与和多层次机构设施互补的建制思路，通过县域治理，将家庭、社区级、乡街级和县区级资源进行重新配置和合理规划，在县域空间内就近解决农村老年人的养老服务需求，是一种基层治理、精准施策理念的延伸与发展。

发展县域层次的养老保障体系是在县域的行政特点和资源特征影响下的现实选择。首先，县作为我国的一个行政区划，具有完备的行政职能相对完善的政策单元。同时，县域拥有也一定的自主性，具体包括自主决策权、政策转化权、资源整合权和能动性四个要素，这些保证了县域能够根据社会实际开展养老服务的建设规划（田先红，2021）。基于上述原因，在县域养老服务体系建设中，县级政府可以作为一个重要主体，有效的参与农村养老服务体系的构建，强化顶层设计。其次，县域的地理范围内也具备一定的物质和人力资源积淀，它既包含村卫生室、闲置土地等村级养老资源，又包含县级的养老、医疗机构，所以能够为农村老年人提供多层次的医疗、照护、生活照料等服务，满足基本养老服务需求。

发展县域层次的养老保障体系更是基于空间正义理念思想的指引，体现了养老服务可及性，是实现人人享有基本养老服务的重要基础。所谓空间正义，

是指“空间资源的分配必须符合正义原则，每个人要平等享有空间权益，获得平等的空间发展机会”，它是一种分配正义，要求空间资源的分配能够满足个人基本需求（李妍，2020）。在养老服务领域，空间正义便直接表现为老年人能够公平可及的享有养老资源、享受养老服务，这就要求发展相对滞后的农村地区要建立完善的养老服务体系，从而具备提供基本养老服务的能力。

县域则为实现这种正义的分配提供了最佳的空间选择，是解决养老服务需求“可获得性”、“空间可达性”、“可负担性”、“适切性”和“可接受性”的最优路径（Penchansky & Thomas，1981）。首先，县域整合是农村养老服务可获得性与空间可达性的最佳选择。通过充分利用农村闲置土地资源和赋闲的人力资源、发挥村卫生室的作用，再以乡镇、县级的养老、医疗机构为补充，既能够满足他们的基本生活需要，又符合农村老人居家就近养老的意愿，同时大大缩短了时空距离，提升了老年人生活的便利程度，提升了基本养老服务的可及性，推动了时空正义的实现。

其次，县域养老服务充分考虑了农村老年人的可负担性。县域养老资源的收费会依据当地生活成本和收入水平，在价格制定上更具有优惠性，更能迎合农村老年人的消费习惯，降低了家庭的财务压力和养老负担。

最后，农村县域养老服务体系提升了服务的适切性和可接受性。受农村自然资源环境和文化传统环境的影响，各地的生活习惯与传统风俗各异，养老服务体系的县域治理，实现了因地制宜，保留了地方特色，使各县可以选择适合当地的养老方式，提高了农村老年人的服务满意度。所以，农村县域养老服务体系能够提供可及的养老服务，能够实现农村养老需求的满足，是一个相对完整的空间，对于实现基本养老服务均等化享有非常关键。

（二）农村县域养老服务体系的内容与四维互动

农村县域养老服务体系是农村老年人满足基本养老服务需求的场域空间，是由区域空间、需求场域、服务体系和政策单元四维要素构成的综合体，如下图 7-2 所示。其中，区域空间是指养老服务的环境体系，涵盖农村的自然、人文和社会经济环境和农村县域治理体系，是农村养老服务体系建立所依赖的土壤根基与宏观背景；需求场域是指农村养老服务需求侧，是由老年人的健康状况、经济能力和家庭照护状况等因素决定的一种对养老服务的现实需求；服务体系是指农村养老服务供给侧，它纵向发展，构成了供给的基本框架，同时，又包含服务资源、服务质量、服务体系、组织管理等诸多评价维度；政策单元是指养老服务的政策体系，是为实现农村养老的供需匹配和需求满足而制定实施的一系列制度安排，并对整个农村县域养老服务体系施加一种政策影响。

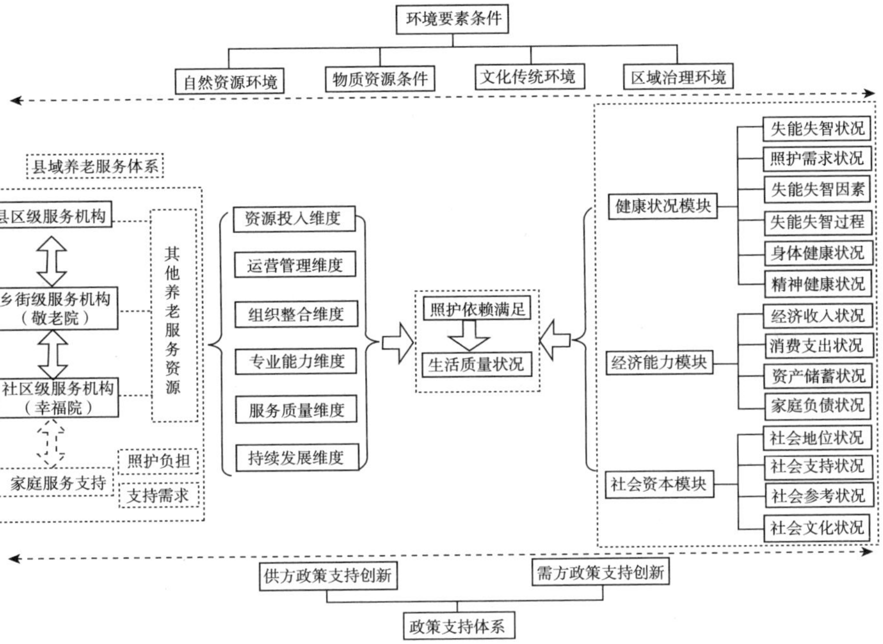

图 7－2　农村县域养老服务体系基本框架

农村县域养老服务体系四类要素之间相互联系，彼此互动，在综合场域中存在着复杂而紧密的逻辑关系。一方面，环境要素会对需方维度产生影响。养老服务环境体系中的文化传统因素深刻影响着农村老年人的养老意愿和养老方式，加之经济社会因素等多方面的影响，居家养老、互助养老成为农村自理老人的养老首选，但是，失能、失智等照护依赖老人的专业护理需求长期得不到满足，这种需求与供给方面的不均衡进一步推动农村养老服务需求侧的改变。另一方面，环境要素也会对供方维度产生影响。养老服务环境体系中的自然资源、物质资源等因素决定着养老服务供给的资源禀赋，最终对养老服务供给侧的服务水平、提供方式等诸方面产生影响。除此，农村县域养老服务体系中的政策维度又分别与环境、需方、供方维度关联甚广。养老服务的政策体系包含着需方政策和供方政策，农村的环境条件将作为政策制定的输入环节，并直接作用于政策决策和实施过程；同时，政策体系又通过调整农村养老资源的配置与利用效率，来优化环境要素，从而对农村养老的供需结构调整和供需数量平衡产生关键改变。这些因素最终都会作用于老年人养老服务需求产生与满足的养老服务市场与平台，最终影响照护依赖的满足和农村老年人的生活质量状况。当然，环境、政策、需方、供方四维度之间的作用场域十分庞杂，互动关系也较为复杂，这里只是对其中部分关系的简要说明。

本研究之所以将县域养老服务体系建设作为引领性的制度框架，主要是考虑县域养老服务体系是一个相对完整的供求对接单元，供方、需方、制度、环境四个维度基本上构成了县域养老服务体系完整单元的所有要素。在环境要素条件下，以及政策支持体系的环境中，需方主体和供方主体充分互动，照护依赖及其衍生的照护服务需求，与供方服务充分互动，照护依赖的满足，最终对失能老年人的生活质量发挥了保障作用。

二、供方维度：家庭责任、互助养老与纵向养联体

在县域养老服务体系的框架中，供方主体通过投入资源、运营管理、组织整合等要素，以及专业能力、服务质量和持续发展能力等要素，进而在养老服务供求市场中提供照护服务，为满足照护依赖老年人的服务需求奠定递送基础。此外，从照护主体来看，家庭、互助养老和纵向养老服务网络尤为重要，是整个供方体系的关键内容和载体，应当高度重视。总之，只有充分重视县域养老服务体系中的供方要素建设，特别是重视发挥家庭、互助养老和纵向养老服务联合体的作用，才能最大限度的改善整个养老服务市场的服务供给。

当然，除了要关注家庭、互助养老、纵向养老服务联合体三类主体（服务形式）之外，也应当关注三类主体（服务形式）的质量发展，既要增大资源投入，也要重视主体自身的发展，包括运营管理能力提升、组织整合能力提升、专业服务能力提升等方面，最终以服务的专业化程度为落脚点和目标，组织实现高质量可持续发展。所以，三类主体（服务形式）都需要赋权增能，不断强化，同时，三类主体（服务形式）也需要互相支撑融合发展，从而实现服务的服务的融合性发展，正式与非正式服务融合发展，专业和非专业服务融合发展。

基于上文阐释，下文将对对农村县域养老服务体系供方维度的内容进行分析，具体包括强化突出家庭责任、注重发展互助养老、推动建立纵向托底性养

联体三个要点，依次从家庭、村集体和政府三个层次来阐述养老服务供给体系。本部分以多元化供给理论为指引，主张在明确各自责任边界基础上，推动家庭养老、互助养老与机构养老的融合发展，权责明确、服务融合，从而满足农村老年人多样化、多层次的养老需求。

（一）强化突出家庭责任

家庭是整个养老服务体系的重要基石，在整个农村县域养老服务中发挥着重要作用，具有基于伦理的道德义务与责任。家庭既是老年人的情感归属，又是养老服务供给的一个重要主体，更是传承孝道文化的主要载体。家庭承担养老服务具有显著的文化传统，并且与传统文化紧密联系。同时，根据需求溢出理论，家庭应当在养老服务中承担首要的责任，只有在家庭需求外溢时，公共养老的作用才得以显现（刘太刚等，2016）。因此，在养老服务的多元化供给主体中，仍然要倡导家庭为本，提高家庭养老的责任意识，这也是中国孝善文化的重要体现。

政府要在强化突出家庭责任中发挥积极作用。一方面，要继续重视与家庭和孝道有关的文化建设，重视不同形式的家庭情感教育，提高家庭成员的心理归属，弘扬传统家庭美德，促进家庭和睦。另一方面，要建立相应的家庭支持政策，这不但要针对困难家庭提供相应的经济支持，而且要为家庭照护者提供政策支持，如经济补贴、荣誉奖励、孝老假期等，从而进一步支持家庭发挥照护职能，发挥家庭的经济支持、服务保障和精神慰藉作用（钟曼丽、杨宝强，2019）。在支持家庭发挥照护支持作用方面，我国目前还未能形成体系性、明确化、强度足的政策体系，家庭支持建设仍然需要进一步加强。

（二）注重发展互助养老

农村是由地缘、血缘关系组成的熟人社会，这种特殊的社会关系网络为邻里互助提供了便利，熟人社会使得社会关系具有稳定性和持续性，为互助养老的发展提供的先决条件。而且，互助养老也是是低成本解决农村养老问题的重要途径，在各地的养老服务中发挥了积极作用。它是农村老年人依靠自身力量相互帮助，满足自身食、住、精神慰藉以及生活照料需求，探索解决自身养老困境的一种新模式，也是社会互助文化的一种现实模式体现（杜鹏、安瑞霞，2019）。

我国不同地域经济社会发展差异较大，不同地区经济社会发展水平参差不齐，特别是部分地区经济水平发展落后，老年人和家庭经济能力薄弱，无力购买专业的社会化服务，家庭养老和农村互助养老仍然是农村养老服务体系的重要选择方式。当然，在重视农村互助养老的基础上，也应该看到，互助养老的基础和条件也在发生变化，既有有利的一面，也有不利的一面。发展农村互助养老，首先，需要发挥政府的主导作用，同时强化政府的扶持、补贴功能，厘清村两委等其他主体在其中的管理与运营职责，积极动员和发挥村民的作用，实现规范化管理。

其次，要利用农村熟人社会的优势，充分开发和激活农村居民与老年人之间自助、互助的动力和热情，充分利用村内闲置资源，利用低龄老年人力资源，建立一支富有奉献精神、年富力强的服务人员队伍，逐步满足老年人的日常生活、精神慰藉等多方面需求，不断推动农村地区互助养老的健康发展（刘妮娜，2017）。

在互助养老发展过程中，要特别重视基层社会治理的作用，要重视党建引领基层社会治理在农村互助养老服务供给中的积极作用，同时，也要重视社会组织在农村互助养老中的积极作用，特别是农村的老年协会等互助组织，对于农村互助养老体系的发展具有重要价值。

（三）推动建立纵向托底性养联体

养联体是“养老服务联合体”的简称，与医联体具有对应性的概念，但比医联体具有更大的灵活性。当前，养老服务联合体并没有一个标准的概念，可以是由政府、市场或市场来主导的养老机构和设施之间的联合性网络或组织。一方面，可以是通过政府主导，由县级养老服务机构联合乡镇级居家养老服务中心及村级养老服务站构成纵向联合体；又可以通过市场行为，由养老服务机构设施联合餐饮、物流、销售、卫生、便民服务等行业部门构成横向养联体。总结而言，养联体是由不同级别的养老机构或由养老机构联合不同社会部门所构成的一种有序运营的联合体，通过信息互通、资源共享、网络连接、互相支撑，从而最大限度高效率提供各类养老服务。

在当前各类养老服务联合体当中，以政府为主导的具有社会公益性质的养老服务联合体是重要的形式载体，主要保险为县区级、乡镇街道级、村社区级的纵向服务网络。由于该纵向服务网络具有显著的政府主导性质和托底性质，可以优先回应特困、贫困失能老年人照护服务需要，托底性、公益性和社会性是其显著特点。所以，也可以将其理解为纵向托底性养联体。纵向托底性养联体是纵向养联体的一种重要形式，它以保障具有多重脆弱的贫困、失能、留守、空巢、失独、残疾等照护依赖老人为主（优先），具有兜底性质。它通过政府作用，加强不同级别养老机构的垂直联系，及时掌握这部分老年人的生活状况和服务需求信息，并对养老资源进行重新分化整合，从而推动专业照护服务的向下渗透，并明确各级养老机构、养老设施的责任，合理划分养老负担，进而实现老年人失能的分级照护。本研究强调在县域内纵向托底性养老服务联合体的充分发展。

县域内纵向托底性养联体建设要以乡镇级居家社区养老服务中心、村级养老服务站和家庭床位为基点，形成相互连接、互相支撑、递送顺畅、分工协作、服务融合的纵向养老服务联合体，重点解决贫困、失能、失独、残疾等照护依赖老人的专业照护需求。青岛市在纵向托底性养联体建设中不断创新发展，在对家庭床位进行适老化改造的基础上，大力推进居家社区养老服务中心与家庭的签约，并以养老服务站为纽带建立密切联系、上门递送服务，这种模式在养老服务体系中发挥了重大作用。

具体来讲，居家社区养老服务中心一般为规模化经营的养老机构，设施齐备、功能齐全，能够提供全套的养老服务，由专业化的服务机构开展运营服务，是农村地区机构养老的主阵地；养老服务站由原来幸福院进行改建或利用农村闲置土地进行重建，能够为一定范围内的老年人上门提供基本的送餐、洗澡、穿衣等生活照料服务，同时居家社区养老服务中心会安排专业的医生与护理员，为服务站为基点，为老人提供上门专业照护服务；家庭床位的适老化改造能够为照护服务提供更好的设施支持，另外，家庭床位签约为机构养老的支持性政策延伸到家庭创造条件，机构上门提供照护服务时，由于家庭养老床位签约，可以享受床位运营补贴，这对于机构而言是较大的激励性政策。此外，由于服务站和家庭养老床位的建立，也便于专业机构及时获取需求信息、提供上门服务、进行评价反馈，同时能够保持与居家社区养老服务中心的实时联系，完成信息传达。

通过纵向托底性养联体建设，扩大了机构覆盖范围，加强了信息沟通共享，及时便捷的提供了上门服务，最终推动了专业照护服务向家庭的延伸，实现了家庭养老、互助养老与机构养老三种模式的充分融合发展。

三、需方维度：多重脆弱与照护依赖的兜底保障

需方维度是整个县域养老服务体系的基石，也是整个养老服务供求的出发点。世界银行最先提出“照护依赖”的概念，照护依赖是个体健康状况、经济能力和社会资本的综合结果，是失能失智等生理特征的反映，同时，也是经济能力和社会资本的干预后的最终结果。照护依赖与服务供给结合互动，最终影响和决定了失能老年人的生活质量状况。

从整个照护体系来看，应当特别关注三个重要的问题，一是厘清农村养老服务体系中的重点人群，特别是应将贫困失能老年人作为农村养老服务体系的重点人群；二是要为重点人群的识别建立条件，形成精准的对象识别体系；三是还应当从失能失智过程出发，通过建立和完善政策体系、行动体系，延缓整个失能失智过程。下文将对三个方面进行系统梳理和介绍。

（一）突出农村养老服务体系的重点人群

正如调研报告所反映，失能失智照护服务需求是整个农村养老服务需求中的重点内容，特别是从照护依赖概念的视角来看，养老服务的重点人群应该是照护依赖人群。而在整个照护依赖人群中，经济上处于弱势地位、无法通过市场力量购买相关服务的人群成为了养老服务体系的重点关注人群。

养老服务体系重点关注人群的选择，需要重视脆弱性的概念，脆弱性是可以为农村养老服务体系重点人群的筛选提供一个更加具有普适性的分析框架。生理、社会等各种劣势的集合决定了老年人具有显著的脆弱性（胡宏伟、蒋浩琛，2020），其中包括经济层面的困难问题，生理层面的失能、失智、残疾问题，家庭照护层面的留守、空巢、失独问题，这些脆弱性因素在农村老年人中普遍存在，需要引起政府和社会的关注，并完善相应的保障措施。同时，各种脆弱性因素间具有一定次序的集聚性（郭丽娜、郝勇，2019），在农村老年群体中，经济困难、失能与家庭照护能力不足之间有紧密的联系，最终致使脆弱多重性的出现和照护依赖问题的产生，这些具有多重脆弱的农村老年人更是需要相关制度进行兜底保障，以防止突破社会底线的事情发生。

经济困难和失能是两项关键性的脆弱要素，经济困难失能老年人本质上是三重因素的叠加，即：经济困难、失能、老年。因此，农村经济困难失能老年人成为了农村养老服务体系的重点关注人群，也是公共政策亟待关注和回应的

人群。随着照护依赖问题的产生和照护依赖老人规模的不断扩大，社会长期照护需求被激发，由家庭无法提供的专业照护服务更是迅速向社会外溢。在此背景下，照护依赖老人的照护服务需求变得尤为突出并存在一定程度的缺位现象，从而处于“制度空洞”之中，照护依赖老人也因此成为需要政府社会重点保护、照护资源主要倾斜的对象。

因此，应当基于各类脆弱要素以及脆弱要素的集合，筛选农村养老服务体系建设的重点人群，在所有的脆弱要素中，经济困难、失能失智、患病、老年等要素是最为常见和重要的，因而农村经济困难失能失智老年人也自然成为了最为脆弱的人群，也成为了农村养老服务体系和公共政策体系关注的重点人群。

（二）加强农村照护依赖老年人的精准识别

政策确定的重点人群需要有相应的配套举措来实现精准识别。实现对农村照护依赖老年人的精准识别和聚焦，要重点衡量其健康状况、经济能力和社会资本，以此来对农村老年人的照护依赖状况进行判定。健康状况直接决定了老年人的养老服务需求，也是衡量照护依赖的重要维度。研究表明，健康状况对农村老年人社会养老服务意愿有显著的负向作用（黄俊辉等，2014），失能失智老年人健康状况相对较差，应当是政策重点关注的群体。经济能力衡量了老年人对养老服务的负担能力和支付水平，而经济困难和身体失能往往相互叠加，造成多重脆弱，导致农村经济困难老年人成为政府救助和兜底的主要对象。

社会资本会对老年人的心理与生理健康产生作用，从而间接影响养老服务需求。它既是一种精神资源，作为情感性支持影响着老年人的心理健康；又是一种社会资源，涵盖与老年人健康相关的非正式照料机制、行为规范机制与社会参与机制，影响着心理和生理健康（方浩，2020）。同时，社会资本包含的家庭照护能力强调了养老服务供给中的家庭责任，是一种对照护需求的“内部吸收”，又与家庭经济能力密切相关（张明锁、米粟，2018），所以也是衡量照护依赖需求中需要关注的一个关键维度。因而，农村老年人的健康状况、经济能力和社会资本是影响农村老年人养老服务需求的关键与核心因素，是衡量照护依赖的关键维度。

基于上述分析，在县域养老服务体系建设过程中，应关注重点照护人群的精准识别，就应当增强三个方面的能力建设，分别是失能评估体系、经济状况评估体系，以及家庭照料能力评估体系。其中，前两个能力评估体系已经获得了广泛的重视，当前，我国经济困难老年人护理补贴的发放就以经济困难和失能两个因素作为筛选条件。但是，作为第三个因素，家庭或社会网络的照料服务能力，旨在衡量失能老年人在家庭或既有社会网络中所能获得的照护服务状况，这一项能力的评估目前在中国尚未得到重视，在学术界也尚未取得共识。但是，从政策精准的角度来看，这项能力评估的评估体系建设也是势在必行，从而建立一个由失能状况、经济状况、家庭照料能力状况三维度的综合识别体系，进而为国家主导的、兜底性的照护救助服务供给奠定基础条件。

进一步，实现精准化识别要从以下三方面入手。第一，要建立需求评估机制，建立完善的评估量表，从日常生活能力、健康状况、经济水平、养老需求、家庭照护能力、影响因素等诸方面进行综合考量，对老年人实行分类分层，从而提高政策瞄准度。第二，应根据现实变化建立服务对象甄选动态调整机制，通过现代信息技术，运用互联网与大数据，为每个老年人“建档立卡”，并及时更新调整信息。第三，要推动管理精确化，建立服务评价及问题反馈体系，并推动各种组织、部门建立协同联动机制，充分利用各部门的信息资源，以挖掘老人的真实需求，有针对性的提供养老服务（杜智民、康芳，2020；贾妍等，2020）。

（三）关注失能预防和延迟

失能过程理论表明，失能是一个连续性的过程，受到多重因素影响，而且，从失能的各阶段来看，关键节点和关键要素扮演重要作用（Verbrugge & Jette，2005）。此外，失能过程干预，一方面可以延缓失能过程，同时，还可以降低失能过程中伴发的各类疾病，减轻失能的冲击和负担，从而降低社会照护负担和经济代价，提升人群的生命质量（巫锡炜，2009）。因此，在县域养老服务体系中应当重点关注需方失能过程的干预，特别是要关注失能预防和延迟作用。

当然，从失能预防与过程干预来看，需要一整套政策干预和行动建设，其中，既要建立基于公共政策的正式支持和预防体系，同时，也应当关注失能失智的知识扩散和技术传播，从而为全社会形成严整有效的失能预防和延迟奠定基础。完善失能预防政策与服务体系能够减少农村照护依赖群体的规模，这对减轻农村地区的养老服务压力是十分必要的。

一方面，需要发展适宜农村的失能预防政策与服务体系，推动老年人养成良好生活方式，构建积极老龄化格局。此外，应促进农村老年人的社会活动参与，通过教育、媒体、社交等多重途径，营造良好的社会参与环境，做好对失能的提前预防；又要重点关注残疾、失能、疾病、经济困难等脆弱老年群体的社会参与渠道，积极开展上门服务，做好失能失智程度和健康状况的实时监控（胡宏伟等，2017）。最终，通过对与健康有关的所有要素进行综合性、系统性的干预政策，促进健康老龄化既定目标的实现（吴隆文、傅慧芳，2019）。

另一方面，要完善社会保护制度和健康维护体系，将二者作为辅助性支柱和制度安排，加大以健康为核心的政策供给，进行顶层设计，为我国的健康老龄化事业发展指引方向和奠定基础，以此来提高老年人生活质量、改善老年人居住环境，从根本上减少社会失能失智群体、从源头上减轻社会照护服务压力（吴隆文、傅慧芳，2019）。

当然，需方角度来看，外生的政策干预并不是重点，基于人群的普遍认知改善和行动才是需方维度的关键，要重视以个人和家庭为中心的失能失智预防工作，特别要重视激发个人和家庭在整个预防和保护体系建设中的积极作用，让个人和家庭建立良好的健康知识、失能失智知识体系，个人和家庭认知和行动的变化是整个需方照护依赖变动的基础，在这个方面，中国仍然需要开展大范围的健康自我管理教育，并将个人、家庭、社区和正式制度安排之间形成完整有效的健康促进体系，共同推动失能失智预防和延迟。

四、政策维度：供需双方政策支持体系的整合完善

政策环境也是一定场域内各方主体互动的重要环境要素，而且，在农村贫困老年人照护方面，由于群体具有兜底性和脆弱性特点，公共政策干预是回应这一群体需求的重要立足点（王辉，2014）。在我国县域养老服务体系建设过程中，要高度重视政策维度，特别是要高度重视具有托底性和基本公共服务性质的政策支持体系（郑功成，2019）。

政策维度是政府在农村养老中的作用体现，是需方与供方两侧政策的综合，与之对应，我国已经建立了分别针对供方和针对需方的政策支持体系，比如，针对供方的床位建设补贴、基于床位的运营补贴，以及其他各类政策补贴、税收优惠等制度安排，以及针对需方的各类津补贴政策，包括针对特定人群的特惠性制度安排。当然，从长远发展来看，政策体系应当从关注供方转向关注需方，加大对需方的支持，需方支持政策是更为合理和福利优化的政策选

择。同时，未来政策走向还应当逐步弱化甚至退出产业政策，随着我国养老服务体系的发展，原有的政策支持体系也需要发生相应变化，从通过补贴鼓励发育、成长和供给，到通过政策鼓励竞争、鼓励提升服务质量和优化服务结构，现实需求和供求背景要求养老服务体系政策发生相应变化。

当然，围绕农村贫困失能老年人的照护服务需求问题，应当建立更加直接和有效的政策回应体系。虽然政策内容和组织千差万别，但是，核心的政策应该对农村贫困失能老年人的问题具有直接回应性，公平性和托底性应当是相关政策的重要特质。基于本研究对于县域养老服务体系的梳理，下文将从重点从三个方面来对农村养老服务体系政策维度进行阐述，包括建立专门的农村养老服务规划性政策、建立基本养老服务清单制度和优化照护救助制度体系三部分。应通过上述关键性政策的建设和完善，明确农村县域养老服务体系的发展方向和制度重心，进一步推动养老服务体系的建立与完善。

（一）建立专门的农村养老服务规划性政策

顶层设计治理范式在当前中国改革步入系统阶段后显得更加重要，应当通过完善顶层设计，不断推动整个农村养老服务体系的建设，同时，也推动各地方在农村养老服务体系建设中规范施策、协同发展。在农村县域养老服务体系建设中，政府要明确职能定位与角色，加强顶层设计，可以考虑尽快制定《2020－2035 农村养老服务发展中长期规划》及其相关专项发展规划，明确中长期指导思想、基本原则，突出规划的先行性、重点性与实务性（陆杰华、沙迪，2019）。这其中不仅包括制定农村养老服务体系持续良性运营所需要的制度规章和政策条例，还涉及发展规划和理念的向下渗透。首先，要“切实处理好与市场及社会的关系，确保政府在农村养老服务发展方面进退有度”，并充分发挥市场和社会的作用，形成多元主体参与、多层次供给服务的养老服务新格局（齐鹏，2019）。其次，“明确各级政府树立社会契约、确立地方财权事权、培育养老服务市场、完善农村社会保障制度、统筹城乡一体化的养老责任”（张世青等，2015）。最终，通过政府力量，规范养老服务的市场化运营，为农村老年人提供基本的兜底保障，从而提升整体服务水平和供给能力，实现服务流程和机制的规范化。

（二）建立基本养老服务清单制度

基本公共服务均等化是本研究的重要理念基础，而落实基本养老服务则需要有对应的政策工具，基本养老服务清单是地方在落实基本养老服务政策过程中摸索出的重要实践经验。

基本养老清单制度是指在明确基本养老服务的内涵外延和价值取向的基础上，对服务项目、服务对象、服务内容、服务标准和支出责任等要求进行明确规定并建立相应的动态发布机制与落实机制，从而对社会养老服务进行规范和引导，以达到提升服务质量、满足社会基本养老服务需求的目的。它是解决农村养老问题的一项基础性制度安排。基本养老服务清单制度通过横向的清单制度系统与纵向的指导性政策文件，并以配套的养老服务设施作为保障，既保证了社会"基本养老服务包"，又突出各地的"特色养老服务包"，完善了顶层设计和强化了因地制宜，成为各地养老服务供给中的重要参考依据和监督评价标准。因而，建立基本养老服务清单制度是农村县域养老服务体系建设的重要环节，是保证养老服务质量的一项基础制度安排。具体内容在后文进行详细论述。

由于制度实施主体和财政格局，我国当前基本养老服务清单的发布主要集中在省级和市级层面，而且，截至目前也仅有少数地区发布了基本养老服务清单。对于县区而言，县域范围内主要是落实基本养老服务清单，而且，县域应当是落实基本养老服务清单的最基础单元，特困、低保等特殊人群的照护服务应当主要在县域范围内给予解决，县域应当是兜底性照护服务的主要供给范畴。当然，基本养老服务清单的实践探索来看，照护救助制度是整个基本养老服务清单的重要内容，应当给予高度重视；同时，针对贫困失能老年人的照护救助制度安排，也应当是整个基本养老服务体系的核心内容，是国家兜底性照护责任的集中体现。

（三）优化照护救助制度体系

我国当前已经建立了具有救助性质的老年福利服务政策，主要包括经济困难老年人护理补贴，从地方实践来看，该补贴主要是为经济困难老年人提供失能照护服务，地方政府主要通过政府购买服务的方式进行执行。将我国特困救助制度和此类护理补贴制度视为一个制度体系，该制度体系具有显著的照护救助性质，虽然在当前政策定位为福利，但从其针对的群体和服务内容、水平来看，更应当将其视为一种针对脆弱人群的救助性服务。我国虽然已经初步建立了具有救助性质的照护服务体系，但是，这个体系仍然发展十分滞后。一方面，制度体系在内容设计、水平保障、运行规范等方面仍存诸多不足；另一方面，各项制度之间仍然存在分割性，在群体、服务内容、保障水平、运行管理等方面仍然缺乏足够的衔接和治理融合；此外，由于对制度的理解存在差异性，部分制度内容被视为福利或福利服务，还是被视为照护救助，仍然存在争论，加上整个政策设计对该部分内容关注仍然不足，这一定程度上也弱化了该项制度的定位与作用发挥。所以，非常有必要进一步完善和优化我国照护救助制度体系，具体包括特困供养制度、经济困难老年人护理补贴制度、经济困难老年人养老服务补贴制度，以及其他补充性、临时性的制度安排，形成照护救助制度体系合理，为兜底人群提供基本性、兜底性的照护救助服务，为落实县域内基本养老服务均等化奠定制度基础（胡宏伟、蒋浩琛，2020）。

我国应高度重视照护救助体系建设，还有两个重要的现实背景。第一，当前我国正式和非正式制度都不能很好的回应经济困难失能老年人照护问题。目前，我国农村地区专业化的照护服务队伍尚未成型，且长期护理保险也处于试点探索阶段，难以广泛覆盖我国农村地区。从当前我国既有长期护理保险试点经验来看，仅有极少数地区的护理保险制度安排覆盖了农村地区居民，护理保险在回应农村居民照护服务方面面临筹资困难、服务递送困难等多方面的挑战。所以，将贫困失能老年人照护依靠护理保险的正式制度安排进行解决是存在很多挑战和困难的，目前条件也是不成熟的。另外，家庭照护能力日益弱化，互助照护服务往往无法回应专业照护服务需求的问题，所以，依靠非正式照护制度回应经济困难失能老年人照护服务也存在较大挑战。对照护依赖老人巨大的照护服务缺口，需要我国农村地区的照护救助制度优先发展，在强调家庭照护责任的基础上，对经济困难失能的老年人外溢的照护服务需求进行兜底保障，从而有效解决照护依赖问题。

第二，照护救助制度优化有助于整合各类兜底性的照护资源，形成托底合力。照护救助的对象是兼有经济困难和失能双重特征的“双困”群体，它聚焦最迫切的照护需求，通过整合救助资源，以现金和服务的综合救助形式，来改变制度碎片化现状，保证不同类型的经济困难失能人群被稳定的长期照护保障制度覆盖，最终达到满足贫困失能老人的护理需求的目的。农村县域养老保障体系在将照护依赖老人作为重点人群的基础上，必须要优化照护救助制度体系，突出照护救助的兜底作用并将其作为一项关键性的制度安排。具体内容在后文进行详细论述。

五、环境维度：治理体系、治理能力与环境优化

环境是各类主体互动的重要空间，同时，环境也包括各类养老服务设施等“硬件环境”，也包括养老氛围、文化等“软环境”，另外，也是地理环境和经济社会环境的综合。考虑到各类养老设施等已经在供方维度论述过，而经济社会环境的主题过于宏大，不适于此处展开论述，所以，此处将论述的重点放在两个治理环境和孝善文化环境两个方面。下文将对农村养老服务环境维度的阐述，将包括加强农村养老服务发展的治理体系和治理能力建设、重视孝善文化等柔性治理要素的作用两个要点，通过对农村养老服务治理体系和文化氛围的共同优化，改善农村养老服务环境，最终推动县域养老服务体系的进一步发展与健全。

（一）加强农村养老服务发展的治理体系和治理能力建设

政府治理和村民自治的互动过程推动着农村养老的发展（杜鹏、安瑞霞，2019）。基层自治是农村治理环境的显著特征，村委会在其中发挥着重要作用；县级政府则通过提供政策指向，与村委会产生良性互动，对县域养老资源进行整合，解决好县域治理的“最后一公里”问题。这种模式下，农村县域养老服务体系的治理也要遵循乡村共治的思路，以农村实际养老问题为导向，在基层探索与政府治理中寻找平衡点。

要提升农村养老服务发展的治理能力建设，也要从政府治理和村民自治的逻辑视角出发，秉承“善治”的理念。具体来讲，要明确多元治理主体在养老服务中职责及协同互动关系，理顺乡村治理体制，构建多元主体协同参与的具有地方特色的乡村治理体系，即：要以政府为主导，统一规划建设；以村级组织为管理服务主体，按照统一标准规范运行（鲁可荣、金菁，2015）。最终，通过改善治理环境，提升治理能力建设，形成农村养老服务发展的治理体系。

当然，治理体系和治理能力也涉及到一系列的制度建设，以及对应的治理主体互动模式和范式变化，包括执政者对于县域养老服务体系建设的认知、共识、能力、工具和行动路径等，同时，也包括其他主体的发展和参与，特别是各类社会组织的发展，是县域内养老服务体系建设的关键之一，不仅关系到专业服务的生产和递送，而且，关系到整个治理体系的多元化倾向。与治理体系

建设对应，治理能力建设也非常重要，这其中包括制度设计能力、制度执行能力、治理改进能力等多个方面，在现实中主要表现为县域内各主体可否有能力确保相对专业服务的供给，以及稳定供给的持续性，服务的精准性也是治理能力的重要体现和要求。当然，老年友好型社会氛围的建立对于整个县域养老服务治理体系建设也非常重要，将老年友好理念融入所有政策，包括规划建设、公共服务、医疗健康、社会治理等多方面的政策，会有助于进一步夯实县域养老服务整体治理能力，增强县域养老服务的内生动力。

（二）重视孝善文化等柔性治理要素的作用

上文强调了老年友好型文化体系建设的重要性，而在整个老年友好型文化环境的建设过程中，孝善文化是非常重要的内容。孝善文化是中国文化传统中的重要组成部分，在当今社会，它仍具有其时代价值和实现机制，在推动农村县域养老服务体系的建设中发挥着重要作用（米莉、顿德华，2020）。如果从制度定位和治理视角来看，孝善文化本质上是通过对家庭和社会网络的强调，支持和强化家庭、社会网络的养老照护责任，是确定家庭、国家和社会养老责任定位和责任分担的重要方式和路径。

农村地区强调的家庭养老、互助养老模式，就与孝善文化等柔性治理要素密不可分。具体来讲，家庭养老、互助养老模式便是以孝善文化作为纽带，来整合养老社会资源，通过挖掘其能动因素，在社会上形成一种尊老敬老的文化氛围（黎赵、罗树杰，2020），从而提升子女对老人的关爱程度、强化邻里互助、激发企业的社会责任感，最终突出了养老服务中的家庭保障、促进了老年人的社会参与、提升了机构设施的服务质量，体现了人性关怀。孝善文化、家风教育等柔性治理要素能够推动社会道德风尚的形成，并进一步对养老行为产生一种规范约束与导向机制，推动农村养老服务向有利的方向转变与发展。因此，重视孝善文化等柔性治理要素是环境维度中不可忽视的环节和步骤。

政府要在孝善文化的传承中发挥统领作用，通过教育软手段和制度硬手段的结合，促成社会对孝善文化的认知与践行。第一，要构建符合时代要求的农村孝善文化内容体系，取其精华、去其糟粕，并不断与时俱进，充分展现地域特色与民族特色。第二，要拓展孝善文化传承的载体样式，要充分利用现代元素与科技手段，融入先进理念，使孝善文化逐渐渗透到居民生活中。第三，要完善相关的法律体系，以此作为支撑，促进良好文化氛围的形成（郑自立，2017）。

当然，还要重视县域内孝善文化建设的支撑性制度，包括加强党建引领的基层社会治理建设对农村孝善文化的支持性作用，也包括要通过探索一些自发性、自愿性的机制，来形成弱强制，比如，一些农村地区开展的“红黑榜”制度“孝老律师”等创新方式，将基于社会舆论和自治的孝老推动方式转变为了具有更高强制力的社会自治模式，这有助于整个县域内养老服务体系的建设和完善。将农村基层的孝善文化建设与基层的社会治理体系建设充分结合，将为农村孝善文化的恢复和扬弃奠定支持性基础，也将有助于各类弱强制方式的落地和实施。

第二节 基础性制度安排：基本养老服务清单的逻辑与设计

针对农村经济困难失能老年人的照护服务问题，本研究认为应着眼于县域养老服务体系建设的总体框架，并在其中特别重视基本养老服务均等化，基本养老服务均等化内含了对经济困难失能人群的照护性救助服务，针对特殊脆弱群体的倾斜性政策（救助），是实现基本养老服务均等化的重点内容。同时，为了更好的落实基本养老服务均等化，有必要以服务清单为重要的制度工具，推动基本养老服务均等化的落实。所以，本研究将基本养老服务清单作为基础性的制度安排，将其视为我国推动基本养老服务均等化享有的根本性制度工具，这也被我国地方基本养老服务清单发展的实践充分证明。依靠基本养老服务清单制度安排，对包括经济困难失能老年人在内的各类脆弱群体给予服务支持，既是我国实现基本公共服务均等化的重要要求，也是对部分兜底性人群和照护需求的根本应对出路。

本部分内容将对农村养老服务的基础性制度安排，基本养老服务清单的逻辑与设计进行介绍。实施基本养老服务清单将是基本养老服务均等化，以及整个县域农村养老服务体系的重要实现形式和内容。具体而言，将在梳理基本养老服务清单的现实基础和理论依据的基础上，通过归纳对比我国四个省份（安徽省、山东省、江苏省、湖北省）基本养老服务清单制度建立的实践探索经验，提出基本养老服务清单制度建设的体系设计与路径规划，并提出相应政策建议。

一、建立基本养老服务清单的现实意义与关键问题

下文一方面对基本养老服务清单的理论依据进行梳理，主要将对福利理论和多中心治理理论进行梳理，为基本养老服务清单厘清理论基石；另一方面，总结我国基本养老服务清单制度建立的实践探索，吸取丰富的实践探索经验，为基本养老服务清单制度安排提供重要经验基础。最后，下文还将进一步讨论基本养老服务清单制度建立的必要性与关键问题。

（一）基本养老服务的理论基础与实施进程

本部分包括基本养老服务的理论基础与实施进程两方面的内容。理论基础方面，详细介绍了福利理论与多中心治理理论。实施进程方面，总结了我国自第一次提出“基本养老服务”这个概念起至今的实施进程，可分为基本养老服务制度初探阶段和基本养老服务制度建立精细化阶段。

1. 基本养老服务的理论基础

基本养老服务均等化是养老服务分配正义的一种理念，其理论来源可以回溯到福利治理范畴。本部分将详细阐述基本养老服务的理论基石，主要包括福利理论、多中心治理理论。

（1）福利理论与养老服务简要阐析

第一，社会福利是我国社会保障体系中的最高层次。周沛（2014）认为福利是一种幸福感与利益获得的综合体，包含物质和精神内容。而当福利成为公共产品并具有社会性特征后，便成为了社会福利（周沛，2014）。自福利一词出现以来，先后出现了福利国家的干预主义，新右派的市场自由主义，第三条道路的“中间偏左”主张，及福利多元主义的“多方合作”理论，各理论均在探讨政府、市场、社会、家庭三主体之间的功能承担和责任划分。李兵等（2015）认为基本养老服务制度应被看作一项社会福利政策，通过分析福利体制分类和福利模型分类，认为要建立基本养老服务制度必须具备社会福利多元化的条件（李兵等，2015）。

第二，不同学者对社会福利体制有不同的类型划分。英国蒂特马斯将社会福利分为“剩余福利模式”“工作能力－成绩模式”“制度性再分配模式”三

种模式；艾斯平·安德森以“非商品化”为划分基础，将福利体制分为“自由主义体制”、“保守主义体制”与“社会民主主义体制”（周沛，2014）。还有学者将社会福利体制划分为全民福利体制、重视社会伙伴关系的福利体制、私人和自由市场导向的福利体制以及非正式保障和无保障体制。其中，重视社会伙伴关系、私人和自由市场导向的福利体制要求建立基本养老服务制度以明晰政府、社会、市场、家庭等主体的职责边界，非正式保障和无保障体制应逐步建立基本养老服务制度以提升人民生活水平。

（2）多中心治理理论与养老服务简要阐析

第一，多元主义发展模式自然需要多中心治理理论的指导。何为“治理”？全球治理委员会认为“治理”是公民个人与公私机构管理他们自己事物的各种不同方式之总和。治理理论可从不同维度划分为单中心治理、多中心治理；以国家为中心的治理、以社会为中心的治理。治理自产生以来，经历了由统治到治理、由传统层级到水平化、由单中心到多中心的转变。但万变不离其宗，治理的关键问题在于如何划分各主体承担的功能和职责。

第二，部分学者认为，基本养老服务具有准公共产品性质，应以“多中心治理理论”为依归，以制度主义福利为基础构建基本养老服务体系，以选择主义方法确定重点保障对象（孙文灿，2016）。在公共事务的治理过程中，形成了市场派系和政府派系，但是，市场存在着公地悲剧、囚徒困境等失灵问题，政府也面临着寻租、政策制定失误或无法执行等挑战。故以奥斯特罗姆为代表的学者提出了多中心治理理论，打破了以往单中心治理模式，依赖社会自发的社会秩序形成了政府、市场、社会三维的多中心治理模式，以弥补单中心治理的缺陷，发挥各主体的优势（李平原，2014）。多中心治理由政府、市场等多主体平等协商参与，共同提供公共产品，共同参与公共事务管理，但也存在无中心的隐患，故需政府发挥元治理作用，在建立基本养老服务制度过程中起到牵头作用，处理好各中心之间的关系问题。

第三，我国建国初期为避免福利陷阱，以“高增长，轻福利”为原则建立了我国的社会福利制度，而在西方社会陷入福利危机的背景下，我国社会对西方社会的高度福利普遍持不赞同态度。当然，学界对福利国家制度研究的深入发现，福利国家危机不仅仅是由福利制度导致的，其背后隐藏着经济、社会根源以及区域性全球性不均衡等原因。我国进入社会主义新时代，社会主要矛盾的变化亟需让我国国民享受经济发展的成果。需要我国社会福利由消极福利向积极福利转向，积极进行人力资本投资。

2. 基本养老服务的实施进程

本部分概括了我国基本养老服务的实施进程，可以划分为基本养老服务初探阶段和基本养老服务精细化阶段。

（1）基本养老服务初探阶段

第一，国家层面，我国于2009年首次提出“基本养老服务”这个概念，并于2009年、2010年连续两年由民政部、发改委联合召开基本养老服务体系建设试点工作会议，要求试点地区抓准基本养老服务体系建设的主要内容、项目筛选标准，鼓励各地出台基本养老服务体系建设规划，并落实体系建设的配套措施，大胆创新。民政部、发改委于2010年共同出台了《2010年基本养老服务体系建设试点方案》，要求由民政部门牵头，发改委等部门配合，提供面向所有老年人群的照料、护理、健康、参与等养老服务，加快养老服务设施建设，探索形成老年护理服务标准、入住老人甄别标准等并上报民政部和发改委为国家标准出台提供意见参考。后通过《国务院关于印发“十三五”国家老龄事业发展和养老体系建设规划的通知》《国务院办公厅关于全面放开养老服务市场　提升养老服务质量的若干意见》等政策的落实为基本养老服务制度建立提供支持，保证养老服务供应，不断厘清政府职责，加强部门协同，着力保基本、兜底线、补短板、调结构，并大力发展社会组织力量，激发养老服务市场活力。

第二，地方层面，我国多地均开展了基本养老服务体系的探索。如江西省于2010年成为全国基本养老服务体系建设规划试点省份，并出台了《江西省2010年基本养老服务体系建设试点实施方案》，江苏省镇江市出台了《镇江市2011—2015年基本养老服务体系建设规划》等。一在建设思路上，各地均坚持以建设适应老龄化趋势和经济发展的基本养老服务体系为目标，由多元主体共同建设。但不同地区又有自己的针对性。基本可分为建立普惠型社会福利、实现基本养老服务均衡性、提升养老服务供给能力三类。二在试点项目上，也可依据基本养老服务清单内容侧重点不同大致分为三类。一类侧重于兜底性服务、一类侧重于为全体老年群体提供服务、一类侧重于养老服务设施和养老机构建设。三在保障措施上，各地均从组织协调、资金支持、规范管理、监督评估、创新机制等方面提供辅助措施。

第三，在这一阶段，我国国家层面、地方层面均出台了相应的制度建设政策，地方因地制宜形成了三大类制度建设思路，政府职责逐渐明晰，困难老年群体的养老需求不断得到保障，基本养老服务制度逐步建设起来。但我国国家层面并没有明确“基本养老服务”的内涵、内容等，基本养老服务的探索仍是一个较为宽泛的范畴。

（2）基本养老服务精细化阶段

第一，国家层面。2017 年，民政部、财政部联合出台了《关于做好第一批中央财政支持开展居家和社区养老服务改革试点工作的通知》，明确提出“探索建立居家和社区基本养老服务清单制度”的任务，鼓励各地开展基本养老服务清单制度试点，为国家级基本养老服务指导清单提供实践经验。后续相继出台至《民政部办公厅　财政部办公厅关于开展第五批居家和社区养老服务改革试点申报工作的通知》，明确要建立基本养老服务清单制度，明晰政府职责，着重满足城乡经济困难家庭的失能失智、失独、空巢（留守）、高龄等老年人的养老服务需求。这标志着我国基本养老服务体系建设由基本养老服务体系初探阶段转为基本养老服务精细化阶段，同时也表明了我国希望通过清单制度安排来明确、落实基本养老服务的范围、内容等。

第二，地方层面，自 2017 年起，我国陆续有地区出台了基本养老服务指导清单。安徽省是最早进入第二阶段的省份，安徽省铜陵市于 2017 年出台《铜陵市人民政府办公室关于试行基本养老服务清单制度的实施意见》标志着安徽省正式开始建立基本养老服务清单制度。湖北省武汉市于 2018 年发布市级指导清单。山东省、江苏省均于 2020 年分别发布省级、市级指导清单。在清单制度建立方面，各地建设清单制度遵循先市级试点后发布省级指导清单的流程，清单均清晰规定了服务项目、服务内容、服务形式，并公布了每项服务的政策依据，安徽省、山东省等地区的清单另外规定了支出责任、服务标准等内容。在配套机制方面，各地区均要求建立清单动态管理机制、清单落实机制等支持性制度。

第三，进入精细化建设阶段，我国通过基本养老服务清单来明确政府职责，区别基本养老服务与非基本养老服务。目前仍处于清单制度建立探索阶段，鼓励地方实践清单制度，为国家层面出台基本养老服务指导性清单提供经验。但目前仍面临着政策落实度有待提升，基本养老服务清单的部分内容未达成共识等问题。

综合上述分析，可以看出基本养老服务清单与基本养老服务的关系，也可以看出基本养老服务清单制度与基本养老服务制度的关系。基本养老服务清单是基本养老服务的操作化载体，基本养老服务制度的核心制度便是建立基本养老服务清单制度。也可以理解为，基本养老服务清单沿袭了基本养老服务的理论与理念基础、现实意义，某种角度上讲，基本养老服务制度的关键问题便是基本养老服务清单的关键所在，基本养老服务清单是落实基本养老服务的重要制度工具。两者密不可分。

表 7－1　基本养老服务体系建设阶段表

阶段	时间	政策文件	政策内容	代表省市	阶段特点
基本养老服务初探阶段	2009－2017 年	《2010 年基本养老服务体系建设试点方案》《国务院关于印发“十三五”国家老龄事业发展和养老体系建设规划的通知》《国务院办公厅关于全面放开养老服务市场　提升养老服务质量的若干意见》	建设基本养老服务体系，出台基本养老服务建设规划	黑龙江、江苏、湖北、重庆、甘肃	宽泛性、粗放性、创新探索为主
基本养老服务精细化阶段	2017－至今	《关于做好第一批中央财政支持开展居家和社区养老服务改革试点工作的通知》《民政部办公厅　财政部办公厅关于开展第五批居家和社区养老服务改革试点申报工作的通知》《关于推进养老服务发展的意见》	探索建立基本养老服务清单制度	安徽、山东、江苏、湖北	精细化、精准性、总结归纳与创新探索并存

（二）基本养老服务清单制度建设的现实意义

基本养老服务清单制度建立的现实意义，即基本养老服务清单制度建立的必要性，将主要从养老服务需求、养老服务体系、养老服务体系发展及提升人民需求四个方面展开。

第一，国民日益增长的养老服务需求需要。截至 2018 年底，我国 60 岁及以上老年人口达到 2.54 亿，占比 18%；65 岁及以上老人占比达到 1.6 亿，占比 11.9%。到 2050 年，我国 65 岁以及上人口将达到 4 亿，且 80 岁以上的高龄老年人达到一亿。除了老年人口数量大、老龄化速度快特点外，我国老年人群还面临着空巢化、失能化、高龄化等问题，尤其是我国农村老年人，据 2015 年第四次中国城乡老年人生活状况抽样调查数据显示，农村老年人中有 51.7% 的空巢老人，72.3% 的农村老年人自评健康不够好（王雪辉、彭聪，2020）。严峻的老龄化趋势必然带来快速增长的养老服务需求，使得部分养老需求具有了一定的刚性和必要性，这要求我国尽快建立基本养老服务清单制度，规范国民基本养老服务的内容，提升我国养老服务供给能力。

第二，养老服务体系完善需要。首先，政府职责边界共识需要。我国建设了多元主体的养老服务模式，必然会面临各中心的职责划分问题，要求清晰界定政府职责。另外，我国政府存在一定程度上的错位问题，更要求尽快明确政府职责。

其次，我国养老服务供给的不均衡与过度化同时存在，建立基本养老服务体系是公共服务均衡性的内在要求。我国部分地区仍在一定程度上存在未享受服务的老年群体，同时，部分地区老年群体享受的福利又过多，存在福利分配不规范、地区差异过大等问题。要求尽快建立基本养老服务清单制度，提升服务水平的，同时，一定程度上改进养老服务体系的均衡性水平。

最后，保基本，兜底线需要。我国农村养老服务总体上呈现出一定的供不应求态势，无法满足我国集中供养老人标准的空巢老人、失能老人等群体的养老需求。而在未满足的养老服务需求中，贫困、失能、残疾、重病等脆弱要素叠加影响的群体的养老服务需求迫切，亟待回应这些群体的基本养老服务需要。回应上述脆弱群体的兜底性的养老服务需求，要求我国尽快建立完善基本养老服务清单制度，解决这部分老年群体的养老问题，织密社会保障兜底网络，为农村养老服务体系提供支撑。

第三，养老服务体系发展需要。我国养老服务体系正在向科学性以及适度普惠性方向发展。科学性方面，一方面要尽快建立基本养老服务清单制度，完善需求评估体系和养老服务行业标准，提升完备性；另一方面，要求在养老市场方面和养老服务质量标准方面出台规范性文件，提升规范性。

适度普惠方面，我国养老服务体系正在由补缺型向附有中国特色的适度普惠型方向发展，首要便是提升我国养老服务供给的均衡性水平。基本养老服务清单制度遵循普惠原则，理论上为所有瞄准对象提供同质的基本养老服务，具有较强的公平性、可及性，可推动养老服务均衡性发展，是国家角色和责任的重要体现。另外，我国对养老服务体系的认识不断深化，随着对养老服务体系内在的层次、结构、要素认识的深化，基本养老服务清单的建立具有了一定的必要性，这推动了养老服务体系的发展。

总之，建立基本养老服务清单有助于实现基本养老服务均等化享有，有助于为兜底人群提供基本的、兜底性的养老服务，同时，也有助于区分基本养老服务和非基本养老服务，对于明确国家的角色与定位，建立家庭、国家、社会的良好关系也有积极价值。

（三）建设基本养老服务清单制度的关键问题

在建立基本养老服务清单制度时，必须关注制度规划的科学合理性、基本养老服务概念意涵的清晰性共识性、与其他制度安排衔接的科学性等关键问题。

第一，科学合理的制度规划。一是要设立制度建设的最终理想目标。在明确基本养老服务清单制度体系的核心制度与配套机制的基础上，为全体老年人群提供普惠、优待服务等，为特困、困难老年群体等提供具有针对性的服务，保障老年群体的老年生活质量。

二是规划制度建设阶段并根据最终目标细化为阶段目标。根据相关人口学学者研究，并与我国老龄化趋势匹配，将制度建设阶段分为初步建成阶段（2020 年－2035 年）以及全面建成阶段（2035 年－2050 年）（详见本节第三部分路径规划的部分）。

三是初步设定制度建设方式。在初步建成规划与全面建成规划中，初步设定基本养老服务供给模式，鼓励各地探索创新基本养老服务供给模式并总结推广。四是明确制度建设的责任主体。基本养老服务制度建设应由政府发挥主导作用，由民政部、卫健委、人社部等多部门协同建设，引导社会力量参与，发挥不同主体的优势，形成各司其职、协同推进的局面。

第二，明确基本养老服务的概念和内容，并形成共识。首先，明确基本养老服务的概念是建立基本养老服务清单制度的前提。我国发改委和民政部于 2009 年 8 月联合召开基本养老服务体系建设试点工作会议，首次提出基本养老服务这个名词，直到目前，我国也仍在探索"基本养老服务"的概念。其次，明晰基本养老服务的价值取向、内涵尤为重要。价值取向、内涵不清晰，则无法建立基本养老服务制度体系的核心制度。故需在明确"基本养老服务"概念的基础上，丰富基本养老服务的内容，出台国家层次或省市级层次的指导性清单。最后，明确"基本养老服务"的外延不可缺少。外延不明确，则无法精准建立基本养老服务清单制度体系的配套机制。故需指导完善基本养老服务清单制度体系的服务标准、政策评估等配套机制。另外，基本养老服务的概念、内容、服务标准必须在全国范围内形成共识。

第三，与其他制度科学衔接。建立基本养老服务清单，需要一系列制度进行衔接支撑，同时，基本养老服务清单建立后也会影响一系列制度的实施。一方面，要做好基本养老服务清单与现有保险、福利、救助等制度的衔接，在对象识别、信息共享、平台操作等方面加强制度间的衔接写作，减少不必要信息分割和成本损耗。另一方面，基本养老服务制度和清单制度的建立，还需要建立失能评估、需求评估等相应的配套制度、服务体系作为支撑，才能推进政策实施的精准性。最后，要高度重视信息整合，通过信息整合推动政策和对应资源的整合，为落实基本养老服务清单奠定基础。

二、我国基本养老服务清单的实践探索与比较分析

实践探索是制度建设和发展的重要基础，下文将对我国基本养老服务清单的实践探索进行比较分析，具体将从制度建设的中国特色的流程维度归纳安徽省、山东省、江苏省以及湖北省（武汉市）在基本养老服务清单制度建设方面的实践探索；另一方面，从清单内容维度对比分析四省份基本养老服务清单的异同。最后，提炼出基本养老服务清单制度的发展方向与现实挑战。

（一）基本养老服务清单制度建设的地方探索

本部分从制度建设的基础、制度建设的试点、制度建设的主体三方面（各地情况不同不一定具备所有三个方面）阐述了安徽省、山东省、江苏省及湖北省（武汉市）基本养老服务清单制度的实践探索情况。

1. 安徽省基本养老服务清单制度实践探索

安徽省是全国最早进入基本养老服务清单建立阶段的省份之一，但其基本养老服务体系建设起步较晚，目前已初步建立起基本养老服务制度体系。值得一提的是，安徽省于2018年出台《安徽省构建多层次养老服务体系（2018－2020年）行动计划》（以下简称《行动计划》），正式全面启动基本养老服务制度的建设。

第一，制度建设的基础，安徽省于2014年出台《安徽省人民政府关于加快发展养老服务业的实施意见》，于2017年出台《安徽省人民政府办公厅关于印发“十三五”安徽省老龄事业发展和养老体系建设规划的通知》，在居家养老方面，加速“长者照护之家”建设，积极打造社会组织，鼓励虚拟养老院以及互助养老的创新；在机构养老方面，着力提升养老机构服务质量，持续支持社会力量兴办养老机构。另外，通过互联网＋模式推动养老产业发展。期

望到2020年健全养老服务体系，完备政府和市场职责的制度体系，促进社会环境的老年友好性。

第二，制度建设的试点，2017年安徽省铜陵市出台市级养老服务清单，标志着安徽省正式开始探索基本养老服务体系。以强化服务、促进普惠为核心思路，为不同类型的老年群体提供服务以及补贴，以资金保障机制、工作协调制度、监督检查制度为配套措施。明确了基本养老服务的内容，与三项补贴制度、公共卫生服务制度等相衔接，切实增进老年福利。

第三，制度建设的主体，以《行动计划》为制度建设规划，以2018年出台的《关于建立基本养老公共服务清单发布制度的通知》为核心，以《安徽省实施〈中华人民共和国老年人权益保障法〉办法》《安徽省人民政府关于进一步健全特困人员救助供养制度的实施意见》为辅助，初步建立了基本养老服务制度的政策体系。以发展公平可及的老年服务为理念思路，旨在大幅度提升基本养老服务供给能力，为全省老年人提供优待服务、普惠服务，为特殊老年群体提供基本生活、照料护理等针对性的服务。

2. 山东省基本养老服务清单制度实践探索

山东省于2020年出台省级基本养老服务清单，标志着其进入基本养老服务制度建设的第二阶段，但山东省尚未出台基本养老服务制度建设的正式规划文件，也未在省级清单出台之前进行试点，这是由于山东省的养老服务体系发展总体较为完善的缘故。

第一，制度建设的基础，山东省于2019年出台《山东省人民政府办公厅关于推进养老服务发展的实施意见》，制度体系方面，健全基本养老服务清单制度、特殊老年人关爱服务制度、养老服务评估制度等制度支撑，深化医养结合、养老机构改革等体制。服务供给方面，完善养老服务基础设施建设，提高养老服务精准性，扩大有效的养老服务供给。推进养老服务的健全化、精准性。

第二，制度建设的主体，山东省以2020年出台的《关于发布山东省基本养老公共服务清单的通知》为核心，以《山东省民政厅　山东省财政厅关于完善经济困难老年人补贴制度的通知》《山东省老年人权益保障条例》《山东省人民政府办公厅关于印发山东省养老服务业转型升级实施方案的通知》等为辅，以健全体制机制、提升养老服务精准性为理念思路（发展目标），建立了基本养老服务清单制度建设的政策体系。在基本养老服务方面，山东省与安徽省的清单内容大致相同，也是在普惠服务和优待服务的基础上针对特殊老年人群供给基本服务；在对养老服务项目的服务方面，山东省从资金、奖补、税费优惠、设施建设四个方面为符合条件的养老服务项目提供支持，用以鼓励社会力量的参与。

3. 江苏省基本养老服务清单制度实践探索

江苏省连云港市于2020年出台《连云港市基本养老公共服务指导性目录》，标志着江苏省正式进入第二阶段。后于2020年9月7日出台《关于印发江苏省基本养老服务指导性目录的通知》（下简称《目录》），正式发布江苏省省级基本养老服务清单。

第一，制度建设的基础，江苏省政府于2019年出台《省政府关于进一步推进养老服务高质量发展的实施意见》，要求优化养老服务供给能力、多元投入主体合作能力以及养老服务综合监管能力；保障养老服务消费以及养老服务需求的满足；以促进养老服务高质量发展。其中，明确提出要建立基本养老服务指导性目录。

第二，制度建设的试点。以连云港市等为试点推行基本养老服务清单。连云港市将清单分为普惠性养老服务项目、困难老年人养老服务支持项目、政府兜底保障及老年人优待服务。以《关于全面开展企业退休人员免费健康体检工作的通知》、《关于进一步规范连云港市政府购买居家养老服务工作的通知》等政策为依据，向清单内老年人群提供相应的基本养老服务。另外，连云港市探索了与基本公共卫生服务的衔接。在市级基本养老服务清单中，健康管理中的服务依据了《新划入基本公共卫生服务相关工作规范》等政策，与基本公共卫生服务进行了一定程度上的整合。切实为老年人提供便捷、优质的服务。

第三，制度建设的主体，以保障、优化为理念，以《目录》为核心制度，以《江苏省居民最低生活保障工作规程》《省政府办公厅关于制定和实施老年人照顾服务项目的实施意见》《关于向80周岁以上老年人发放尊老金的通知》等政策为辅，初步建立了基本养老服务清单制度的政策体系。在针对老年人的服务方面，江苏省与安徽省、山东省相似，江苏省也是在优待和普惠服务基础上，为困难老人提供服务，但在每类老人内部又有一定的设计逻辑，基本按照现金补贴和服务两大类划分提供。而在针对养老服务设施的服务方面，江苏省省级清单中的政策优惠极少。另外，江苏省还探索将动态发布机制的时间细化到月份级别；监督管理以服务记录追溯形式呈现，这也是江苏省创新性政策。

4. 湖北省（武汉市）基本养老服务清单制度实践探索

湖北省武汉市于2018年开始实施基本养老服务项目清单，故湖北省（武汉市）也进入了第二阶段。武汉市在基本养老服务制度建立方面并未出台相关政策文件，仅在依据基本养老服务清单供给服务，但其辅助政策比较完备。

在生活照料方面，出台了《关于实施武汉市特殊困难老年人养老服务补贴的通知》《市人民政府关于印发武汉市推进“互联网+居家养老”新模式实施方案的通知》等政策，为老年群体提供助餐、助洁等服务。在优待服务方面，出台了市政府令，满足老年人对出行、文娱等的需求。在服务设施方面，出台了《市人民政府办公厅关于进一步加强农村福利院改革和发展工作的通知》《市民政局办公室关于办理2019年度城乡社区居家养老服务设施场地意外伤害险的通知》《市民政局市财政局市扶贫办关于加快推进农村老年人互助照料服务点建设的通知》等政策文件，从资金支持、风险抵抗等方面推动养老服务基础设施的发展。另外，出台《市民政局市财政局关于做好养老护理员补贴发放工作的通知》，引导劳动力流向，促进养老服务人员队伍的建设。

（二）基本养老服务清单制度建设地方对比分析

为了进一步分析地方实践经验，下文将分维度对上述几个地方实践进行对比。本部分从清单框架、服务项目、服务对象、服务内容及标准、支出责任等方面对比分析了四省份基本养老服务清单，旨在比较四省份基本养老服务清单的异同，全面描绘我国基本养老服务清单制度的建立状况。详细比较分析见后文表中。

1. 四地基本养老服务清单的相似性

本部分从清单框架、服务项目、服务对象、服务内容及标准、支出责任五个方面比较了四省份清单的相似性。

第一，从清单框架上讲，安徽省、山东省、江苏省三地区清单制定的逻辑思路大致相同，以老年群体集划分为主，按照年龄、经济实力等因素将老年人划分为不同的群体集，三省份均划分出了特困老年人群体集、困难老年人群体集以及全体老年人集三种类型，分别针对不同群体集的老人提供相应服务。且从服务类别上讲，部分地区分为针对老年人的服务和针对养老服务设施的服务；在针对老年人的服务类别上，四地区均分为了兜底、保障、普惠、优待等服务。

第二，从服务项目上讲，针对老年人的服务项目基本分为基本生活保障、照料护理补贴或者服务、困难补贴、高龄津贴、出行优待、文体优待等服务。针对养老服务设施的服务基本分为税费优惠、奖金补贴以及基础设施建设等服务。

第三，从服务对象上讲，四地区均覆盖了六十岁及以上的老年群体，并着重针对了经济困难、失能失智的老年群体。

第四，从服务内容及标准上讲，内容上，兜底保障基本分为对待特困及困难老年群体的基本生活保障或困难补贴和照料护理，对待全体老年人的交通出行优惠、博物馆等公共文体设施优惠、旅游景区优惠等服务。标准上，对待特困及困难老年群体，由民政部门和财政部门等共同确定补贴和服务标准，普惠优待服务各省份均按照年龄划分了瞄准对象。

第五，从支出责任角度讲，部分明确规定了支出责任的承担部门，基本包括民政部门、财政部门、卫健委等；另一部分省份并未明确规定支出责任的承担。

2. 四地基本养老服务清单的差异性

本部分从清单框架、服务类别、服务项目、服务对象、服务内容和标准、支出责任六个方面对比分析了四省份清单的差异性。

第一，从清单框架上讲，湖北省（武汉市）养老服务清单的制定逻辑与其他三省不同，直接以瞄准对象类别为依据划分为针对老年群体的服务及针对养老服务设施的服务，老年群体内部并未细分。另外，湖北省（武汉市）的清单除服务项目、内容、标准之外，仅包含政策依据，且未明确规定服务对象；但其他三地区不仅明确规定了瞄准对象，还包含了责任主体或支出责任、政策依据等内容。在安徽省、山东省以及江苏省清单设计思路大致相同的情况下，江苏省在每类老人中提供的服务基本是按照供给形式来划分的，分为现金与服务两大部分。

第二，从服务类别上讲，山东省和湖北省（武汉市）较另两个省份多出了针对养老服务设施的服务，自然在后续其他比较项上也是如此，故后续比较项仅比较针对老年群体服务的差异。

第三，从服务项目上讲，四省分提供的服务项目有些许差别，例如山东省和江苏省（连云港市）较其他两省多提供了法律援助项目，湖北省（武汉市）

提供的门诊挂号费用减免也是四省中独有。安徽省针对失能老人家庭成员提供的培训服务也是其特色。江苏省提供的基本医疗保险异地就医结算、公证服务、户口迁移这三项服务是特色服务，其他省份并未涉及到。

第四，从服务对象上讲，各地区的瞄准对象也不尽相同。以老年优待服务为例，安徽省为符合年龄条件的老年群体提供，湖北省不仅以年龄为条件也以是否持有老年证为标准提供相应服务。

第五，从服务内容和标准上讲，山东省和湖北省（武汉市）涉及到针对养老服务设施的资金、人力等支持措施，而安徽省与江苏省未涉及到这部分。另外，在同一类别服务清单中不同省份提供的服务也有所差别。例如在困难老人群体服务中，山东省提供了家庭适老化服务和老年群体巡护服务等，是其特色。

第六，从支出责任上讲，山东省和湖北省（武汉市）未明确划分支出责任承担主体；江苏省未明确支出责任主体，但明确了责任单位。安徽省在责任承担划分上较为明晰。

表7-2　各地基本养老服务清单比较

省 内容	安徽省	山东省	江苏省	湖北省（武汉市）
类别	兜底保障、困难支持、普惠服务、优待服务	兜底保障、困难服务、普惠优待、扶持项目	困难保障、福利服务、优待服务	优待服务、基本服务、保障项目、设施项目
服务项目	基本生活保障和照料服务； 低收入老年人养老服务补贴； 高龄津贴； 失能失智老年人家庭成员养老护理技能培训； 老年人健康管理； 休闲优待服务； 城市公共交通费用减免；	针对老年群体：集中供养； 困难、失能老年人补贴； 购买居家养老服务、特困老人家庭适老化改造、特困老人巡防； 长寿补贴、健康管理、文体休闲优待、生活服务优待、法律援助； 针对养老服务设施：资金保障、养老机构税收优惠及奖补、社区养老设施建设	高龄补贴、失能补贴； 基本生活服务； 居家适老化改造； 尊老金、健康管理服务； 医保异地就医结算； 家庭成员培训； 老年教育、文化旅游、公共交通； 户口迁移、法律服务；	公共交通费用减免、公共文娱场所门票减免、门诊挂号费减免、健康体检、高龄津贴； 养老服务补贴、生活照料服务； 农村福利费公益经费、护理员奖励、社会养老服务体系建设资金、养老机构商业保险、养老服务设施建设和运营补贴；

续表

省 内容	安徽省	山东省	江苏省	湖北省（武汉市）
服务对象	特困中老年人； 低保、贫困户； 八十周岁以上老年人； 失能失智老年人家庭成员； 65岁以上老年人以及60岁以上特困老人； 六十岁以上老人； 七十岁以上老人；	“三无”老人； 低保老人； 经济困难老人、特困、贫困、失能、残疾老人家庭、独居、空巢、留守、计划生育特殊家庭老人； 一百岁以上老人； 六十五岁以上老人、六十岁以上老人 符合条件的养老机构；	低保老人； 低保老人中80岁以上老人； 低保老人中60岁以上老人； 80岁以上、65岁以上老人； 60岁以上老人；	持有老年证的居民、八十岁以上的老人； 六十岁以上特困老人； 符合条件的养老服务设施，包括公办、民办、社区等；
服务内容及标准	城乡居民人均消费支出*60%确定生活补贴和基本生活标准*10%确定护理补贴； 老年人能力评估结果确定养老服务补贴，以服务形式供给； 民政部财政部门决定津贴； 护理技能培训不少于1次/年； 免费提供1次/年健康管理服务； 公共文娱场所六十五岁以上免门票，六十岁以上半价； 免费乘坐公共交	基本生活标准确定基本生活补贴、照料护理标准确定护理补贴； 年龄条件和老年人能力评估标准共同确定补助； 老年人能力和需求评估标准确定补贴和养老服务、《无障碍设计规范》标准确定适老化改造、定期巡访； 百岁（八十岁）及以上老人获取补贴、每年免费1次健康管理服务、公共文娱场所七十岁以上免费、七十岁以下半价；六十五岁以上免费，六十五岁以下半价乘坐公共交通工具；却有困难老年群体可缓交、减交、免交法律费用； 国家、省级等规定养老服务设施服务准；	不低于100元/月补贴； 不低于60元/月补贴； 不低于最低生活保障标准10%的保障金； 探访与帮扶服务； 居家适老化改造； 发放标准由人民政府确定； 每年一次健康管理服务； 免费培训家庭成员护理知识和技能； 开办老年人或教学点； 文化旅游场所半价或者免费； 公共交通半价优惠； 见面户口迁移费、公证费以及法律服务费；	免费乘坐730次/年公共交通、公共文娱场所免门票、门诊挂号免费、每两年一次健康体检、按80－89，100元/月，90－99，200元/月，100及以上，500元/月标准发放津贴； 按照评估结果发放现金补贴、助餐服务，助洁服务，助医服务，远程照护服务提供； 按照相应的政策文件要求确定补贴标准；
支出责任	公共预算和福彩金；市、县财政；中央、省、市、县政府兜底；	未明确规定	省、市、县（区）、乡级财政、国家公共卫生服务资金	未明确规定

续表

省 内容	安徽省	山东省	江苏省	湖北省（武汉市）
政策依据	《安徽省人民政府关于进一步健全特困人员供养制度的实施意见》、《安徽省构建多层次养老服务体系（2018－2020）行动计划》等	《山东省社会救助办法》、《山东省民政厅 山东省财政厅关于完善经济困难老年人补贴制度的通知》、《山东省老年人权益保障条例》、《山东省人民政府办公厅关于印发山东省养老服务业转型升级实施方案的通知》等	《江苏省老年人权益保障条例》、《关于向80周岁以上老年人发放尊老金的通知》等	《关于实施武汉市特殊困难老年人养老服务补贴的通知》、《市人民政府办公厅关于进一步加强农村福利院改革和发展工作的通知》、《市民政局市财政局市扶贫办关于加快推进农村老年人互助照料服务点建设的通知》等

（三）基本养老服务清单制度实践的成就与挑战

本部分主要包括基本养老服务清单制度实践探索的成就与挑战两部分。在成就方面，基本养老服务制度建设持续进步，基本养老服务清单制度已趋于完善；在挑战方面，从制度本身存在的问题和制度存在的支持性问题做了阐释。

1. 基本养老服务清单制度实践成就

基本养老服务清单制度的成就必须以基本养老服务制度的成就作为基础，故本节包括了基本养老服务制度建设的成就及作为基本养老服务制度的核心制度基本养老服务清单制度的成就。

第一，基本养老服务制度建设持续进步。在发展阶段方面，自2009年提出基本养老服务概念后，经过不到十年的探索，我国以居家和社区养老服务改革为契机，开始探索实践基本养老服务清单制度，顺利进入基本养老服务制度建设的第二阶段。在制度建设规划方面，国家出台十三五老龄事业发展规划，江西省、宁夏自治区、江苏省等地均出台了基本养老服务制度建设规划。在基本养老服务规范化方面，我国从养老服务信用体系建设、养老服务需求评估建设、养老机构评级等方面持续发力，出台、健全行业标准、建立信用体系，推动基本养老服务制度建设的规范化发展。

第二，核心制度建设实践趋于完善。在覆盖面方面，自2017年安徽省出台基本养老服务清单以来，已有五省份发布了基本养老服务清单，试点省份数量增长较快。在清单内容方面，2017 年出台的安徽省的基本养老服务清单仅包含针对老年群体的服务，2018 年湖北省（武汉市）出台的基本养老服务清单在其基础上改进包含了针对老年群体的服务和针对养老服务设施的服务，但武汉市的清单制定逻辑稍显混乱。到 2020 年山东省出台的清单，不仅内容更加完善，制定逻辑也更为清晰。在清单制度的支持机制方面，安徽省建立了动态管理机制，使基本养老服务清单内容随着养老服务需求、经济社会等的发展而进步。到 2020 年，山东省在建立动态发布机制的基础上，建立了落实机制，加强各种评估结果的运用，优化了基本养老服务清单的支持机制，同时也推动老年群体需求评估机制、监管机制等的建立，完善了基本养老服务制度的配套机制建设。

2. 基本养老服务清单制度实践挑战

我国基本养老服务清单实践探索也面临很多问题和挑战，亟待开展深度分析。基本养老服务制度面临的挑战也是基本养老服务清单制度面临的问题，故从基本养老服务制度本身存在的问题以及支持性问题分别做了详细阐述。

（1）制度本身存在的问题

第一，基本养老服务概念未形成共识。我国正在以基本养老服务清单制度建设探索基本养老服务的概念，由于其概念未达成共识，官方也为对其内涵和外延做出规定。内涵未达成共识，一定程度上制约了基本养老服务清单实践探索，无法明晰基本养老服务内容、无法划分政府责任边界，对基本养老服务制度建设的基础造成了一定程度上的动摇。

第二，老年群体需求评估缺乏一致性、科学性。存在评估标准不易确定、评估队伍专业化规范化程度不足、评估过程监督不足以及评估程序规范性不足的困难。我国于 2013 年出台《老年人能力评估》行业标准的地区落实情况总体不佳，且缺乏评估经济实力、家庭能力两个维度的行业标准。且我国专业社会评估组织发展不充分、缺乏相应的监督机制及监督落实机制、评估过程缺乏一定程度上的规范性，给评估老年群体的养老服务需求造成了不小的困难，给基本养老服务制度的建设造成不利影响。

第三，公共政策难以有效评估，即基本养老服务制度政策的成本收益难以精确测算。虽然公共政策学者研究发表了大量的公共政策评估模型，但都无法精准测算一项政策的成本与收益。首先，间接成本与收益难以衡量，这部分隐藏性高、复杂程度深，测算较为困难。其次，评估准确性与评估成本最小化平衡困境，难以两全。基本养老服务作为一项公共政策，若无法合理评估，便在一定程度上限制了基本养老服务的推广，特别是基本养老服务具体内容的确定。也正是由于投入产出的政策分析评估不足，基本养老服务清单制度实践探索在地方得到的重视程度也是不同的，决策者缺乏明确的制度经验价值判断，一定程度上制约了各地方政策决策者推进基本养老服务清单制度的投入力度。

（2）制度存在的支持性问题

我国基本养老服务清单政策实践也面临诸多政策支持限制。第一，政策支持不完善。国家层面，我国基本养老服务制度的政策领域目前基本处于空白状态，主要体现在基本养老服务制度建设的规划性文件、基本养老服务指导性清单以及基本养老服务制度建设的配套机制建设文件的空白。地方层面，我国大部分地区无基本养老服务相关政策，主要体现部分地区无基本养老服务政策；部分地区仅出台基本养老服务制度建设规划，后续配套机制乏力；另一部份地区虽出台了基本养老服务清单，但缺乏规划。由于缺乏相应的政策支持，基本养老服务制度建设缓慢，落实困难，不利于基本养老服务制度的长远发展。制度建设是基本养老服务清单制度建设的重要基础，亟待加强和完善。

第二，社会组织发育不足。要保障基本养老服务清单内容顺利落实，服务的供给不能仅依赖政府力量，应有各类社会组织来提供专业化的服务。但我国社会组织先天起步晚，发展缓慢，且缺乏一定的自主性、创新性，再加上社会组织治理能力有待提升、国民对社会组织的信任不足等，使得社会组织在一定程度上不能支撑基本养老服务的供给。基本养老服务的供给仅仅依靠市场企业和政府组织是不够的，亟需社会组织承接政府购买服务项目、提供公益性的基本养老服务，提升基本养老服务供给能力。

第三，地方财政支撑能力的限制。由于经济进入新常态，特别是新冠疫情的冲击，我国经济受到较大影响，地方财政能力受到严重冲击，部分地方的财政已经沦为“吃饭财政”，甚至无法满足基本的“吃饭财政”需要。在这种背景下，地方推动基本养老服务清单的经济支撑受到挑战，这也一定程度上影响了地方推动基本养老服务清单的进度。而且，从当前来看，经济发展放缓将会是长期状态，如果在经济缓慢发展的背景下最大限度的推动基本养老服务清单制度建设是很多地方政府面临的挑战之一。

三、基本养老服务清单制度的体系设计与路径规划

我国基本养老服务清单发展需要相应的制度设计和路径规划，下文将详细阐述了基本养老服务清单制度的体系设计与路径规划。基本养老服务清单制度体系由核心制度与配套机制构成，核心制度是基本养老服务清单制度，清单的动态发布机制和落实机制便是不可或缺的制度建设的配套机制。

（一）核心制度：建立基本养老服务清单

基本养老服务清单的建立必须从横向层面和纵向层面共同发力，清单应当是一个综合性的制度组合体系，清单具有横向、纵向和内容三个不同层面的维度。

第一，基本养老服务清单制度建设在横向层面上应以基本养老服务清单为核心，以清单的动态发布机制、清单的落实机制为支撑，形成清单制度系统。首先，在指定清单前由国家层面明确其概念及价值取向，并出台政策文件，达成共识。其次，明晰基本养老服务清单的内容，考虑老龄化趋势、经济实力以及老年群体需求等因素，发布包含服务项目、对象、内容、标准、支出责任和政策依据等内容的基本养老服务清单，尽量使用量化指标发布。此外，基本养老服务清单还应当充分考虑不同部门、不同政策、不同资源的协同，包括民政、医保、卫健、残疾、老龄等部门和机构的相关政策、资源和措施，符合基本养老服务清单定位的，都应当考虑一揽子纳入清单，一方面充实清单的具体内容，另一方面，形成政策资源合力，通过清单制度将碎片化的制度安排和资源配置整合起来，作为整体性的福利递送提升老年人的获得感。

第二，在纵向层面上，国家应出台基本养老服务指导性清单、基本养老服务清单制度实施指导意见等文件，地方按照国家规定的基础标准和程序因地制宜建立具有地方特色的、不断创新的基本养老服务清单制度。一方面，国家层面基本养老服务清单在制定时，要充分尊重和吸收地方实践的经验，要在地方成熟的实践探索经验基础之上确定清单的基础性内容，同时，还应当综合考虑不同地方在清单内容和福利水平方面的适应性，国家层面的清单应当兼顾不同经济发展水平的地区。另一方面，基本养老服务指导性清单应明确规定基本养老服务的类别或大致项目以及服务的最低标准要求，为地方实践留出充足的空

间。此外，基本养老服务清单制度实施指导意见应包含清单制作的程序、标准、步骤等内容，规范地方基本养老服务清单制度建立过程并保证基本养老服务的均衡性发展。

第三，基本养老服务清单内容应包含针对老年群体的服务和养老服务设施的配建。在老年群体的服务方面，除以全体老年人为对象的普惠优待服务包括高龄津贴、健康管理、优待服务、应急体系建设外，应针对特殊老年群体提供相应的补贴、巡护、生活照料等服务，保障其老年生活。在养老服务设施配建方面，应包含奖补和设施建设。奖补包含机构运营补贴和评级奖励等、社区养老服务设施补助等；设施建设包含家庭适老化改造、社区养老服务设施建设、机构消防设施和养老服务设施建设以及公共无障碍基础设施建设等。

在综合上述清单建议基础上，本研究提出了我国国家层面基本养老服务清单的内容设计，具体内容如下表所示。

表 7－3　基本养老服务清单建议

服务类型	服务项目	服务内容	服务对象	服务收费	支出责任	其他可提供服务内容
特殊老年群体服务项目	特困人员中老年人基本生活保障和照料服务	按照各地实际情况确定基本生活标准（最低生活标准的一定比例）和照料护理标准（最低生活标准的一定比例）	特困人员中老年人	无偿	各级政府兜底	护理保险、护理补贴、智能穿戴设备配备、探视巡护服务、医疗护理补贴等
	困难老年人养老服务支持	为轻、中、重度的失能失智老年人，分档提高补贴标准，统筹用于照料护理支出	纳入最低生活保障、建档立卡贫困户范围的老年人	无偿	各级政府兜底、福彩公益基金适当予以补助	生活补贴、社会救助、护理补贴、居家养老服务补贴、巡防、为家人提供培训等
普惠优待服务项目	高龄津贴或是长寿津贴	向规定周岁以上老年人发放高龄津贴，具体标准由市、县民政部门商财政部门确定	规定周岁以上人口	无偿	各级政府兜底、福彩公益基金适当予以补助	规定额度补贴
	老年人健康管理	生活方式和健康状况评估、体格检查、辅助检查、健康指导等	规定周岁以上老年人	无偿	中央、省、市、县(市、区)政府分担	提供体检、健康指导服务、家庭医生签约服务、保险等
	老年人优待服务	文化体育场所减免费用；提供老年教育；提供法律援助；减免交通出行费用；旅游景区减免门票	按照服务不同规定年龄要求	按照年龄要求无偿或者低偿	市、县（市、区）政府分担	提供文体活动指导服务，组织老年人开展各类文体活动；公共文化体育场所为老年人开展活动提供免费服务等
	应急体系建设	建立养老服务信息平台和热线电话，提供紧急呼叫、安全援助等服务。	全体老年人	无偿	市、县（市、区）政府分担	提供应急援助

续表

服务类型	服务项目	服务内容	服务对象	服务收费	支出责任	其他可提供服务内容
养老服务设施服务	项目奖补	机构评级奖励;机构运营补贴;社区养老项目奖励、补贴	由各相关部门共同确定	经考核合格发放	民政部、财政部、政府分担	其他津补贴
	设施配建	家庭适老化改造;社区养老服务设施建设;机构消防设施、养老设施建设;公共无障碍基础设施建设	由各相关部门共同确定	按相关政策配建	民政部、财政部、政府分担	其他基础设施建设

（二）配套机制：清单动态发布机制及落实机制

建立基本养老服务清单的动态发布机制以及落实机制，是我国基本养老服务清单制度的重要内容和要求。

第一，建立清单动态调整的动态和研讨机制。动态发布机制方面，可以设定动态发布的时间间隔，建立定期多部门碰头会制度，确定动态讨论最新版清单是否符合当前社会状况，是否有落实的困难等，并对短期、中长期的社会状况进行简单的预测，在此基础上，修改基本养老服务清单使之与社会发展相匹配。

第二，可将动态发布机制分为常规发布机制和临时发布机制，常规发布机制可依据实际情况确定每年的固定月份发布，若遭遇重大经济或者社会事件，便动用临时发布机制，做好随时调整基本养老服务清单的准备。应当建立清单需求的回应机制，依据社会当中出现的一些事件和公众诉求，符合实际需要的，应当及时纳入研讨和回应机制，及时纳入清单的动态研讨流程，从而对新生的社会需求和事件给予及时、积极的回应，进而促进清单制度对社会需求的适宜性。

第三，落实机制方面，应加强需求评估结果与监督结果等的运用，使评估结果、监督结果等与服务供给更好的衔接，精准落实服务供给。可使用服务记录追溯，形成电子数据库，以便监督、绩效评估等工作的实施。

（三）基本养老服务清单制度的路径规划

在建立基本养老服务清单的基础上，还应当积极探索基本养老服务清单的实施路径，以及对应的规划安排。结合我国基本公共服务均等化发展的国家规划，我国基本养老服务清单制度建设的路径规划可以分为两个阶段，现今至2025年为初步建成阶段，2025－2035年为全面建成阶段。

1. 初步建成基本养老服务清单制度（现今－2025年）

到2025年，我国基本实现基本养老服务清单制度规划制度建成，基本养老服务的概念意涵达成共识，基本养老服务的服务内容及服务标准明确，基本养老服务的提供形式及责任分担确定等核心任务，出台并落实科学合理、满足基本需求的国家《基本养老服务清单》；从中央到地方的国家基本养老服务清单制度普遍建立并初步实施；初步建成动态发布机制、落实机制两大配套制度。

第一，基于实验主义治理范式推动国家层面基本养老服务清单制度建设。遵循“先试点后推广”的建设理念，建立“地方创新、国家总结”的制度优化分工。国家层面鼓励各地开展基本养老服务制度建立的试点，为国家层面的政策提供经验。在国家层面的制度建立之后，仍要利用地方的自主性，鼓励地方创新基本养老服务制度模式，国家定期选取优秀经验全国推广，形成上下交互的制度优化机制。

第二，出台国家层面的基本养老服务清单，建立从中央到地方的全方面的基本养老服务清单制度。一方面，在地方实践经验探索的基础的基础上，积累政策试点和实施方案，经过全国层面的充分考量和均衡，最终形成国家层面的基本养老服务清单。与此同时，一些地方在国家基本养老服务清单的基础上，进行调整和完善，最终设定地方版本的基本养老服务清单制度。从而我国建立覆盖中央和地方的国家基本养老服务清单制度。

第三，形成科学完善的政策法规体系。建立基本养老服务制度规划政策、基本养老服务清单政策以及配套政策体系保障政策支持，以《中华人民共和国老年人权益保障法》等法律提供充分的法律保障。至此，我国基本养老服务清单制度的支撑制度体系全面建立，进而形成完善的政策法规体系。

第四，建立政策落实机制，也就是提升执行力。增加政策措施的可行性分析，健全组织保障，并落实绩效评估机制，全流程推动执行力的提升，保证基本养老服务制度的建立。特别是基本养老服务清单需要对应的评估服务，包括与失能相关的能力评估和需求评估，以及与经济相关的评估，和与家庭照料能力相关的评估。相应的评估体系和对应的服务队伍建设，对于基本养老服务清单的有效落实十分重要。

2. 全面建成基本养老服务清单制度（2025－2035 年）

基本养老服务清单制度在基本建立之后，还需要进一步运行、调整、完善，从而全面建成，推动基本养老服务清单制度全面建成和完善仍然有不少工作需要推进。2025 年之后，基本养老服务制度在初步建成的基础上，应根据实践运行的情况和经济社会条件的变化，持续优化基本养老服务清单的制度内容和其他配套制度，特别是，要不断健全完善配套机制，动态协调责任承担，不断扩充瞄准群体，并与其他制度充分衔接、整合，形成融合性制度发展态势，整体提升制度效应。在这一阶段，应当将重点放在优化健全、提升效用、促进整合三个方面。

第一，推动基本养老服务清单制度优化健全。一方面，提升制度的完备性、规范性；另一方面，提升制度与经济社会的协调性，使之符合经济社会发展，精准满足老年群体养老需求。

第二，重视基本养老服务清单制度的效用提升。一方面，重视提升均衡性、精准性水平，推动实现基本养老服务制度的效用最大化；另一方面，积极通过制度融合、“互联网＋”等智能技术的运用，通过新技术和新机制分别释放技术红利和治理红利，提升服务供给的效率，节约基本养老服务制度的成本。

第三，重视推进养老服务体系的整合。在基本养老服务制度健全的同时，整合我国养老服务体系，特别是，进一步整合各类政策和各类资源，将原有“拼盘”式的基本养老服务清单，通过不断完善，使之成为整合制度、凝集资源的制度体系，建立符合国情的、具有中国特色的社会化养老模式，推动我国养老服务体系发展，提升我国养老服务水平。对上述基本养老服务清单建设内容和规划进行整合，形成下表。

表 7－4　基本养老服务制度建设体系设计与路径规划

<table>
<tr><th colspan="2">制度维度
制度建设</th><th>核心制度</th><th>配套机制</th><th>责任承担</th><th>瞄准主体</th></tr>
<tr><td colspan="2">体系设计</td><td>基本养老服务清单制度</td><td>动态发布机制、落实机制</td><td>政府承担清单包含的责任；市场、社会承担供给非基本养老服务责任</td><td>理论上全体老年人，重点保障特困、困难等老年群体</td></tr>
<tr><td rowspan="2">路径规划</td><td>初步建成（现今－2025 年）</td><td>建立完善</td><td>初步建立</td><td>责任明确</td><td>清晰精准</td></tr>
<tr><td>全面建成（2025 年－2035 年）</td><td>持续优化</td><td>健全完善</td><td>动态协调</td><td>不断扩大</td></tr>
</table>

第三节　关键性制度安排：照护救助制度的逻辑与设计

第三节将对农村养老服务体系建设的关键性制度安排进行论述，即对照护救助制度的逻辑与设计进行介绍。基于理论和逻辑分析，以及地方基本养老服务清单的实践探索，照护救助制度是基本养老服务以及基本养老服务清单中最为核心、关键、基础的制度安排，是国家回应包括农村经济困难失能老年人在内的所有脆弱老年人群的关键制度体系。从照护救助制度本身的定位来看，该制度瞄准身体健康状况、经济状况较差的群体，给予具有救助性质的福利，本质上可以视为最为基本的服务救助，体现国家和社会责任。具体而言，将在介绍照护救助制度安排的背景与意义以及我国现有救助性照护保障制度的格局与挑战的基础上，论述照护救助制度“应然”的功能定位与整合重塑，并对加快推进照护救助制度提出若干的建议。[1]

一、实施照护救助制度安排的背景与意义

在我国，照护救助是一系列具体救助（福利性服务）制度的组合，其建立和完善的重要背景包括老龄化和预防老年贫困等，农村经济困难失能老年人是照护救助制度最主要覆盖的人群。一方面，积极国家、有为政府理念下，政府在救助上的理念、形式和内容都发生了转变，从现金救助走向包括服务救助在内的综合救助，而且，以照护服务为中心的老年服务需求日益膨胀；另一方面，老年人口、老年失能人口的增加、家庭照护功能弱化、长期照护保险尚处于试点阶段等现实条件对照护救助制度提出了更迫切的现实需求，照护服务需求从个人和家庭溢出到社会，成为社会性风险，应当通过建立由国家支持的照护救助制度来回应此类人群的照护服务需求，这其中，经济困难失能老年人将是照护救助制度回应的最主要人群。

总的来说，照护救助制度的推动和发展有两个重要的背景，一个是国家和公共政策的转型，特别是积极国家和有为政府深深的影响了我国政府在养老服务体系建设领域的角色定位，积极公共政策也深入的体现到了社会救助制度理念的转变之中。此外，我国建立包括经济困难老年人护理服务补贴等照护救助制度的重要背景是我国日益严峻的老龄化和高龄化，照护救助制度体系的完善本质上也是我国回应老龄化社会风险和挑战的重要政策工具。

---

〔1〕 本节中有关长期照护保障、照护救助的论述，参考了作者团队的成果，详见胡宏伟，蒋浩琛．农村老年失能照护筹资侧改革：框架、评估与改进方向［J］．社会保障研究，2021（01）：24－34，胡宏伟，蒋浩琛．我国现有兜底性长期照护保障制度评价与完善构想［J］．北京行政学院学报，2020（06）：64－71。

（一）积极政府理念下社会救助制度的转变

正如本研究相关理论梳理部分所阐释，积极国家的理论和理念对我国基本养老服务体系建设影响显著，积极政府理念深入的影响了政府推动的公共政策，以及在对应公共政策中政府的责任与定位。在我国照护救助制度建设中，政府一方面承担了最为基本、兜底性的责任，防止福利泛化和过度化，但另一方面，发展性的理念也深入影响到了社会救助政策，我国的一系列救助和福利类公共政策也显现了显著的发展性特征。上述理念和定位也深入影响了政府对于贫困失能老年人照护问题的判断，以及对应的公共政策行动。

反贫困领域的中国属于积极国家。在反贫困领域，中国在社会政策、基础设施建设等方面的介入程度较深，以脱贫攻坚战为例，中国在脱贫攻坚战中体现出系统性、精准性、生产性和强制性、高标准性的特点。具体而言，系统性体现在内容、行动、经费方面；精准性体现在对象、经费方面；生产性主要通过产业扶贫、金融贷款等项目体现；强制性体现在对地方官员、对驻村扶贫人员、对贫困村、贫困户、对扶贫办四个方面；高标准性主要通过严格的考核和监督问责体制，各地均按照高标准、严要求推进扶贫工作（邓大才，2021）。不同理论指导下的不同政府干预，形成了不同的国家类型。综合我国以上政策措施，可以发现中国政府积极承担和履行责任，干预程度较高，扶贫政策具有显著的积极国家特征，这既源于对结构主义理论的认同，即认为“贫困的根源不是个人原因，而是外部影响的结果”，也源于中国是社会主义国家性质的要求（邓大才，2021）。

在积极国家理念的总体指引下，同时在反贫困战略转向相对贫困等时代背景下，政府在社会救助领域同样转变为采取积极的、发展型的救助理念，在救助目标、救助方式、服务递送等诸多层面都呈现出积极的转变。救助理念上，侧重受助者能够“适度共享经济社会发展成果，满足其对美好生活的向往”（张浩淼、仲超，2020）；救助内容上，应当进一步扩大，通过设置新的救助项目完善救助项目体系；救助目标上，确立兜底保障与融入发展相结合的救助目标；救助形式上，从单纯现金救助转向现金救助与兜底性服务救助相结合的方式；同时，社会救助制度体系也体现出完善与升级，包括破除低保与专项救助的叠加现象、完善保障与发展相结合的制度体系、加强救助与扶贫的衔接等多个方面（张浩淼，2020；张浩淼、仲超，2020）。

聚焦照护救助，首先，照护救助聚焦经济困难失能人群，体现出照护的目的和救助的特征，属于积极国家、有为政府的职责；其次，从内容上看，社会救助内容的扩展应当探索建立针对经济困难失能人群长期护理需要的长期护理救助（关信平，2020）；第三，在救助方式上，照护救助应当采取现金救助与服务救助相结合的方式，并且逐渐降低现金救助比重，以服务救助作为照护救助的主要形式；第四，从制度体系上看，照护救助的设立进一步丰富了救助内容，践行了积极、发展性的救助理念，设计得当的照护救助制度也有助于加强各救助项目之间的衔接协调，补充缺失的救助项目。还需要强调的是，照护救助不是对家庭赡养功能的替代、不是家庭赡养责任的逃避，而是对家庭和个人都无法化解的社会风险进行分担，仍然需要强调家庭在长期护理方面的首要责任和角色，实现政府兜底与家庭赡养责任的融合（韩克庆、李方舟，2020）。

总的来看，由于积极国家和发展型救助政策的影响，我国在经济困难失能老年人照护问题上采取了较为积极的政策回应行动，除了上述救助政策和福利政策（救助性的福利服务购买）之外，还在积极推动地方长期护理保险制度试点方案，这些都将有助于应对农村老年人的失能问题。但是，考虑到农村地区的经济社会发展实际状况，包括长期护理保险的地方实践，农村经济困难老年人的失能照护服务问题还是应当依靠照护救助体系来解决，这也解释了为什么我国正在积极的推动老年福利津补贴制度，特别是鼓励地方政府为经济困难的老年人提供护理服务补贴制度。同时，上述背景也要求我国应当高度重度照护救助体系的进一步整合与完善，对农村经济困难失能老年人等脆弱群体给予更为积极的政策回应。

（二）人口老龄化、高龄化背景下的现实需要

人口老龄化、高龄化背景下失能人口趋增。人口老龄化是社会发展的重要趋势，也是今后较长一段时期我国的基本国情。我国自本世纪初步入老龄化社会，老龄化程度持续加深，其中的失能、半失能老年人数量也持续增长。统计数据显示，2018 年全国城乡失能、半失能老年人数量已达 4400 万，预计到 2030 年和 2050 年，失能、半失能老年人数量更将分别达到 6168 万和 9750 万（李志宏，2015）。仅从规模增长趋势上判断，老年群体的照护需求不断增加，老年人的长期照护问题日益迫切（孙鹃娟、吴海潮，2019）。与此同时，我国拥有 8500 万残疾人口，是世界上残疾人最多的国家，残疾人群也对家庭照护

和照护服务供给提出了更加现实而严峻的挑战（张彩华、金华宝，2019）。

家庭照护、社区照护和机构照护作用有限。家庭是承担养老和照护功能的关键载体。经济发展和社会转型之下，家庭规模趋于小型化和核心化，家庭照护能力逐渐弱化，出现了“家庭照料失灵”和“支持功能缺位”，导致失能人群的家庭照护需求无法得到充分满足（邓大松、李玉娇，2017）。与此同时，用于弥补家庭照护缺陷的社区照护和机构照护也存在门槛高、费用高、功能缺位、内容缺失、供给与需求错配等问题，在满足失能人群照护需求问题上作用十分有限（孙建娥、王慧，2017；张盈华、闫江，2015）。

失能人群的长期照护成为当下亟待解决的问题，应建立多层次制度安排。2016 年，习近平总书记提出建立“相关保险和福利及救助相衔接的长期照护保障制度”。2019 年，中共中央、国务院正式发布《国家积极应对人口老龄化中长期规划》，进一步提出建立多层次长期照护保障制度，通过提高社会保障能力夯实社会财富储备，供给充足、完善的照护服务（邓大松、李玉娇，2017）。通常而言，长期照护保障制度可分为长期照护服务和长期照护筹资两个方面，前者多指各类照护服务（或福利服务），后者则包括社会保险和社会救助，试图通过长期照护救助、保险、福利三个层次的制度安排，满足失能人群多层次的照护服务需求（唐钧等，2018）。唐钧（2019）更清晰指出了构建多层次照护保障制度以满足不同收入水平人群需求的重要性，“对于长期照护保障，要使保险、救助等资金保障手段和社会服务保障手段实现无缝链接”，“使收入水平不同的各个社会群体，通过路径各异的筹资渠道最终殊途同归”。

长期护理保险制度实践探索表明，短期内依靠长期护理保险无法充分回应农村经济困难失能老年人的照护服务需求。长期护理保险被作为多层长期照护保障体系的主体制度尚处于试点阶段，兜底作用有限，从地方实践经验来看，由于筹资局限和保障范围限制，短期内长期护理保险无法回应农村贫困失能老年人的照护服务需求。我国长期护理保险于 2012 年在青岛开展试点，随着 2016 年《人力资源社会保障部办公厅关于开展长护险制度试点的指导意见》的发布，长春、上海、重庆等 15 个城市成为长期护理保险制度的试点城市，探索建立以社会互助共济方式筹集资金，为长期失能人员的基本生活照料和与基本生活密切相关的医疗护理提供资金或服务保障的社会保险制度。

截至 2017 年底，在 15 个试点城市中，长期护理保险参保人数超过 4400 万，当年受益 7.5 万余人，基金支付比达 70% 以上；2019 年《国务院政府工作报告》进一步指出，继续扩大长期护理保险制度试点。多数学者认为长期照护保险的建立势在必行。有的学者从长期照护需求趋增的角度出发（张琳，2017；郑功成，2016），有的学者基于长期护理需求已演变为社会风险的视角（谢冰清，2019；关博、朱小玉，2019），还有学者基于国际经验或当前社会保障制度的不完善对长期护理保险的必要性和可行性进行阐释（王佳林，2019；凌文豪、董玉青，2019）。值得关注的是，当前我国的长期护理保险制度主要以应对人口老龄化为出发点，对有照护需求的残疾人关注不足（唐钧，2019）。同时，长期护理保险制度主要以城镇职工基本养老保险参保者为对象，城乡居民的长期照护需求也未能得到满足。从现有制度实践探索来看，仅有极少数城市的长期护理保险实践探索覆盖了农村居民，绝大部分试点城市长期护理保险的制度覆盖范围局限在城镇职工，农村老年人并没有被覆盖在内，所以，基本无法回应农村经济困难失能老年人的失能照护服务需要。

照护救助安排是政府在失能照护领域的首要责任，是国家合法性基础。贫困和失能是老年人的两项重要脆弱性特征，具备相应特征的老年人往往具有一定程度的脆弱性，而兼有经济困难和失能双重脆弱特征的人群被称为“双困”人群，这部分人群往往基本照护需求得不到满足、生活质量差、处境艰难，同时，这部分人也往往容易因无力缴费或不符合条件而难以得到长期护理保险的保障。特别是农村经济困难失能老年人，从当前的地方实践来看，基本上没有获得相应长期护理保险制度的覆盖。对于长期护理保险无法覆盖到的或无缴费能力的经济困难失能人群而言，建立兜底性长期照护服务保障制度更显重要性和必要性。作为最后一道社会安全网，兜底性长期照护保障制度实现了多层次照护保障制度的最低目标，维护的是社会成员基本的生存权利，兜底性长期照护保障的核心制度安排就是照护救助制度体系（刘喜堂，2019）。

《国家积极应对人口老龄化中长期规划》指出，实施兜底性长期照护服务保障行动计划，将兜底性长期照护作为多层次长期照护保障制度的基本制度，兜住经济困难失能人群的基本照护需求。经济困难失能人群兼有经济困难和失能的双重脆弱特征，依靠自身力量无法摆脱困境，必须依靠国家的制度安排对其基本生活照料和基础医疗护理需求进行满足（吴璇、刘晓雪，2016）。兜底性长期照护保障符合我国的社会保障制度“保基本”的定位，政府在长期照护领域的首要责任更应是“兜底线、织密网”，特别是对救助层次的照护服务需求给予回应和满足；兜底民生保障是民生保障的底线和优先发展层次，是政府的基本责任和重点任务（刘喜堂，2018）。同时，也与我国家庭照料作为正式制度、供给侧改革、经济发展水平等基本国情相契合（何文炯，2017；李珍，2018）。总而言之，建立照护救助制度体系是当前回应农村经济困难失能老年人照护服务需求的最有力的政策选择，符合我国当前的经济社会现实状况，也是我国地方实践探索的经验启示。

二、现有救助性照护保障制度格局与评析

上文分析结果表明，照护救助制度是我国回应农村经济困难失能老年人照护服务需求的重要制度选择，当前应当将照护救助制度作为政策建设重点，特别是针对兼有经济困难和失能双重脆弱的老年人。下文论述将包括我国现有救助性照护保障制度体系框架概述，以及现有兜底性质照护保障体系框架运行评析两个部分。在具体介绍我国特困老年人照护救助制度、针对老年人的照护补贴制度、针对残疾人的照护补贴制度三类救助性照护、养老津补贴制度的基础上，对现行的救助性照护保障制度体系框架进行整体分析和评价，反映我国现有救助性照护保障制度的现状与挑战。

（一）现有救助性照护保障制度体系框架概述

我国当前的照护救助主要是现有的特困供养制度，以及经济困难老年人失能护理补贴等制度安排。目前，我国尚未形成一揽子的兜底性长期照护保障制度。依经济水平的不同，我国经济困难失能人群被不同的带有兜底性质的照护保障制度覆盖，也在部分制度中享受不同的待遇水平。在我国，经济困难被划分为特困、低保以及低收入三类。在现有的带有兜底性质的照护保障体系框架中，仅有针对特困失能人员的独立的照护救助制度设计，即特困人员救助供养制度；而针对低保、低收入失能人群，并没有相应的、专门的照护救助制度设计，但一些具有兜底性质的照护补贴制度设计散布在整个社会救助、社会福利体系当中。[1] 同时，失能等级被划分为重度、中度、轻度三类，依据失能等级的不同，设置了专门针对重度残疾人的重度残疾人护理补贴制度，也在部分

[1] 虽然官方一直将经济困难老年人的养老服务补贴和护理服务补贴视为社会福利，但是，在学术界也有相当一部分学者认为这些内容应当被归为照护服务的救助制度安排，及照护救助制度，即针对经济困难老年人的服务补贴和护理补贴，存在福利服务和照护救助两类观点的分歧。

兜底性长期照护保障制度中享受不同的待遇水平（胡宏伟、蒋浩琛，2020）。

具体而言，我国现有的带有兜底性质的照护保障体系框架大致可分为三个部分，一是针对特困失能人员的独立的照护救助制度，即特困人员救助供养制度；二是主要针对老年人群的照护补贴制度，包括经济困难老年人的基本养老服务补贴和护理补贴制度；三是主要针对残疾人群的照护补贴制度，包括困难残疾人生活补贴和重度残疾人护理补贴制度。三部分制度侧重瞄准不同类型的贫困、失能人群，但在具体实践中存在瞄准人群重合、各地识别方法和待遇水平差异大、救助水平偏低等问题，无法为贫困失能人群提供更为稳定的、充分的照护保障（胡宏伟、蒋浩琛，2020）。

1. 特困老年人照护救助制度

针对特困老年群体的照护救助，我国实施特困人员供养制度。2014 年，《社会救助暂行办法》正式出台，传统的城市“三无”人员供养制度和农村“五保”供养制度合并，形成统一的特困人员供养制度。针对特困人员的救助供养形式，因供养对象生活自理能力和养老意愿的不同，可划分为在家分散供养和在当地供养服务机构集中供养两种，救助供养标准包括了基本生活标准和照料护理标准两方面，具体照料护理标准依据特困人员生活自理能力分类制定。截至 2016 年 5 月，全国共有农村特困人员 510.5 万人，集中供养和分散供养年人均标准分别为 6198 元和 4644 元〔1〕。2018 年 7 月，《关于在脱贫攻坚三年行动中切实做好社会救助兜底保障工作的实施意见》（民发〔2018〕91 号）发布，鼓励有条件的农村特困供养服务机构（农村敬老院），在满足特困人员集中供养需求的前提下，逐步为农村低保、低收入家庭和建档立卡贫困家庭中的老年人，提供低偿或无偿的集中托养服务。从各地区的实施情况来看，我国特困老年人照护救助制度呈现集中供养所占比重较低〔2〕、供养条件改善与供养服务水平低下并存等特点，面临制度衔接不畅、服务人员专业水平低下等困境。

2. 针对老年人的照护补贴制度

针对低保、低收入老年人的照护需求，我国主要通过基本养老服务补贴和

〔1〕 民政部对“关于建立五保户护理补贴制度的建议”的答复，参见 http://www.mca.gov.cn/article/gk/jytabljggk/rddbjy/201610/20161015002178.shtml

〔2〕 2015 年农村五保供养制度的数据显示，集中供养和分散供养的保障规模分别为 162.3 万人和 354.4 万人，悬殊较大。

护理补贴制度予以满足。其中，基本养老服务补贴的覆盖人群主要是经济困难老年人，而失能护理补贴对象主要是经济困难的高龄和失能老年人。2013 年《国务院关于加快发展养老服务业的若干意见》中，明确提出“建立健全经济困难的高龄、失能等老年人补贴制度”，此外，建立老年福利补贴制度也是老年人权益保障法的直接要求。经过发展，养老服务补贴和护理补贴取得了一定的成效，截止 2018 年，我国已有 30 个省份建立了经济困难老年人的基本养老服务补贴制度，护理补贴制度也已覆盖全国 29 个省份，享受服务补贴和护理补贴的老年人分别达到 354 万和 61 万[1]。从各地区的实施情况来看，基本养老服务补贴和护理补贴呈现出明显的地区差异，各地区受助对象的资格条件和保障水平差别较大，部分地区基本养老服务补贴与护理补贴存在重叠交叉现象，例如，四川省规定两项补贴择高享受一项，天津市规定二者叠加享受。养老服务补贴政策和护理补贴制度仍面临一定问题和挑战，包括服务内容有限且存在交叉、保障水平普遍偏低、地方差异较大、缺乏规范统一等等。值得关注的是，由于两项服务补贴主要通过政府主导的购买服务模式，政府为经济困难老年人和经济困难失能老年人购买服务补贴机制逐步健全，但是，在购买流程规范化、服务质量保障等方面也仍然存在不少挑战，亟待完善。

3. 针对残疾人的照护补贴制度

针对老年人口中残疾群体的照护需求，我国实施残疾人两项补贴制度。2015 年，国务院正式颁布《关于全面建立困难残疾人生活补贴和重度残疾人护理补贴制度的意见》，在全国实施困难残疾人生活补贴和重度残疾人护理补贴制度两项残疾人补贴制度。其中，困难残疾人生活补贴主要补助最低生活保障家庭中的残疾人；重度残疾人护理补贴主要是针对残疾人因残疾产生的额外长期照护支出的补贴，其对象为残疾等级被评定为一、二级且需要长期照护的重度残疾人。残疾人两项补贴以现金的形式按月发放，有条件的地区也采取凭据报销或政府购买服务形式。2018 年，两项补贴的受益残疾人超过 2190 万人次，发放补贴超过 230 亿元。残疾人两项补贴制度针对这一群体的特殊生活困难和长期照护困难进行专门的制度安排，并与最低生活保障等制度进行了有效衔接，填补了残疾人福利制度的空白，有助于巩固并提升家庭对残疾人的照顾

---

〔1〕 民政部关于高龄津贴、服务补贴和护理补贴制度全国覆盖的新闻稿，参见 http://mzzt.mca.gov.cn/article/zt_2019gzhy/mtgz/201901/20190100014264.shtml

功能，以促进家庭社会的和谐稳定[1]。但从各地区的实施情况来看，两项补贴的受益范围过窄，其水平也不足以解决残疾人群体的生活贫困问题。

现行的、带有兜底性质的照护保障制度归纳如下表所示。[2]

表7－5　现有兜底性质的照护保障制度

	补贴对象	政策目标	筹资	补贴标准	救助方式
特困人员供养制度	无劳动能力、无生活来源、无法定赡养、抚养、扶养义务人或者其法定义务人无履行义务能力	为特困人员提供基本生活、照料服务、疾病治疗和殡葬服务等方面保障	国家财政为主	基本生活标准满足基本生活所需；照料护理标准根据特困人员生活自理能力和服务需求分类制定	集中供养或分散供养
基本养老服务补贴	经济困难的老年人	补贴老年人晚年日常照料等生活性服务支出	地方财政为主	根据家庭经济状况、失能评级等给予不同补贴标准	现金补贴或提供服务
失能护理补贴	经济困难的高龄和失能老年人	补贴老年人因生活自理能力缺失而产生的长期照护支出	地方财政为主	根据失能评级给予不同补贴标准	现金补贴或提供服务
困难残疾人生活补贴	生活困难残疾人，最低生活保障家庭中的残疾人	残疾人因残疾产生的额外生活支出	国家财政和地方财政相结合	省级人民政府根据经济社会发展水平和残疾人生活保障需求、长期照护需求统筹确定	现金补贴为主
重度残疾人护理补贴	有护理需求残疾人，残疾等级被评定为一、二级且需要长期照护的重度残疾人	残疾人因残疾产生的额外长期照护支出	国家财政和地方财政相结合	省级人民政府根据经济社会发展水平和残疾人生活保障需求、长期照护需求统筹确定	现金补贴为主

〔1〕国务院关于全面建立困难残疾人生活补贴和重度残疾人护理补贴制度的意见，参见 http://www.gov.cn/zhengce/content/2015－09/25/content_10181.htm

〔2〕《关于现有照护救助体系的分析和评估》，参考了胡宏伟，蒋浩琛：《我国现有兜底性长期照护保障制度评价与完善构想》，载《北京行政学院学报》2020年第6期，第64－71页。

（二）现有救助性照护保障体系框架运行评析

尽管现有的社会救助和社会福利政策体系可以形成一个宽泛的针对经济困难失能人群的照护救助制度体系，但是，统合性的制度体系目标和制度间的衔接机制不健全，一定程度上影响了整个照护救助体系的制度关系和制度效应，我国现有的带有兜底性质的照护保障体系框架仍然存在一些问题和不足（胡宏伟、蒋浩琛，2020）。

首先是制度碎片化，缺乏专门、统合、紧密的照护救助制度安排。在现有的各项服务体系建设和福利制度安排当中，只有针对特困失能人群的照护安排，而针对其他经济困难失能人群的照护救助性服务需求，并没有相应的、明确的、独立的照护性救助制度安排来应对，而是主要依靠地方实践建立的老年福利补贴制度。并且，针对经济困难失能人群的照护补贴制度设计存在碎片化严重的问题，各个地方在制度设计保障水平和运行效应方面差异显著。现有的残缺不全、碎片化的制度框架，并不能在全国范围内为经济困难失能群体提供稳定、充分的制度保障，照护服务的供给也远不能满足经济困难失能老年人的照护服务需求，特别是在农村，制度供给不足体现的更为明显（除特困供养制度外），部分地区仅在城市地区建立了经济困难老年人护理补贴，农村经济困难失能老年人的兜底性照护服务仍然缺乏正式照护救助制度的足够支持。

其次是保障水平不足、服务质量有限。总体而言，现有各地方政府主导的照护性补贴水平总体偏低，且水平参差不齐，多数地区只能提供日常家政类的照料服务，并不能实现真正的兜底，经济困难失能老年人的照护服务需求无法得到充分的回应。以特困人员救助供养制度为例，尽管我国特困人员供养制度在水平方面要求不低于低保水平的1.3倍，而且针对不同的失能状况，给予不同档次水平的失能救助补贴，但是总的来看，我国特困人员失能照护补贴的总体水平仍然是偏低的，特别是在一些经济水平欠发达的地区，农村地区的特困供养只能解决基本的吃穿问题，无法提供具有专业性的失能照护服务。更为严峻的是特困群体之外的经济困难老年人群，由于福利补贴水平普遍偏低、参差不齐（部分地区的福利补贴制度尚未覆盖农村居民），不足以支付兜底性的照护服务，而且，由于在农村地区照护服务组织普遍发育不足，购买相对专业的照护服务较为困难，这也进一步制约了福利补贴政策在农村地区的作用发挥。农村贫困失能老年人的照护服务需求未能得到现有制度的充分回应，现有的照护救助制度体系对于农村经济困难失能老年人的兜底性照护服务需求是保障不足的。

综合上述分析，我国当前经济困难失能人群能够得到部分的照护性救助服务，在制度覆盖和保障水平方面也不断改进。但总的来看，针对经济困难老年人的兜底性照护制度安排仍然是供给不足的，主要体现为老年福利补贴制度在地方未实现全面覆盖，且制度规范性、科学性不足，制度待遇差别较大、公平性不足、整体保障水平较低，这迫切需要国家在兜底性长期照护保障（照护救助）制度体系建设方面有所作为，通过整合、重塑、优化现有照护救助体系，更好的回应经济困难失能老年人的兜底性照护服务需求，为其提供稳定且能满足基本需要的照护服务，维持其基本需要和生命质量。具体而言，一方面，在政策设计上明确建立具有经济困难和失能综合指向的照护救助制度安排，形成一个相对清晰的制度框架结构；另一方面，对制度的救助内容、救助水平和服务质量进行针对性优化，形成更为完善的、整合的照护救助体系，为经济困难失能人群提供更能满足基本生活需要、更高质量、更为专业的照护性服务（胡宏伟、蒋浩琛，2020）。

三、照护救助制度的功能定位与整合重塑

下文将进一步论述我国照护救助制度体系建设的完善和优化路径，将包括照护救助制度的价值取向，以及重塑兜底性、梯次序的照护救助制度两个部分。照护救助制度的制度完善与优化，应当基于其照护的目的和救助的价值取向，按照经济维度和生理维度对经济困难失能人群进行识别和划分，并在此基础上对现有资源进行整合，实行兜底性、梯次序的长期照护保障。

（一）照护救助制度的价值取向与功能定位

兜底性长期照护服务的本质是一种照护救助，既是社会救助体系的组成部分，也是多层次长期照护保障制度的组成部分。

首先，兜底性长期照护服务是多层次长期照护保障制度的组成部分，内容是解决贫困失能人群基本的、低层次的照护问题，而非经济、住房、医疗等其他问题。“照护”一词即意味着照顾与护理的结合，目的不在于治疗疾病，而是防止疾病恶化并维持基本生活，兼有饮食起居等基础生活照料，也提供基本而必要的医疗护理（胡宏伟、蒋浩琛，2020）。

其次，兜底性长期照护服务符合社会救助的特征，“兜底”一词体现了社

会救助性质，限定了所提供的照护水平，应当在于维持基本的照护生活需求，保障最低生活水平，目标是兜住底线，防止突破社会底线的事件发生。兼有失能和贫困的特征的人群是兜底性长期照护服务的主要瞄准对象。同时，兜底性长期照护保障制度的实施主体并非个人或集体行为，而是国家或政府（吴璇、刘晓雪，2016），体现的是国家和社会责任，资金应来源于中央或地方财政，其救助对象在公共养老服务体系保障（公立养老院等）、公共资源、设施的使用上也具有优先序。长期护理风险属于人类自然衰老带来的风险，是社会成员均可能面对的一般生存风险，当私人领域化解风险无力时，国家基于维护公共利益的生存照顾责无旁贷（施文凯、李珍，2018；谢冰清，2018）。

（二）重塑兜底性、梯次序的照护救助制度

兜底性长期照护保障制度具有社会救助的特征，但现阶段并不应当成为一项单一的制度安排，而是一个制度框架和体系，内涵一揽子直接相关的制度安排，侧重对现有的带有兜底性质的长期照护保障制度进行整合，从而改变制度碎片化现状，保证不同类型的经济困难失能人群被稳定的长期照护保障制度覆盖。

兜底性长期照护救助的覆盖对象主要从两个维度共同来确定，在经济维度，主要选择特困、低保、低收入三类经济困难人群；在生理维度，主要瞄准持证残疾人，以及经综合等级评估为失能的老年人。具体而言，在实践中，经济困难人群多指经民政部门家计调查识别的城乡低保、特困人员及低收入人群；而失去自理能力则应当依据各地能力综合评估标准进行能力等级的评估，或持有残疾人证件。只有同时满足贫困和失能两个标准，才能被照护救助框架体系覆盖，成为兜底性长期照护保障制度的目标对象。家庭服务提供能力本应也是兜底性长期照护保障的重要识别指标（李珍，2018）。然而，由于家庭照护服务能力的识别和判断存在技术和成本上的困难，照护能力的识别往往具有很强的争议性，其执行成本也过于高昂，这就导致在具体实践中，暂时不对家庭照护服务能力进行评估，而主要选择基于现有社会救助体系，在收入评估和失能评估基础上确定照护救助的具体覆盖对象。但结合家庭照护服务能力评估应当是政策有益的探索方向。

兜底性长期照护保障制度应当是对有兜底性质的照护补贴制度的制度架构和体系框架的一次整合和体系再造，这既具有现实可行性，也通过制度间整合改变了原有制度安排的碎片化，保证不同类型的经济困难失能人群享受相对稳定的制度安排和充分的待遇水平。基于现有框架和兜底性长期照护保障制度的

评估标准，要改变传统“一刀切”的做法，按救助对象的个人和家庭经济承受能力和失能程度开展分类施救。首先按照经济维度的划分，将贫困失能人群分为特困失能人员、低保失能人员和低收入失能人员三类，实行保障水平递减的梯次救助，进一步，根据各人群中失能程度的不同，对重度和中轻度失能人群给予不同方式和水平的长期照护保障（胡宏伟、蒋浩琛，2020）。

1. 特困失能人员的兜底性长期照护保障

在兜底性长期照护保障制度中，应当仍然通过特困人员救助供养制度来满足特困失能人员的基本长期照护需求。特困人员救助供养制度（其中的护理补贴）主要瞄准贫困失能人群中的特困失能人群。延续现行制度，救助形式分为集中供养和分散供养，特困人员可以自行选择供养形式；资金来源主要是国家财政，也包括社会力量捐赠；特困人员救助供养制度在整个兜底性长期照护保障体系中的待遇水平相对最高，救助标准包括基本生活标准和照料护理标准，其中，基本生活标准应当满足特困人员基本生活所需；照料护理标准应当根据特困人员生活自理能力和服务需求分类制定，体现差异性[1]。从当前护理服务的供给来看，应当围绕特困失能人员给予更高水平的护理补贴，能够更好的回应特困人员的基本失能照护需要。

对于选择集中供养的特困失能人员，通过提高机构硬件条件、确定合理供养标准、提高照护服务软实力等方式为其提供更有质量和保障的长期照护服务；对于选择分散供养的特困失能人员，需结合差异性的护理补贴标准，探索服务供给与服务津贴相结合的方式。从实地调查来看，政府直接购买服务是主要的服务供给方式，但在进行照护服务供给之前，应当做好服务对象的需求评估，根据实际需要合理确定具体的方案，充分对照护对象进行分类，根据分类和具体需求尽可能制定个性化的照护救助服务供给方案。同时，以服务券的方式进行兜底性长期照护救助的提供也得到了地方政策制定者的诸多关注和重视，自行决策服务券的使用可以保证需求得到更为贴切的满足。然而何确定服务券范围、如何保证服务券与护理服务的结合等问题，仍需进一步的实践和考量。此外，服务的专业性和内容的必要性、服务递送的及时性、服务的监督和评估也是服务供给中需要进一步关注和考虑的问题。

此外，也应注意到特困人员护理过程中出现的一些现象，特别是分散供养

---

[1] 《民政部关于特困人员救助供养标准的政策解答》，参见 http：//www. mca. gov. cn/article/fw/bmzn/shjz/zcjd/201711/20171115006670. shtml

的特困老年人得到的服务供给出现一些不足，一些特困人员的供养费用并不低，但是，其生活服务和照护服务供给却不充分，甚至质量较低。应当落实照料者的供养责任，特别是，要监督检查供养补贴的使用情况，针对一些侵害特困老年人权益的事件要进行媒体曝光和处置。与此同时，可以推动特困人员集中供养，有条件的地区，可以根据特困老年人需要实现应养尽养，并鼓励特困老年人到特困供养机构得到集中供养服务。当然，这也要求特困供养机构提升硬件条件和服务质量，这样才能真正吸引特困老年人入住，同时，也才能为入住的特困老年人提供相对较高质量的供养服务（胡宏伟、蒋浩琛，2020）。

2. 低保失能人员的兜底性长期照护保障

低保失能人员的兜底性长期照护保障更应当是对现有的具有兜底性质的照护补贴制度的整合和统一，通过制度整合、资源融合实现功能聚合，主要瞄准兼有低保、失能特征的人群。由于兜底性长期照护保障制度具有显著的兜底特征，这就对其内容和水平也有了相应的要求和限制，应当着眼兜底性。从水平上看，应当提供的是基本的、最低要求的、最低限度水平的服务，以维持保障对象基础的照护生活需求；从内容上看，应当主要包括基本生活照料服务、定位于功能维持和疾病状况维持的照护性服务、必要的精神慰藉服务和其他必要的基础性照护服务。在兜底性长期照护保障中，针对低保失能人员制度安排的资金来源应当与低保制度的资金筹资模式相当，由国家财政与地方财政共同出资；在整个制度体系中享受低于特困失能人员而高于低收入失能人员的待遇水平。同时，对其中的重度失能人员、重度残疾人员，应当给予相对更高水平的待遇保障。为了避免地方在制度推动方面的参差不齐，应当加强制度推动过程中的国家责任，国家应当通过增强制度推进约束力或财政支持等方式来推动老年护理补贴等制度的完善和优化。从当前制度实践探索来看，国家通过国家福利标准和照护救助清单方式，可以较好的推动地方落实相应照护救助制度建设和优化。

从救助方式上看，具体救助形式应当以服务性救助为主体，以现金性救助为辅助，能够购买服务的尽量要以服务供给为主，从而精准的实现制度效果，避免“买醋的钱打酱油”。此外，针对满足条件且有入住意愿的低保失能人员，还应通过公办养老机构（包括公办/建民营、民办公助等）为其提供优先入住养老机构的权利，在入住护理机构轮候方面给予优先权限。这既是照护救助制度体系发展和完善的必然要求，也是我国公立养老机构定位和社会责任的重要体现（胡宏伟、蒋浩琛，2020）。

3. 低收入失能人员的兜底性长期照护保障

低收入人员的认定标准多以最低生活保障标准为基础，按照不低于1.5倍或2倍的原则制定（刘喜堂，2018）。兜底性长期照护保障中针对低收入失能人员的制度安排，应当以地方财政为主要资金来源，应当给予地方充分的探索权限。从经济水平的界定来看，低保对象和低收入人群都应当被视为经济困难人群，都应当在兜底性照护救助方便得到国家支持，应当享有具有差异性和梯次递减的照护救助保障待遇。

一方面，应当鼓励地方将经济困难老年人护理补贴和养老服务补贴逐步扩展到低收入人群，从而实现对低收入人群的制度覆盖；另一方面，也应当在入住养老机构、享有社区照护服务设施等方面给予低收入老年人优先权，在敬老院等机构入住方面给予低收入失能老年人以轮候优先权。当然，在具体的保障待遇方面应当体现与经济困难程度的关联性，按照特困人群、低保人群和低收入人群的次序，实行梯次递减、保障精准的制度设计，从而提升整个照护救助体系制度逻辑的一致性和对象瞄准的科学性（胡宏伟、蒋浩琛，2020）。

针对低收入、低保、特困三类失能老年人的兜底性、梯次序的长期照护保障制度的内容构想归纳如下表所示。[1]

表7-6 兜底性长期照护保障制度的梯次制度内容构想

覆盖层次	筹资	待遇水平	内容	救助方式	服务供给
低收入失能人群	地方财政为主	相对较低待遇	侧重满足基本照料需求，主要包括生活照料，辅助性的医疗护理服务和适当程度的精神慰藉服务	现金补贴+服务递送，优先提供集中供养，次序于低保失能老年人之后；机构优先收住	政府整合资源、购买服务，探索服务券等形式
低保失能人群	国家财政与地方财政相结合	中等待遇		现金补贴+服务递送，优先提供集中供养；机构优先收住	
特困失能人群	国家财政为主	相对较高待遇		（1）集中供养 （2）分散供养：现金补贴+服务递送；专门机构保障	

〔1〕《关于照护救助制度的优化设计》，参考了胡宏伟，蒋浩琛：《我国现有兜底性长期照护保障制度评价与完善构想》，载《北京行政学院学报》2020年第6期，第64-71页。

四、加快推进照护救助制度的建议与支撑

兜底性长期照护保障制度的运行，还需要有适宜的环境，需要来自政治、经济、社会、法制、技术、制度等各个方面的支撑。

从财政筹资上看，政府应当对兜底性长期照护保障制度负有责任。政府有义务保护每一个社会成员的生存权利，当个体的生存权利得不到保障时，政府应当承担责任对其提供支持。兜底性长期照护制度本质上是社会救助制度，具有明显的“兜底”性特征，侧重满足基础、常规、最低限度的照护需求，因此，政府应当在筹资中承担主要责任。当然，各个地方在具体财政责任划分的时候，也要考虑不同区域的特点，对于中西部和一些相对发展落后的地区，中央财政应当给予更多支持。在今后制度改革和优化过程中，国家应当更多的承担相应的财政责任，或者，针对中西部等经济相对落后地区提供明确的财政转移，从而支撑地方有足够的财力来建立和维持照护救助制度体系，为经济困难的失能人群提供兜底性的照护救助服务。

值得强调的是，尽管政府在兜底性长期照护救助制度筹资中的主体责任地位得到了确定，这也并不意味着家庭不需负担照料责任，家庭、国家和社会在照护服务供给方面的责任划分依然是照护救助制度体系定位和优化的根本议题之一。老年人长期生活照料是私人事务，个人和家庭始终是第一责任人，家庭制度是人类社会的基本社会制度之一，应当在家庭成员服务供给方面承担首要责任。根据需求溢出理论，兜底性长期照护保障制度应当是，国家在家庭、市场等主体都无力提供照顾和相应的基础性支持之后才出场，承担的是不足部分的兜底保障。《中华人民共和国老年人权益保障法》和《中华人民共和国婚姻法》都规定了夫妻之间、父母子女之间在经济和生活上相互照料的权利和义务，老年人财富的下传也从社会伦理的角度对子女赡养和照料父母提供了伦理支撑（李珍，2018）。确定一个科学、有序的照护主体分工和出场顺序是整个照护救助体系完善的关键安排之一。

从制度上看，一是需要完善的家计调查与社会信用体系，提高收入核查能力和基层行政能力，提升特困、低保和低收入人群瞄准的精准化程度；二是需要完备的失能评估体系，制定失能人群的分级分类标准并对其进行准确评估，从而识别失能对象并为其提供较为精准的服务（彭希哲等，2018）。经济困难失能人群的精准识别将是构建和实施兜底性长期照护保障制度的关键性基础，

只有符合家计调查和失能评估的条件，才能被纳入兜底性长期照护保障制度。

完善的养老服务供给体系是兜底性长期照护保障制度的重要一环，为服务供给和递送提供重要支撑。不同于养老保障制度，长期照护保障制度不仅提供资金，更需要提供有效的服务，因此，需要有专业的照护服务人员、服务设施和服务技术规范，并最终依靠服务人员向经济困难失能人群提供服务，从而实现兜底性长期照护保障制度的目标（何文炯，2017）。可以说，养老服务供给体系的发展和完善程度很大程度上决定了兜底性长期照护保障制度目标的实现水平。

关于经济困难失能人员长期照护的法律法规也是兜底性长期照护保障制度顺利运行的重要支撑，一方面，法律保障经济困难失能人群获得长期照护服务的权利，另一方面也保证长期照护服务在实践中有法可依和政策的落实到位（郑尚元，2018；孙建娥、王慧，2013）。

最后，需要强调，上述配套、支撑体系的发展和建设在农村地区最为迫切，因为，相应的制度建设很多仅是在城市地区得到了覆盖，在农村地区还很不健全、不完善。正如前文论述，农村经济困难失能老年人是整个照护人群中最为脆弱的人群之一，集合了农村、经济困难、失能三个维度的脆弱性特征，整个人群的照护问题应当被视为正式照护制度和服务体系建设关注的核心人群。所以，在照护救助制度体系建设、健全和全面覆盖方面，应当将农村作为关键加以推进，国家通过国家标准、国家清单等方式强力推动地方在农村地区落实照护救助制度体系建设，同时，国家应当加大必要的财政转移，支持地方重点加强农村地区照护救助制度体系的落实情况。同时，也应结合农村地区专业照护服务体系发育发展的现实情况，一方面，结合照护救助体系与家庭、社区养老的逻辑互动，推动正式制度安排与家庭照护、互助照料等方式的紧密衔接、整合，允许地方探索更多的家庭支持和互助照护支持政策体系；另一方面，进一步重视农村地区养老服务网络建设，特别是社会性的纵向养老服务联合体建设，建立县级、乡镇级、村级养老服务机构和设施的联动机制，包括探索建立对应的家庭养老床位建设，实现县级、乡镇级、村级、家庭四个层面纵向养老服务体系的纵向衔接，为专业服务递送延伸到家庭创造条件，重度失能失智老年人通过纵向体系及时得到机构或居家的专业照护服务；最后，还鼓励农村地区各类组织和机构的发展，通过政府购买服务等多种形式培育机构和社会组织的专业照护服务功能，从而改善农村地区专业照护服务供给缺乏的局面，为照护救助制度的充分落地创造条件。

第四节 支持性制度安排：三维能力识别的逻辑与设计

正如上文所述，农村地区经济困难失能老年人照护服务体系建设需要对应的支撑体系，包括评估识别和瞄准体系的建设，上文提出了应当关注包括经济能力、失能状况和家庭照料能力的三维能力评估。在现有照护救助的对象识别体系中，基本上仅考虑了经济能力评估和能力综合评估，并没有考虑家庭照护服务能力，但是，从专业照护服务递送角度来看，应当逐步将基于经济能力和失能状况的二维能力评估，转变为基于经济能力、失能状况和家庭照料能力的三维能力评估，才能为照护救助制度体系建立和发展提供充分、精准的对象识别机制。

下文将对农村养老服务的支持性制度安排，三维能力（失能状况、经济状况、家庭照护能力）识别的逻辑与设计进行介绍，具体而言，将从需求溢出理论在长期照护领域的应用、基于失能状况、经济状况、家庭照料能力的三维能力识别逻辑两个方面，着重论述长期照护领域三维能力识别的逻辑。

一、需求溢出理论与长期照护责任分担

综合理论和理念分析，需求溢出理论可以更清晰和有逻辑的回应长期照护服务供给中的责任分担问题，可以比较好的阐释家庭、国家和社会的定位与责任分担，特别是国家与家庭在照护责任分担方面，需求溢出理论同时具有理论的科学性和实践的可行性。下文将从需求溢出理论在长期照护领域的应用方面展开论述。通过需求溢出理论，讨论和阐明国家在长期照护领域应当承担的责任，更多的是“溢出”部分的需求，针对农村贫困失能老年人的照护服务需求，国家和社会应当积极承担相应的兜底责任，但是，国家的兜底责任是在照护需求在家庭中得不到满足、从家庭中溢出时才得到体现。

一方面，家庭照护能力的识别是对家庭养老功能的修复和提升。社会养老是我国顺应人口结构、生活与就业方式转变下产生的不可或缺的养老新模式，但是，家庭养老的功能和作用是无可替代的，家庭始终是养老和长期照护的第一责任人。社会政策的走向包含对家庭功能的形塑，对家庭照护能力的识别表明，政府的出场顺序在与家庭之后，承担的是家庭无力承担的兜底部分，这对

于修复和维护家庭功能具有重要的意义，是对传统孝道文化的传承，助力构建养老、孝老、敬老的政策体系和社会环境，助力积极老龄化，同时，也与我国社会保障制度“保基本”的理念相契合，展示积极国家、有为政府在民生方面的积极兜底和履责。另一方面，“典型国家的实践表明，尽管政府、市场会承担越来越大的养老责任，但任何社会养老政策都难以完全取代家庭在养老中的责任和功能”（黄健元、常亚轻，2020）。发达国家长期照护保障制度改革中也呈现出“国退民进”的趋势，福利供给从单一政府主体走向“福利多元主义”，个人和家庭承担责任增加（Grootegoed & van Dijk，2012）。这就为我国建制敲响警钟，要在制度建立、定型之前，对政府和家庭在养老和长期照护领域的定位做好划分，要明确和清晰家庭的作用，因此，家庭照护能力在公共政策中的作用不可或缺，家庭照护能力的识别在公共政策识别中必不可少。

20 世纪 70 年代以来，以美国为首的资本主义国家陷入“滞涨”困局，不断衰退的经济无力支撑福利国家不断扩张的社会保障支出，对福利国家传统理论的质疑甚嚣尘上，政府不再承担“无限”的福利责任，福利多元主义应运而生，强调家庭和市场在福利承担过程中的重要责任（彭华民、黄叶青，2012；周缘园，2013）。党的十九大报告中提出要“按照兜底线、织密网、建机制的要求”建设多层次可持续社会保障体系，“兜底线”的基本要求厘定了政府在社会保障体系中的责任。但是，界定“底线”是“兜底线”的重要前提，界定“底线”也应该考虑对应的责任主体。中国人民大学刘太刚教授（2012）通过构建“需求溢出”理论，尝试回应公共管理学的基本问题，重新界定与区分公共事务与私人事务。刘太刚（2011）认为，传统的公共物品理论缺乏明确的标准，且不存在具有“非排他性”与“非竞争性”的有形物品或服务，容易造成民生服务的无差别化，政府福利供给“过剩”与“不足”并存。需求溢出理论认为，人类个体需求分为两类，第一类为个人及其家庭的资源可以保障的需求，第二类为本人及其家庭无能力满足的需求（李珍、赵青，2021），第二类需求则认为是“溢出”的需求，只有“溢出”的需求才需要政府进行供给、满足，而第二类需求的满足程度主要由当期公共资源状况、溢出需求的正义性或价值排序来确定（刘太刚，2012）。这隐含着个人及其家庭需求满足的责任顺序，即个人及其家庭是其需求满足的第一责任人，无法解决的“溢出”需求才进入政府责任的视野。

具体到长期照护领域，吃饭、穿衣等照护服务应当属于私人产品或事务，由家庭供给是最有效的，首先要通过个人或家庭自行解决。也就是说，当照护需求没有超过个人或家庭的经济和照料能力时，应当由个人或家庭予以提供，只有在家庭照护能力弱化，即仅靠个人及家庭已经无法满足家庭内部的养老和照护需求，养老和照护需求成为“溢出”的需求时，才需政府出面支持（李珍、赵青，2021）。需求溢出理论为政府在长期照护领域提供了出场的顺序和时机，政府应当在个人和家庭之后出场，保证“溢出”的、最基本的长期照护需求得到满足，换言之，以需求溢出理论指导长期照护领域的公共政策选择，政府应当首先进行救助性质的制度安排，侧重满足最基本的，也是溢出个人和家庭能力的照护需求。同时，以需求溢出理论来看待长期照护问题，也符合我国社会政策中的底线思维，优先把民生兜底工作放在首位，优先将可能出现的民生风险兜住扎牢（胡宏伟、蒋浩琛，2020）。

综合上述分析，根据需求溢出理论，老年人的失能照护服务需求应当首先在家庭中得到满足，家庭无法充分满足或无力承担的照护服务需求，会溢出进而成为国家和社会的责任，当然，国家和社会应当只能承担定位于兜底性的照护服务，一般性的照护服务需求应当着眼通过社会性或商业性的护理保险机制给予回应。

二、基于失能状况、经济状况、家庭照料能力的三维能力识别逻辑

基于需求溢出理论的公共政策选择，政府在长期照护领域应当优先瞄准的是个人和家庭“溢出”的养老和照护需求，政府应当首先以救助的形式担责，而失能状况、经济状况、家庭照料能力应当成为识别长期照护领域需求“溢出”的三维能力指标。

首先，三维能力识别符合社会救助本身发展的规律，通过三维能力识别能够提高需求识别能力和救助资源精准性。在新的时代背景下，社会救助正在走向综合救助，救助方式由原有的单维度现金救助走向多维度的现金救助和服务救助相结合的综合救助，救助理念向积极、发展转变，救助内容也在不断拓展。在这一转型升级过程当中，对社会救助制度体系升级提出了更高的要求，包括更符合救助对象的需求、提高救助资源的瞄准度和使用效率等等。而通过三维能力的识别，更能够从多个维度、方面精准描绘受助对象特征，从而提高对受助对象识别的精准度，以及救助资源使用的精准度。具体来说，“溢出”需求不仅是宏观层面的概念，由于资源禀赋不同，“溢出”的需求内容和程度

各有差异，溢出“需求”需要纳入微观层面的考量。只有精准识别不同需求溢出的内容及程度，并进行“差异化”供给，才能保障“溢出”需求的精准满足，优化资源配置。

其次，失能状况、经济状况和家庭照料能力能够体现人群在长期照护领域的基本特征。其中，失能状况体现最基本特征，决定其是否有长期照护需求，是长期照护需求识别中最基础的指标；经济状况是社会救助领域常用而重要的指标，很大程度上体现其应对风险的能力和资本，体现其长期照护需求依靠经济能力得到满足的程度；家庭照料能力则是长期照护领域特别需要关注的指标。一方面，家庭是人们抗拒风险最原始的单元，并且传统的孝文化和传统的家庭养老模式在我国有着较为深远的影响，这些都是家庭照护应当首先承担责任的文化和伦理基础；另一方面，失能老年人更愿意在家庭中养老以获得亲人提供的照护服务，尽管存在家庭照护功能弱化和家庭抗风险能力降低，但这并不意味着所有家庭照护能力的消失，也并不意味着要将所有风险都交由社会来承担。同时，将家庭照料能力作为重要的识别指标，通过社会政策呼唤家庭功能的回归，积极发挥家庭照护功能，是对构建以家庭为中心的照护服务政策体系的探索和尝试。以往的养老、照护津补贴制度主要从失能程度、家庭经济状况两个维度出发，忽视了对家庭照护服务能力的考量，更缺乏家庭经济、服务照护能力整合的视角，从而模糊了家庭、政府在照护责任承担方面的界限，无论家庭是否有良好的照护服务能力，政府均承担照护责任，造成了有限照护资源的浪费。三个维度共同确定，能更为贴切地反映个体长期照护需求的“溢出”，才能更清晰界定政府在长期照护领域应当承担的责任。

学理上说，三维能力的界定更加精准、有效，但在实践中，还需要考虑公共政策成本的问题。事实上，公共政策走向精准的过程中，成本是不断提高的，原有的经济识别维度耗费了大量的成本，现有的失能维度的评估也耗费了大量的政策成本和经济成本，未来在识别家庭能力方面，也同样会产生大量的政策成本，以及一些潜在风险。同时，每一个维度上的瞄准，都可能存在误差，包括评估人员对评估情况的放大，受助者的道德风险等，所以公共政策的精准性的发展不是简单的线性的，很有可能要充分考虑多方面的成本，使之达到平衡，既要能够承担政策所耗费的成本，又要有能力来实现，否则的话，一个更精准的政策可能是一个更不划算的政策，反而不如一个不精准的政策，从投入产出上反而更加划算。

因此，在长期照护领域的政策识别上，由于家庭照护服务能力的识别和判断存在技术和成本上的困难，照护能力的识别往往具有很强的争议性，其执行成本也过于高昂，这就导致在具体实践中，暂时不对家庭照护服务能力进行评估，而主要选择基于现有社会救助体系，在收入评估和失能评估基础上确定照护救助的具体覆盖对象。但需要强调和不可否认的是，结合家庭照护服务能力应当是政策有益的探索方向。目前，部分地方（如浙江省常山县）已经开始探索家庭服务能力的识别，对家庭赡养责任的具体化和量化条件，探索如果家庭成员由于距离等原因无法赡养老人时，将赡养责任对应转化为一定数量的赡养基金，为老年人购买对应的照护服务提供经济保障。但是，上述地区的探索仍然是不够成熟，仍然需要更多的讨论和实践实验。在当前的条件限制下，依据贫困和失能两项标准来识别照护救助对象依然是合理可行的（胡宏伟、蒋浩琛，2020）。

具体而言，老年人失能状况是照护需求识别的首要步骤，国际上通常采用日常活动能力量表作为失能评估工具，即 ADL 量表，用于评估老年人基本的独立生活能力，这一能力的丧失也标志着老年人独立生活时期的结束，根据这一量表进行日常行为活动能力的判断将更加贴近现实需要。根据 ADL 量表，老年人日常行为活动主要包括洗澡、吃饭、穿衣、上厕所、室内活动及控制大小便六项，六项活动都能独立完成则定义为健康状态，认为其尚无长期照护需求；其他条件下，将 1－2 项不能独立完成的定义为轻度失能，3－4 项不能独立完成定义为中度失能，5－6 项不能独立完成定义为重度失能，需要受到长期照护相关政策的关注（丁华，严洁，2018；杜鹏等，2016）。进一步，考虑失能老年人的经济状况，综合考量公共政策成本等因素，老年人经济状况的识别可以依据民政部门家计调查的识别，划分为特困家庭、低保家庭、低收入家庭（通常为当地低保家庭收入水平的 1.5 倍－2 倍），以及普通家庭老年人四类。

家庭能力的具体识别方法仍有待进一步讨论，但引起具有重要意义，必须予以重视和强调。家庭照护能力的识别是公共政策识别政策对象的重要走向，从其逻辑和意义来说，主要基于修复和提升家庭养老功能的思考，也充分给予典型国家实践。还应当注意，家庭照料能力本质上涵盖了经济和服务两个维度，即经济能力和服务能力都可能影响家庭照料能力，所以，也要认识和设定二者转化的识别机制。此外，考虑到识别政策的实施成本，以及地方执行政策能力条件，建议使用综合三维能力的粗分类、分级方法，利用等级评定方式替换更为精细化的得分方式。当然，正如前文所述，三维能力识别，特别是家庭照料能力的识别既关键又困难，应当加强相关的研究工作和实践探索工作，为照护救助对象瞄准奠定更为良好的政策实施基础。当然，家庭能力的识别是一项复杂的工程，需要有完善的制度设计、标准设定和支撑条件，当前在很多地方还不具备家庭能力评估的条件，但是，在未来，家庭能力的识别和评估应当被视为重要的发展方向，也是我国应对贫困失能老年人制度设计关键支撑之一，应当引起政策创新者的高度重视。

参考文献

【英文文献】

Green D. *From Poverty to Power: How Active Citizens and Effective States Can Change the World* [M]. Oxfam International, 2012.

Charles F. Sabel, JonathanZeitlin. Experimentalism in the EU: Common Ground and Persistent Differences [J]. Regulation&Governance, 2012 (03): 411 –424.

Chen S, Li J, Lu S, et al. Escaping from poverty trap: a choice between government transfer payments and public services [J]. *Global Health Research &Policy*, 2017, 2 (1).

Crooks D. J. 2009. Development and Testing of the Elderly Social Vulnerability Index (ES-VI): A Composite Indicator to Measure Social Vulnerability in the Jamaican Elderly Population [J]. Miami, USA: Florida International University.

Franklin NN. Concept and Measurement of Minimum Living Standards, The [J]. *International Labor Review*, 1967.

Gray V . Innovation in the States : A Diffusion Study [J]. *American Political Science Review*, 1973, 67.

Grootegoed, Ellen & van Dijk, Diana. (2012). The Return of the Family? Welfare State Retrenchment and Client Autonomy in Long – Term Care. Journal of Social Policy, 41 (10), 677 –694.

Jessop, B. , "The Changing Governance of Welfare: Recent Trends in Its Primary Functions, Scale, and Modes of Coordination", *Social Policy & Administration*, vol. 33, no. 4, 1999, p. 5.

JONATHAN ZEITLIN. EU Experimentalist governance in times of crisis [J]. *West european politics*, 2016 (5): 1073 –1094. .

Leena Forma, Marja Jylha, Jutta Pulkki. Trends in the use and costs of round – the – clock long – term care in the last two years of life among old people between 2002 and 2013 in Finland [J]. *BMC Health Services Research*, 2017, 9 (17): 668 –677.

Leo Strauss, Joseph Cropsey. *History of Political Philoso – phy* (The Third Edition).

Trans. by Li Hongrun et al. Bei - jing: Legal Press, 2009. p560.

Park R E. Human migration and the marginal man [J]. *American journal of sociology*, Vol. 33, No. 6, 1928.

Penchansky R. , Thomas J. W. , "The Concept of Access: Definition and Relationship to Consumer Satisfaction". Medical Care, 1981, 19 (2): pp. 127 - 140.

Tews K . The diffusion of environmental policy innovations: cornerstones of an analytical framework [J]. *European Environment*, 2010, 15 (2): 63 - 79.

Thijs VDB, Dykstra PA, Van DVRJ. Adult children stepping in? Long - term care reforms and trends in children's provision of household support to impaired parents in the Netherlands [J]. *Ageing & Society*, 2017, 2017: 1 - 26.

Verbrugge L M, Jette A M. The disablement process [J]. *Social Science & Medicine*, 1994, 38 (1); Beydoun M A, Popkin B M. The impact of socio - economic factors on functional status decline among community - dwelling older adults in China [J]. *Social science & medicine*, 2005, 60 (9).

Walker, Jack L . The Diffusion of Innovations among the American States [J]. *American PoliticalScience Review*, 1969, 63 (03): 880 - 899.

【中文文献】

巫锡炜．中国高龄老人残障发展轨迹的类型：组基发展建模的一个应用［J］．人口研究，2009（04）．

阿马蒂亚·森，王燕燕．论社会排斥［J］．经济社会体制比较，2005（03）：1－7．

阿马蒂亚·森著，任赜，于真译．以自由看待发展［M］．北京：中国人民大学出版社，2002：85．

安体富，任强．公共服务均等化：理论、问题与对策［J］．财贸经济，2007（08）：48－53＋129．

曹艳春，吴蓓，戴建兵．我国需求导向型老年社会福利内容确定与提供机制分析［J］．浙江社会科学，2012（08）：71－80＋157．

曾毅，顾大男，Jama Purser，Helen Hoenig，Nicholas Christakis．社会、经济与环境因素对老年健康和死亡的影响——基于中国22省份的抽样调查［J］．中国卫生政策研究，2014，7（06）：53－62．

陈传锋，金一波，汪莹，刁娟．家庭居住与机构居住老年人社会支持的比较研究［J］．心理与行为研究，2008（01）：23－29．

陈芳．政策扩散理论的演化［J］．中国行政管理，2014（06）：99－104．

慈勤英，宁雯雯．家庭养老弱化下的贫困老年人口社会支持研究［J］．中国人口科学，2018（04）：68－80＋127.

崔树义，杨素雯，田杨．供需视角下社区居家养老服务提质增效研究——基于山东省1200名老年人的调查［J］．山东社会科学，2020（09）：127－133.

邓大才．积极国家：反贫困战略中的政府干预与理论基础——基于国际反贫困战略的比较研究［J/OL］．新疆师范大学学报（哲学社会科学版），2021（02）：1－10.

邓大松，李玉娇．健康中国战略下长期照护保险：制度理性、供需困境与路径选择［J］．河北大学学报（哲学社会科学版），2017，42（05）：109－116.

邓微．积极引导公益慈善力量进入社区养老服务体系［J］．湖湘论坛，2014，27（02）：100－105.

丁百仁，王毅杰．由身至心：中国老年人的失能状态与幸福感［J］．人口与发展，2017，23（05）：82－90.

丁华，严洁．中国老年人失能率测算及变化趋势研究［J］．中国人口科学，2018（03）：97－108＋128.

董红亚．从孝文化到照护文化、敬老文化——构建适应老龄社会的新文化体系［J］．中州学刊，2020（09）：68－74.

董红亚．建构与老龄化社会相适应的照护文化［J］．浙江外国语学院学报，2015（04）：107－112.

杜鹏，安瑞霞．政府治理与村民自治下的中国农村互助养老［J］．中国农业大学学报（社会科学版），2019，36（03）：50－57.

杜鹏，孙鹃娟，张文娟，王雪辉．中国老年人的养老需求及家庭和社会养老资源现状——基于2014年中国

杜智民，康芳．农村社区居家养老服务供给精准化的实践困境与优化路径［J］．重庆社会科学，2020（09）：130－140.

戴卫东．地方政府养老政策的创新与评价——基于两届“中国十大创新社会福利政策”案例分析［J］．中国软科学，2018（03）：56－64.

戴卫东《中国长期护理保险制度构建研究》，人民出版社，2012年版．

戴卫东《长期护理保险——理论、制度、改革与发展》，经济科学出版社，2014年版．

戴卫东《中国长期护理服务体系建构研究》社会科学文献出版社，2018年版．

方浩．社会资本对城乡老年人健康影响的实证研究——基于CGSS混合截面数据［J］．华中农业大学学报（社会科学版），2020（02）：88－97＋166.

方黎明．社会支持与农村老年人的主观幸福感［J］．华中师范大学学报（人文社会科学版），2016，55（01）：54－63.

房莉杰，周盼．“多元一体”的困境：我国养老服务体系的一个理解路径［J］．江苏行政学院学报，2020（01）：60－66.
费孝通．家庭结构变动中的老年赡养问题——再论中国家庭结构的变动［J］．北京大学学报（哲学社会科学版），1983（03）：7－16.
风笑天，社会学研究方法（第三版）［M］．北京：中国人民大学出版社，2009：204－206.
福建永安市：创新农村幸福院管理服务新模式［J］．社会福利，2017（09）：18.
福建：构建“345”工作机制 加速补齐农村养老服务发展短板［J］．社会福利，2020（11）：7－9.
关博，朱小玉．中国长期护理保险制度：试点评估与全面建制［J］．宏观经济研究，2019（10）：103－111＋156.
关信平．论我国社会救助制度的结构调整与制度优化［J］．山西大学学报（哲学社会科学版），2020，43（05）：119－125.
郭丽娜，郝勇．个体健康、家庭照护和社会供给：谁更影响老人的居家养老服务需求［J］．西北人口，2019，40（05）：36－49.
高丽茹．福利治理视角下城市困境儿童的福利提供［D］．南京大学，2015.
国务院关于全面建立困难残疾人生活补贴和重度残疾人护理补贴制度的意见，参见 http：//www. gov. cn/zhengce/content/2015－09/25/content_ 10181. htm
韩博天．通过试验制定政策：中国独具特色的经验［J］．当代中国史研究，2010，17（03）：103－112＋128.
韩克庆，李方舟．社会救助对家庭赡养伦理的挑战［J］．山西大学学报（哲学社会科学版），2020，43（05）：112－118.
韩央迪．从福利多元主义到福利治理：福利改革的路径演化［J］．国外社会科学，2012（02）：42－49.
韩峥．脆弱性与农村贫困［J］．农业经济问题，2004（10）：8－12＋79.
何文炯．长期照护保障制度建设若干问题［J］．中共浙江省委党校学报，2017，33（03）：5－11＋2.
胡宏伟，汪钰，王晓俊，张澜．“嵌入式”养老模式现状、评估与改进路径［J］．社会保障研究，2015（02）：10－17.
胡宏伟，蒋浩琛．多维脆弱与综合保护：困难家庭老年人群体比较与反贫困政策迭代［J］．社会保障研究，2020（04）：70－83.
胡宏伟，李延宇，张楚，张佳欣．社会活动参与、健康促进与失能预防——基于积极老龄化框架的实证分析［J］．中国人口科学，2017（04）：87－96＋128.

黄健元，常亚轻．家庭养老功能弱化了吗？——基于经济与服务的双重考察［J］．社会保障评论，2020，4（02）：131－145.

黄健元，贾林霞．家庭养老功能的变迁与新时代家庭养老功能的发挥［J］．中州学刊，2019（12）：83－88.

黄俊辉，李放，赵光．农村社会养老服务需求评估——基于江苏1051名农村老人的问卷调查［J］．中国农村观察，2014（04）：29－41＋51.

黄燕芬，张超．国家治理视角下的政策扩散研究：基于期望效用模型的分析框架［J］．教学与研究，2020（03）：13－25.

黄瑶．一份“四方协议”擦亮山村最美“夕阳红”——四川省珙县探索山区互助养老模式［J］．中国社会工作，2019（14）：30－31.

霍建国．积极国家观的历史叙事与价值解析［J］．中国行政管理，2012（03）：74－77.

贾妍，蓝志勇，刘润泽．精准养老：大数据驱动的新型养老模式［J］．公共管理学报，2020，17（02）：95－103＋171.

姜晓萍，郭宁．我国基本公共服务均等化的政策目标与演化规律——基于党的十八大以来中央政策的文本分析［J］．公共管理与政策评论，2020，9（06）：33－42.

贾倩．上海养老服务社会组织能力提升研究［D］．上海工程技术大学，2020.

金虹，王树青，程萍，钱珺．福利多元视角下构建社区老年照护服务体系的思考［J］．护理学杂志，2020，35（17）：83－87.

柯燕．农村留守老人物质生活的供需状况与群体差异［J］．哈尔滨工业大学学报（社会科学版），2019，21（01）：61－69.

雷咸胜．需求溢出视角下老年人长期照护的主体责任划分［J］．云南民族大学学报（哲学社会科学版），2019，36（01）：116－122.

黎赵，罗树杰．“孝行天下”互助养老及其在西部民族地区的推广价值——基于广西西南部边疆民族地区P社区的案例研究［J］．广西民族研究，2020（03）：62－70.

李兵，张航空，陈谊．基本养老服务制度建设的理论阐释和政策框架［J］．人口研究，2015，39（02）：91－99.

李平原．浅析奥斯特罗姆多中心治理理论的适用性及其局限性——基于政府、市场与社会多元共治的视角［J］．学习论坛，2014，30（05）：50－53.

李蒙蒙，杨黎．失能老年人长期照护需求及其影响因素研究进展［J］．护理研究，2017，31（20）：2440－2443

李树茁，徐洁，左冬梅，曾卫红．农村老年人的生计、福祉与家庭支持政策——一个可持续生计分析框架［J］．当代经济科学，2017，39（04）：1－10＋124.

李昕蕾，宋天阳．跨国城市网络的实验主义治理研究——以欧洲跨国城市网络中的气候治理为例［J］．欧洲研究，2014，32（06）：129－148＋159.

李旭初，刘兴策．新编老年学词典：［M］．武汉：武汉大学出版社，2016

李妍．从分配到承认：空间正义的另一种致思路径［J］．湘潭大学学报（哲学社会科学版），2020，44（05）：53－57.

李珍．关于完善老年服务和长期护理制度的思考与建议［J］．中国卫生政策研究，2018，11（08）：1－7.

李珍，赵青．需求溢出理论下的长期照护制度安排与政策意蕴——基于微观数据的溢出需求识别［J］．社会保障研究，2021（01）：15－23.

李凤之，曹胜毅．张长华：首创中国农村“三养合一”养老新模式［J］．商业文化，2017（06）：32－39.

李强．城乡居民长期照护社会保险制度构建研究［D］．山东农业大学，2015.

李静．基于合作式治理视角的政府购买公共服务机制创新研究——以长沙市政府购买居家养老服务为例［J］．北京邮电大学学报（社会科学版），2011，13（02）：26－30＋57.

李革荣，廖凤琴，林锦裕．慈善有大爱 助力夕阳红——永春县打造“爱心厨房”补齐农村养老服务短板［J］．中国社会工作，2021（08）：32－33.

廖毅，张薇．公共教育投入与国民收入差异的关系研究［J］．大学教育科学，2019（05）：58－67＋125.

凌文豪，董玉青．长期照护的需求分析、国际经验与中国方案——一个文献综述［J］．社会保障研究，2019（04）：105－111.

刘二鹏，张奇林．农村失能老人的性别差异及其影响机制——基于 CLHLS（2014）数据的实证分析［J］．社会保障研究，2019（02）：49－58.

刘欢．农村老人自理能力、服务需求与家庭贫困关联度分析［J］．人口学刊，2017，39（06）：71－80.

刘明中：《推进公共服务均等化的手段（上）——财政部副部长楼继伟答本报记者问》，《中国财经报》2006 年 2 月 7 日。

刘妮娜．互助与合作：中国农村互助型社会养老模式研究［J］．人口研究，2017（04）：72－81.

刘太刚，邓正阳．实验主义治理：公共治理的一个新路径［J］．北京行政学院学报，2020（01）：34－42.

刘太刚，吴峥嵘，龚志文．我国养老问题研究的理论工具评析——兼论需求溢出理论作为我国养老制度基础理论的适用性［J］．江苏行政学院学报，2016（04）：

66 – 75.

刘太刚．公共管理学重述：需求溢出理论的逻辑思路与基本主张［J］．中国行政管理，2012（08）：52 – 58.

刘太刚．公共物品理论的反思——兼论需求溢出理论下的民生政策思路［J］．中国行政管理，2011（09）：22 – 27.

刘太刚．需求溢出理论：一种以孔孟治道为核心逻辑的公共管理基础理论［J］．公共管理与政策评论，2019，8（02）：34 – 52.

刘太刚．需求溢出理论与公共管理学基础理论的构建［J］．北京行政学院学报，2012（03）：35 – 40.

刘薇．我国“基本公共服务”理论研究述评［J］．经济研究参考，2010（16）：64 – 72.

刘喜堂．加快构建新时代兜底民生保障体系［N］．学习时报，2018 – 09 – 03（004）.

刘喜堂．坚持社会救助 兜底民生保障［J］．旗帜，2019（10）：67 – 68.

刘玮．长春市农村低保政策执行偏差实证分析［D］．东北师范大学，2017.

鲁可荣，金菁．从“失落”的村民自治迈向有效的协同共治——基于金华市乡村治理创新实践分析［J］．广西民族大学学报（哲学社会科学版），2015，37（03）：57 – 66.

陆杰华，沙迪．新时代农村养老服务体系面临的突出问题、主要矛盾与战略路径［J］．新疆师范大学学报（哲学社会科学版），2019，40（02）：78 – 87 + 2.

米莉，顿德华．传统孝文化的时代价值及实现机制［J］．人民论坛，2020（04）：140 – 141.

穆杰．立足实际织牢县域民生保障“兜底网”［J］．国家治理，2019（27）：35 – 40.

彭华民，黄叶青．福利多元主义：福利提供从国家到多元部门的转型［J］．南开学报，2006（06）：40 – 48.

彭希哲，宋靓珺，茅泽希．中国失能老人问题探究——兼论失能评估工具在中国长期照护服务中的发展方向［J］．新疆师范大学学报（哲学社会科学版），2018，39（05）：102 – 118 + 2.

亓寿伟，周少甫．收入、健康与医疗保险对老年人幸福感的影响［J］．公共管理学报，2010，7（01）：100 – 107 + 127 – 128.

齐鹏．论农村养老服务体系的完善［J］．西北人口，2019，40（06）：114 – 124.

乔彬．“三个扶持”引导社会力量发展养老服务［J］．中国民政，2019（20）：57.

青连斌．如何才能让农村老年人真正老有所养［J］．人民论坛，2019（13）：69 – 71.

任远，邬民乐．城市流动人口的社会融合：文献述评［J］．人口研究，2006（03）：

87 – 94.
施文凯，李珍．责任边界视角下新加坡老年人长期照护保障制度筹资体系研究［J］．社会保障研究，2018（06）：69 – 80.
宋爱芹，翟景花，郭立燕，李印龙，张绍华．农村老年人抑郁状况评定及影响因素分析［J］．中华行为医学与脑科学杂志，2012（06）：494 – 496.
孙建娥，王慧．城市失能老人长期照护服务问题研究——以长沙市为例［J］．湖南师范大学社会科学学报，2013，42（06）：69 – 75.
孙鹃娟，沈定．中国老年人口的养老意愿及其城乡差异——基于中国老年社会追踪调查数据的分析［J］．人口与经济，2017（02）：11 – 20.
孙文灿．基本养老服务内涵初探［J］．中国民政，2016（18）：24 – 27.
孙薇薇，聂瑞．家庭养老困境中的“诉苦”——基于农村老年人心理干预的探索性研究［J］．云南大学学报（社会科学版），2020，19（01）：106 – 118.
石小盼，朱华云，赵丹丹，汪玉洁，罗红．湖北省农村居家失能老人长期照护需求的调查研究［J］．当代护士（下旬刊），2020，27（07）：53 – 55.
沈君彬．发展型社会政策视域下支出型贫困救助模式的目标定位分析［J］．中共福建省委党校学报，2013（10）：27 – 30.
上海奉贤区 打造“四堂间”养老服务新模式［J］．中国民政，2020（23）：29.
山西平陆县：以“日间照料中心”为平台 蹚出农村留守老年人关爱服务新路［J］．社会福利，2020（12）：28 – 29.
唐健，彭钢．从模糊失衡到多元均衡：福利多元主义视域下农村社会化养老主体责任反思与重构［J］．农村经济，2020（08）：91 – 99.
唐钧．长期照护与重度残疾人保障［J］．残疾人研究，2019（03）：26 – 29.
唐凯麟．孝：中国人最初的哲学思考和文明建构［J］．求索，2019（05）：4 – 10.
田先红．论乡村振兴的县域自主性［J/OL］．新疆师范大学学报（哲学社会科学版），2021（03）：1 – 10.
童玉林．贫困对老年心理健康的影响及其城乡差异——基于 CLASS 数据的分析［J］．兰州学刊，2020（07）：192 – 208.
王辉．政策工具选择与运用的逻辑研究——以四川 Z 乡农村公共产品供给为例［J］．公共管理学报，2014，11（03）：14 – 23 + 139 – 140.
王佳林．长期护理保险制度构建：国际经验及对我国的启示［J］．南方金融，2019（11）：3 – 10.
王建军．加快推进现代养老服务体系建设［J］．中国社会工作，2018（26）：7 – 9.
王立剑，金蕾，代秀亮．“多元共服”能否破解农村失能老人养老困境？［J］．西安交通大学学报（社会科学版），2019，39（02）：101－108.
王朋岗．直系组家庭视角下家庭养老资源供需缺口评价与风险人群识别研究［J］．人口与发展，2019，25（05）：2－9＋49.
王岩，唐丹，龚先旻，王大华．不同养老方式下老年人焦虑抑郁状况比较［J］．中国临床心理学杂志，2012，20（06）：868－870.
王小龙．基于福利多元化理论的融合式养老模式研究［J］．老龄科学研究，2016，4（08）：31－41.
王洪涛，魏淑艳．地方政府信息公开制度时空演进机理及启示——基于政策扩散视角［J］．东北大学学报（社会科学版），2015，17（06）：600－605＋612.
王冬霞．上海农村社区居家养老服务可持续发展研究［D］．华东理工大学，2019.
王雪辉，彭聪．农村社会养老服务供给水平研究［J］．华南农业大学学报（社会科学版），2020，19（01）：117－128.
吴隆文，傅慧芳．供给侧改革视角下老年人健康促进与策略选择［J］．云南民族大学学报（哲学社会科学版），2019，36（05）：82－88.
吴璇，刘晓雪．老年照护社会救助研究综述［J］．社会保障研究，2016（04）：106－112.
吴隆文，傅慧芳．供给侧改革视角下老年人健康促进与策略选择［J］．云南民族大学学报（哲学社会科学版），2019，36（05）：82－88.
项继权，袁方成．我国基本公共服务均等化的财政投入与需求分析［J］．公共行政评论，2008（03）：89－123＋199.
谢冰清．论中国长期护理保险制度中国家责任之定位［J］．云南社会科学，2019（03）：118－126.
谢强，李慧如．“小站点”连着“大民生”——江西省赣江市南康区居家和社区养老服务站全覆盖［J］．中国社会工作，2020（02）：34－35.
熊吉峰．农村失能老人家庭照护者压力：青壮年与老年的比较［J］．西北农林科技大学学报（社会科学版），2015，15（01）：121－127.
熊吉峰．农村失能老人家庭照护者照护行为的理论分析与实证检验［J］．农林经济管理学报，2014，13（02）：216－222.
徐洁，李树茁，吴正，刘伟．农村老年人家庭养老脆弱性评估——基于安徽农村地区的实证研究［J］．人口研究，2019，43（01）：91－101.
杨宏山．双轨制政策试验：政策创新的中国经验［J］．中国行政管理，2013（06）：12－15＋103.
杨胜慧，赵勇，林杰．关于我国老年人口界定标准的一点思考［J］．西北人口，2017，

38 (02): 77 - 83.

杨团. 农村失能老年人照料贫困问题的解决路径——以山西永济蒲韩乡村社区为例 [J]. 学习与实践, 2016 (04): 92 - 103.

杨婷, 何凌超. 构建共建共治共享社区治理格局的探索之路——访杭州市民政局局长何凌超 [J]. 社会治理, 2019 (12): 19 - 24.

姚玉祥. 农村老年贫困治理的现实困境及其破解之道 [J]. 现代经济探讨, 2019 (06): 122 - 127.

于文军, 胡纪泽, 李兰兰. 照顾负担、应对方式和心理健康: 对精神分裂症患者家属的追踪研究 [J]. 中国临床心理学杂志, 2019, 27 (05): 1031 - 1035.

茵蓓. 做好兜底保障工作 兜住脱贫攻坚底线——社会救助兜底保障论坛综述 [J]. 中国民政, 2019 (20): 25 - 27.

余少祥. 社会法上的积极国家及其法理分析 [J]. 江淮论坛, 2017 (03): 88 - 94.

徐延辉. 中国社会保障研究: 回顾与展望 [J]. 社会科学研究, 2006 (04): 134 - 137.

张宝顺, 于林月, 陈龙. 教育对老年人健康的影响机制研究 [J]. 西北人口, 2020, 41 (01): 22 - 31.

张彩华, 金华宝. 新中国 70 年农村残疾人照护政策: 发展路径与经验启示 [J]. 探索, 2019 (06): 138 - 151.

张浩淼, 仲超. 新时代社会救助理念目标、制度体系与运行机制 [J]. 西北大学学报 (哲学社会科学版), 2020, 50 (04): 99 - 107.

张浩淼. 从反绝对贫困到反相对贫困: 社会救助目标提升 [J]. 山西大学学报 (哲学社会科学版), 2020, 43 (05): 126 - 131.

张琳. 我国长期护理保险的供需现状研究 [J]. 卫生经济研究, 2017 (06): 30 - 34.

张明锁, 米粟. 农村家庭老年照护行为及其影响因素研究 [J]. 河南社会科学, 2018, 26 (01): 120 - 124.

张乾友. 朝向实验主义的治理——社会治理演进的公共行政意蕴 [J]. 中国行政管理, 2016 (08): 86 - 91.

张世青, 王文娟, 陈岱云. 农村养老服务供给中的政府责任再探——以山东省为例 [J]. 山东社会科学, 2015 (03): 93 - 98.

张盈华, 闫江. 中国养老服务现状、问题与公共政策选择 [J]. 当代经济管理, 2015, 37 (01): 51 - 56.

张静. 由"孝老模式"向家庭养老制度转变的问题及路径——基于浙江省常山县农村养老服务调查 [J]. 老龄科学研究, 2021, 9 (04): 56 - 64.

张艳梅．社区居家养老服务需求意愿及影响因素研究［D］．广东财经大学，2019.
臧其胜．证据为本：福利治理的行动准则［J］．社会保障研究，2014（04）：98－105.
赵强社．农村养老：困境分析、模式选择与策略构想［J］．农业经济问题，2016，37（10）：70－82＋111.
郑功成．建立长期护理保险制度势在必行［N］．经济参考报，2016－03－14（002）.
郑功成．多层次社会保障体系建设：现状评估与政策思路［J］．社会保障评论，2019，3（01）：3－29.
郑杭生：《社会学概论新修（第三版）》，中国人民大学出版社2003年版。
郑尚元．长期照护保险立法探析［J］．法学评论，2018，36（01）：131－139.
郑自立．城镇化背景下我国农村孝文化传承探讨［J］．伦理学研究，2017（03）：110－114.
钟曼丽，杨宝强．农村家庭养老中的家国责任：历程考察、实践难题与边界厘定［J］．理论月刊，2019（02）：153－160.
周沛．社会福利理论：福利制度、福利体制及福利体系辨析［J］．国家行政学院学报，2014（04）：80－85.
周亚同．如何直面人口老龄化挑战［J］．人民论坛，2018（03）：94－95.
周缘园．"福利多元主义"的兴起——福利国家到福利社会的转变［J］．理论界，2013（06）：59－62＋105.
周明海．民生的关注与追寻——当前基本公共服务均等化问题研究的主要观点综述［J］．兰州学刊，2008（04）：87－91.
赵永强．潍坊峡山：探索农村养老"四化"模式［J］．中国民政，2019（16）：60.
赵邦艳．农村互助养老运行机制研究［D］．贵州财经大学，2019.
朱力．论农民工阶层的城市适应［J］．江海学刊，2002（06）：82－88＋206.
朱丽君．多维贫困与精准脱贫——以中部地区少数民族自治县Y县为例［J］．社会保障研究，2019（01）：75－85.
朱亚鹏．政策创新与政策扩散研究述评［J］．武汉大学学报（哲学社会科学版），2010，63（04）：565－573.
总报告起草组，李志宏．国家应对人口老龄化战略研究总报告［J］．老龄科学研究，2015，3（03）：4－38.
"中国长期照护保障需求研究"课题组，唐钧，冯凌，王君．长期照护：概念框架、研究发现与政策建议［J］．河海大学学报（哲学社会科学版），2018，20（01）：8－16＋89.